国家级一流本科专业《会计学》《财务管理》配套教材

国家级一流本科课程《财务管理》指定教材

"十二五"普通高等教育本科国家级规划教材

财政部"十三五"规划教材   山东省普通高等教育一流教材

高等财经院校"十四五"精品系列教材   山东省高等学校优秀教材一等奖

《财务管理学》学习指导

(第五版·立体化数字教材版)

张 涛 主编

Financial Management
Study Guide

中国财经出版传媒集团

经济科学出版社
Economic Science Press

图书在版编目（CIP）数据

《财务管理学》学习指导/张涛主编 . ‒‒ 5 版 . ‒‒
北京：经济科学出版社，2022.4
高等财经院校"十四五"精品系列教材
ISBN 978 ‒ 7 ‒ 5218 ‒ 3542 ‒ 7

Ⅰ . ①财… Ⅱ . ①张… Ⅲ . ①财务管理 ‒ 高等学校 ‒
教学参考资料 Ⅳ . ①F275

中国版本图书馆 CIP 数据核字（2022）第 050977 号

责任编辑：宋 涛
责任校对：隗立娜
责任印制：范 艳

《财务管理学》学习指导
Financial Management Study Guide
（第五版·立体化数字教材版）
张 涛 主 编
经济科学出版社出版、发行 新华书店经销
社址：北京市海淀区阜成路甲 28 号 邮编：100142
总编部电话：010 ‒ 88191217 发行部电话：010 ‒ 88191522
网址：www. esp. com. cn
电子邮箱：esp@ esp. com. cn
天猫网店：经济科学出版社旗舰店
网址：http：// jjkxcbs. tmall. com
北京密兴印刷有限公司印装
787 × 1092 16 开 23 印张 520000 字
2022 年 7 月第 5 版 2022 年 7 月第 1 次印刷
印数：0001—3000 册
ISBN 978 ‒ 7 ‒ 5218 ‒ 3542 ‒ 7 定价：35. 00 元
（图书出现印装问题，本社负责调换。电话：010 ‒ 88191510）
（版权所有 侵权必究 打击盗版 举报热线：010 ‒ 88191661
QQ：2242791300 营销中心电话：010 ‒ 88191537
电子邮箱：dbts@ esp. com. cn）

总　序

　　大学是研究和传授科学的殿堂，是教育新人成长的世界，是个体之间富有生命的交往，是学术勃发的世界。[①] 大学的本质在于把一群优秀的年轻人聚集一起，让他们的创新得以实现、才智得以施展、心灵得以涤荡，产生使他们终身受益的智慧。

　　大学要以人才培养和科学研究为己任，大学教育的意义在于它能够给人们一种精神资源，这一资源可以帮助学子们应对各种挑战，并发展和完善学子们的人格与才智，使他们经过大学的熏陶，学会思考、学会反省、学会做人。一所大学要培养出具有健全人格、自我发展能力、国际视野和竞争意识的人才，教材是实现培养目标的关键环节。没有优秀的教材，不可能有高质量的人才培养，不可能产生一流或特色鲜明的大学。大学教材应该是对学生学习的引领、探索的导向、心智的启迪。一本好的教材，既是教师的得力助手，又是学生的良师益友。

　　目前，中国的大学教育已从"精英型教育"走向"平民化教育"，上大学不再是少数人的专利。在这种情况下，如何保证教学质量的稳定与提升？教材建设的功能愈显重要。

　　为了全面提高教育教学质量，培养社会需要的、具有人文精神和科学素养的本科人才，山东财经大学启动了"十二五"精品教材建设工程。本工程以重点学科（专业）为基础，以精品课程教材建设为目标，集中全校优秀师资力量，编撰了高等财经院校"十二五"精品系列教材。

　　本系列教材在编写中体现了以下特点：

　　1. 质量与特色并行。本系列教材从选题、立项，到编写、出版，每个环节都坚持"精品为先、质量第一、特色鲜明"的原则。严把质量关口，突出财经特色，树立品牌意识，建设精品教材。

　　2. 教学与科研相长。教材建设要充分体现科学研究的成果，科学研究要

---

　　① 雅斯贝尔斯著，邹进译：《什么是教育》，生活·读书·新知三联书店 1991 年版，第 150 页。

为教学实践服务，两者相得益彰，互为补充，共同提高。本系列教材汇集各领域最新教学与科研成果，对其进行提炼、吸收，体现了教学、科研相结合，有助于培养具有创新精神的大学生。

3. 借鉴与创新并举。任何一门学科都会随着时代的进步而不断发展。因此，本系列教材编写中始终坚持"借鉴与创新结合"的理念，舍其糟粕，取其精华。在中国经济改革实践基础上进行创新与探索，充分展示当今社会发展的新理论、新方法、新成果。

本系列教材是山东财经大学教学质量与教学改革建设的重要内容之一，适用于经济学、管理学及相关学科的本科教学。它凝聚了众多教授、专家多年教学的经验和心血，是大家共同合作的结晶。我们期望摆在读者面前的是一套优秀的精品教材。当然，由于我们的经验存在欠缺，教材中难免有不足之处，衷心期盼专家、学者及广大读者给予批评指正，以便再版时修改、完善。

山东财经大学教材建设委员会

2012 年 6 月

前言（第五版·立体化数字教材版）

　　《财务管理学》教材和《〈财务管理学〉学习指导》自 2008 年出版至今已修订四版，由于良好的市场表现和优良的品质，累计出版发行数万册，被一百余所高校选定为教学用书，受到学习者的广泛赞誉。

　　本学习指导是"十二五"普通高等教育本科国家级规划教材（2014）、财政部"十三五"规划教材（2017）、国家级一流本科专业《会计学》《财务管理》配套教材（2019）、国家级线上一流本科课程《财务管理》（2020）指定教材、山东省普通高等教育一流教材（2020）《财务管理学》的配套学习用书。

　　如今数字技术已经融入人们的生产生活，在给人们带来便利的同时，也深刻影响着市场经济环境。为了适应数字经济对人才培养的变革，我们对《财务管理学》教材（第四版）及《〈财务管理学〉学习指导》（第四版）进行全面修订，打造"新文科"教育理念下的"立体化数字教材"，以及满足新经济时代下线上与线下教学、混合式教学等形式的需要。

　　《〈财务管理学〉学习指导》（第五版）在内容和体系上与《财务管理学》（第五版）教材保持高度一致。与第四版比较，本版优化调整了指导书结构，更新了学习内容。具体表现为：（1）"学习要求"中的相关内容进行梳理，使之更加符合学习者的思路；（2）增加"学习思维导图"，有助于学习者更加快速、准确理解教材知识点；（3）"练习与思考"中更新了部分客观题型和练习题，进一步加强对学习者分析问题、解决问题能力的培养和训练。

　　《〈财务管理学〉学习指导》（第五版）由国家级一流本科专业《财务管理》专业负责人、国家级一流本科课程《财务管理》首席教授、山东省教学名师、山东省有突出贡献的中青年专家、山东财经大学张涛教授负责编写，山东财经大学宋涛副教授、朱炜教授、田彩英副教授参与学习指导书的具体修订工作。

　　本学习指导是国家级一流本科专业《财务管理》、国家级线上一流本科课程《财务管理》的建设成果之一。

　　本次修订过程中，尽管我们对学习指导书几经推敲和修改，对存在的错误之处进行更改，但难免还有疏漏和不当之处，敬请读者给予批评指正，以便再版时完善。

张　涛
2022 年初春于泉城金鸡岭下

前言（第四版）

　　本学习指导书是"十二五"普通高等教育本科国家级规划教材、财政部"十三五"规划教材、山东省精品课程、高等财经院校"十二五"精品系列教材《财务管理学》的配套用书。《财务管理学》教材及《〈财务管理学〉学习指导》自2008年首次出版至今已有10年，其间于2012年、2015年进行两次修订，累计发行量达数万册，被众多高等院校作为指定教学用书，深受学生和读者的欢迎。

　　由于良好的市场表现和优良的品质，本教材及学习指导书于2011年被评为山东省高等学校优秀教材一等奖、2014年被教育部确定入选"十二五"普通高等教育本科国家级规划教材、2017年入选财政部"十三五"本科规划教材。

　　初学财务管理的学生会发现，财务管理是建立在会计学和经济学的基础之上的。经济学为财务管理提供了许多理论基础，会计学则提供了财务决策的数据基础。初学者容易忽视财务理论而一味地死记公式和规则，不能很好地理解财务各章节之间的相互关系。加之由于经济学、会计学、金融学等相关领域的理论与实践不断更新和发展，使得财务管理教学面临巨大的压力。

　　为了更好地适应高等学校教育教学改革需要，为社会培养更多的经济管理人才，提升学生创新和实践应用能力，我们根据中国财务领域的新变化和在教学中发现的问题，认真听取教师和学生，以及企业实践工作者反馈的信息，对《财务管理学》及《〈财务管理学〉学习指导》进行第三次修订。

　　《〈财务管理学〉学习指导》（第四版）在内容和体系上与《财务管理学》教材保持高度一致。与第三版相比，《财务管理学》学习指导（第四版）在结构与内容上进行优化调整。具体体现在："学习要求"上增加了"本章学习指引"，用简明的语言提示学生应该如何掌握本章的学习内容。"学习纲要"上增加了对教材各知识点的解释与说明，特别是对难点内容进行思路上的分析与解答。"练习与思考"上，更新了大部分练习和案例，使其内容更加符合当前中国企业财务实际。

　　《〈财务管理学〉学习指导》（第四版）是教育部"本科教学工程"综合改革试点专业（会计学）、山东省省级特色专业（财务管理）研究成果，山东省精品课程《财务管理》、山东省本科教学改革研究项目（K2016M026）《财务管理》在线课程建设成果之一。《〈财务管理学〉学习指导》（第四版）由山东财经大学张涛教授主编，具体分工如下：张涛教授编写第一章至第三章、第五章、第六章、第九章、第十一章；宋涛副教授编写第四章、第七章、第十六章、第十七章；朱炜副教授编写第八章、第十章、第十二章、第十三章，田彩英副教授编写第十四章、第十五章。本次修订工作由张涛教授全部负责。

　　在本次修订过程中，尽管我们对学习指导书进行认真、细致的梳理，对于存在的问题进行处理和解决。但是，难免还有疏漏和不当之处，敬请使用者批评指正，以便再版时修改、完善。

张　涛

2018 年 8 月于泉城金鸡岭下

目　录

第一篇

财务管理导论

第一章
财 务 管 理 概 览

学 习 要 求

通过本章学习，希望能够对财务管理有一个全面而客观的认识。了解财务及财务管理的基本内涵，熟悉并掌握财务管理的主要内容，理解并运用财务原则进行决策分析。通过走访企业，熟悉企业财务组织结构与财务经理职责，并对不同组织形式的企业特点有所认知，为以后知识的学习奠定基础。

本章学习重点：财务管理的内容理解、财务原则运用、不同企业组织形式的财务特征。

本章学习难点：财务管理内容的理解与把握、如何理解并运用财务原则进行决策分析。

本章学习指引：学习本章时，要从理论和实践结合的角度理解财务基本概念的内涵、财务管理的具体内容；对财务原则重点要从应用分析角度来理解与掌握，特别注意要结合中国财务环境，在企业实务中如何理解并运用这些基本原则解决相关的财务实际问题。

学习思维导图

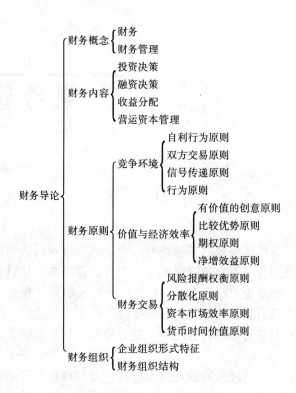

本章学习纲要

一、财务基本概念

（一）财务管理内涵

财务（Financial）就是企业为创造价值而对资金筹集、使用、分配、回收等所开展的一系列财务活动以及体现出的财务关系。财务管理（Financial Management）是指企业在一定的整体目标下，为了创造价值而对资金筹集、资产配置、收益分配等系列财务活动及其财务关系所进行的管理决策。

通过阅读本章和其他相关资料，要理解企业财务和财务管理的内涵。财务管理包括两方面的内容：（1）财务活动本身。表现为资金的筹集、使用、分配等。（2）财务活动体现的财务关系。也就是说，企业财务活动中通过融资、投资等行为所展示的企业与相关利益者之间的关系。

（二）财务管理功能

1. 制定财务战略，指导财务活动；
2. 合理筹集资金，有效运营资产；
3. 控制成本费用，增强企业收益；
4. 规范收益分配，增强企业活力；
5. 加强财务监督，实施财务控制。

二、财务管理内容

1. 投资决策（Investment Decision），是指投资者为了实现其预期的投资目标，采取一定的方法和手段，对投资的可行性、投资目标与规模、投资方向与结构、投资成本与收益等问题所进行的分析、判断和方案选择。投资决策影响和改变企业资产结构的合理性和有效性。投资管理的优劣决定了企业整个资产的管理水平，进而决定项目决策后所获得的现金流量的多少，最终在很大程度上决定了企业价值的大小。

2. 融资决策（Financing Decision），是指为了满足投资与经营目标，筹措所需要的资金、确定最佳的融资方案。融资决策所影响和改变的是企业的资本结构，是对企业资金来源中负债与股权资本的组合进行规划和控制的过程。

3. 收益分配（Income Distribution）。收益分配是指企业的分配主体对分配对象（即企业经营收益）在各个分配参与者之间进行的分割和平衡，收益分配结果决策投资者是否对企业追加投资以及未来的成长性和可持续发展能力。

4. 营运资本管理（Working Capital Management）。营运资本管理是指企业短期资金的筹措与使用。营运资本是企业最活跃的资金与资产，对其管理的好坏最终决定企业财务管理水平的高低。

认识和理解财务管理内容时，要注意与企业实际工作中的财务管理内容进行比较，了解其差异。通过对比会计核算要素的内容加以区分。

三、财务管理原则

（一）竞争环境原则

1. 自利行为（Self-serving）原则：人们按照自己的财务利益行事。自利行为是从经济人假设出发，在进行财务决策时决策者首先考虑决策结果对自身是否有利。运用自利行为原则时，必须衡量不同决策的机会成本大小。

2. 双方交易（Our Business）原则：每一项财务交易都至少存在两方。双方交易原则要求在决策过程中不能仅仅考虑自身利益大小、不要以我为中心，要充分考虑交易对方的决策对交易的影响。从理论上讲，双方交易属于一种"零和博弈"，但是在实务中，交易活动往往表现为"非零和博弈"，因为税收在交易中起重要作用。

3. 信号传递（Signal Transmission）原则：行动传递信息。信号原则认为，任何一笔交易都会向外界传递某种信息，要求决策者在决策时不仅要考虑交易自身，还要考虑交易背后所传递的信息，并且要根据信息来判断决策对企业收益的影响。

4. 行为（Action）原则：当所有的方法都失败时，寻求其他的解决途径。行为原则是信号传递原则的直接应用，它是告诉决策者如何运用这些信息进行最优决策。在选用行为原则时要注意：一是不要将行为原则等同于"简单模仿"或"盲目跟风"；二是运用行为原则不会帮助决策者找到一个最佳方案，但是可以使决策者避免采取最差的行动，它是一个次优方案的选择。

（二）价值与经济效率原则

1. 有价值的创意（Valuable Ideas）原则：新创意能获得额外报酬。主要指创新能够给企业带来超过社会平均利润率的报酬。只要与众不同，就有可能获取额外报酬。

2. 比较优势（Comparative Advantage）原则：专长能创造价值。比较优势原则告诉人们：无论是一个人还是一个企业，只有充分发挥其特长，利用其优势，才能实现收益。它要求企业要把主要精力放在优势项目上，建立和维持企业的比较优势，是企业获利的根本。

3. 期权（Option）原则：期权是有价值的。广义上讲，任何不附带义务的权利都属于期权，绝大部分资产都存在隐含期权。不同的决策选择权会产生不同的经济后果，因此，选择权是有价值的。

4. 净增效益（Net Profit）原则：财务决策建立在净增效益基础上。净增效益采取方案与不采取方案之间的收益差额，在财务决策中一般用现金流量表示。在财务决策中运用净增效益原则时一般要求采用差量分析法，同时要在决策中区分沉没成本。

（三）财务交易原则

1. 风险报酬权衡（Risk Reward Trade-off）原则：二者关系对等。所谓风险报酬权衡是指高报酬的投资机会必然伴随着巨大的风险，风险小的投资机会必然只有较低的报酬。在财务交易中，当其他一切条件相同时人们倾向于高报酬和低风险。然而，由于竞争的存在，最终使得风险与报酬趋向均衡。

2. 分散化（Decentralization）原则：分散可以降低风险。是指不要把全部财富都投资于一个企业，而要分散投资，分散化原则的理论依据是投资组合理论。当然，分散化要适度。分散投资如果超过一定范围，其风险不但不会降低，可能还会增加。

3. 资本市场效率（Capital Market Effciency）原则：资本市场能迅速反映所有信息。资本市场效率原则，是指在资本市场上频繁交易的金融资产的市场价格反映了所有可获得的信息，而且面对新信息完全能迅速地做出调整。

4. 货币时间价值（Time Value of Money）原则：今天的钱比明天的钱更值钱。货币的时间价值是指货币在经过一定时间的投资和再投资所增加的价值。货币具有时间价值的依据是货币投入市场后其数额会随着时间的延续而不断增加。这是一种普遍的客观经济现象。货币时间价值原则运用最为重要的是现值概念。

需要注意的是，对财务原则的学习不能只停留在字面上，首先要理解每个财务原则的基本内涵，然后重点掌握财务原则在企业决策中的应用与分析，特别是在后续章节中具体的运用。

四、财务组织与财务经理职责

（一）企业组织形式

1. 独资企业（Sole Proprietorship）。独资企业是由个人出资经营、归个人所有和控制、由个人承担经营风险和享有全部经营收益的企业。独资企业具有：设立费用低、只缴纳个人所得税、负无限责任、存续期较短、融资数量有限等特点。

2. 合伙企业（Partuership）。合伙企业是指由各合伙人订立合同协议，共同出资，共同经营，共享收益，共担风险，并对企业债务承担无限连带责任的营利性组织。合伙企业可分为两类：（1）普通合伙制企业；（2）有限合伙企业。

合伙企业的特点包括：（1）费用较低；（2）负无限责任；（3）寿命期较短；（4）筹集大量资金困难；（5）缴纳个人所得税；（6）管理权共享。

3. 公司制企业（Corporation）。公司是一个拥有资产并承担责任的法人组织，公司是依照《公司法》组建并登记的以营利为直接目的的企业法人。

与独资企业和合伙企业相比，公司制企业一般具有如下特点：（1）开办手续较为复杂；（2）资金来源渠道广；（3）实行有限责任；（4）经营寿命较长；（5）股权转移方便；（6）实行两权分离；（7）政府对企业管制严格。

学习时，要结合《公司法》等相关法律、实务中企业组织结构，区分不同组织形式企业在财务上的特点，进而为企业的设立、运营提供财务指导。

（二）财务经理职责

1. 预测与计划；
2. 重大的投资与融资决策；
3. 协调与控制；
4. 金融市场运作；
5. 风险管理。

总之，在企业财务领域工作的人员要对有关问题作出决策，包括本企业应该获取何种资产、相应的资金如何筹集，企业应该如何开展经营等。

练习与思考

客　观　题

一、单项选择题

1. 下列属于企业流动资产的项目是（　　）。
   A. 交易性金融资产　　　　　　B. 可供出售金融资产
   C. 持有至到期投资　　　　　　D. 开发支出
2. 下列不属于流动负债的项目是（　　）。
   A. 交易性金融负债　　　　　　B. 应付职工薪酬
   C. 专项应付款　　　　　　　　D. 应付股利
3. 独资企业不同于公司企业的特点之一是（　　）。
   A. 双重税收　　　　　　　　　B. 设立费用高
   C. 负无限责任　　　　　　　　D. 存续时间长
4. 不属于股份有限公司特征的是（　　）。
   A. 公司的资本总额分为金额相等的股份
   B. 经批准，公司可以向社会发行股票，股票可以交易或转让
   C. 每股有一份表决权
   D. 股东人数不得超过一定限额
5. 我国《公司法》规定，设立股份有限公司，发起人应当是（　　）。
   A. 5 人以上，50 人以下　　　B. 5 人以上，100 人以下
   C. 2 人以上，200 人以下　　D. 2 人以上，100 人以下
6. 人们在进行财务决策时必须考虑机会成本，其所依据的财务原则是（　　）。
   A. 比较优势原则　　　　　　　B. 自利原则
   C. 行为原则　　　　　　　　　D. 资本市场效率原则
7. 下列有关信号传递原则的说法中不正确的是（　　）。
   A. 信号传递原则是行为原则的延伸
   B. 决策者要根据信息判断一项活动未来的收益状况
   C. 决策时要考虑交易的信息效应
   D. 决策时要充分考虑信息效应的收益与成本
8. 有关行为原则说法中正确的是（　　）。
   A. 行为原则要求决策时可以采取"模仿"方式
   B. 大部分交易属于"零和博弈"
   C. 行为原则是一种次优方案选择的决策标准
   D. 创意可以获得额外报酬

9. 下列有关双方交易原则的表述中不正确的是（　　）。

   A. 每一笔交易至少存在两方，都会按照自己的利益做事

   B. 在进行决策时要充分考虑交易对方的感受

   C. 在进行交易时要注意税收对决策的影响

   D. 交易时要"以我为中心"进行决策分析

10. 下列关于"行为原则"说法中错误的是（　　）。

   A. 该原则只在信息不充分或者成本过高以及理解力有局限时采用

   B. 该原则可能使你模仿别人的错误

   C. 该原则有可能帮助你用较低的成本找到最佳方案

   D. 该原则体现了"相信大多数"的思想

11. 下列有关"有价值的创意原则"表述中错误的是（　　）。

   A. 任何一项创新的优势都是暂时的

   B. 新的创意可能会减少现有项目的价值或者使它变得毫无意义

   C. 金融资产投资活动是该原则的主要应用领域

   D. 成功的筹资很少能使企业取得非凡的获得能力

12. "自利行为原则"的依据是（　　）。

   A. 经济人假设　　　　　　　　　　B. 分工理论

   C. 投资组合理论　　　　　　　　　D. 信息不对称理论

13. 有关财务交易的"零和博弈"表述不正确的是（　　）。

   A. 一方获利只能建立在另一方付出的基础上

   B. 在已经实现的交易中，买进的资产和卖出的资产总是一样多

   C. "零和博弈"中，双方都按自利行为做事，双方都想获利而不是吃亏

   D. 在市场环境下，所有交易从双方来看都表现为"零和博弈"

二、多项选择题

1. 财务管理功能包括（　　）。

   A. 制定财务战略，指导财务活动

   B. 合理筹集资金，有效运营资产

   C. 控制成本费用，增加企业收益

   D. 加强财务监督，实施财务控制

2. 财务管理的内容包括（　　）。

   A. 投资决策　　　　　　　　　　　B. 融资决策

   C. 收益分配　　　　　　　　　　　D. 营运资本管理

3. 下列属于个人独资企业相比较公司制企业的特点有（　　）。

   A. 容易在资本市场上筹集到资金　B. 容易转让所有权

   C. 容易创立　　　　　　　　　　D. 不需要缴纳企业所得税

4. 属于公司制企业特点的有（　　）。

   A. 设立手续复杂　　　　　　　　B. 实行有限责任

   C. 两权分离　　　　　　　　　　D. 双重税收

5. 根据信号传递原则，下列说法正确的有（　　　）。

　A. 少发或不发股利的公司，很可能意味着自身产生现金的能力较差

　B. 决策必须考虑机会成本

　C. 过度依赖贷款可能意味着失败

　D. 理解财务交易时，要关注税收的影响

6. 下列有关"行为原则"表述中正确的有（　　　）。

　A. 该原则不能帮助你找到最佳方案，但可以避免采取最差的行动

　B. 该原则告诉我们：当所有方法都失败时，可以寻求其他的解决途径

　C. 该原则在财务上的一个重要的应用就是行业标准的选择

　D. "自由跟庄"是行为原则在财务上的具体应用之一

7. 有关"双方交易"原则表述正确的有（　　　）。

　A. 大部分交易属于零和博弈

　B. 决策者在交易时不要"以我为中心"

　C. 在交易中必须重视税收对决策的影响

　D. 该原则要求交易时要充分尊重对方

8. 下列有关"资本市场效率原则"，可以得出正确结论的有（　　　）。

　A. 如果资本市场是有效的，不可能通过融资取得正的净现值

　B. 企业应当通过生产经营性投资增加财富

　C. 在资本市场中获得超额收益主要依靠管理能力

　D. 在资本市场上只能获得与投资风险相称的报酬

9. 下列有关"比较优势原则"表述正确的有（　　　）。

　A. 企业要把主要精力放在自己的比较优势上，而不是日常的运行上

　B. "人尽其才，物尽其用"是比较优势原则的一个应用

　C. 优势互补是比较优势原则的具体应用

　D. 比较优势原则的理论基础是社会分工

三、判断题

1. 企业向员工支付工资属于财务管理中的分配活动。　　　　　　　　　（　　　）

2. 财务管理就是对企业财务活动所进行的一项管理工作。　　　　　　　（　　　）

3. 财务战略制定与实施是企业财务经理的重要职责之一。　　　　　　　（　　　）

4. 融资决策的关键问题是确定资本结构，至于融资总额则取决于投资的需要。

　　　　　　　　　　　　　　　　　　　　　　　　　　　　　　（　　　）

5. 信号传递原则是行为原则的延伸，它要求根据企业的行为判断其未来的收益。

　　　　　　　　　　　　　　　　　　　　　　　　　　　　　　（　　　）

6. 自利行为原则认为在任何情况下人们都会选择对自己经济利益最大的行动。

　　　　　　　　　　　　　　　　　　　　　　　　　　　　　　（　　　）

7. 行为原则既有可能使你模仿别人的错误，也有可能帮助你用较低的成本找到最佳的方案。

　　　　　　　　　　　　　　　　　　　　　　　　　　　　　　（　　　）

8. "有价值的创意原则"的主要应用领域是直接投资。　　　　　　　　（　　　）

9. 在评价项目时，不仅要考虑资产本身的价值，而且要考虑不附带义务的权利的价值。（　　）

10. 在财务交易中"双方交易原则"要求双方都要谋求自身利益，并都遵循自利原则。（　　）

11. 任何不附带义务的权利都属于期权。（　　）

12. 投资越分散，企业面临的投资风险就越小。（　　）

13. 净增效益原则的应用领域之一是比较分析法。（　　）

思 考 题

一、走访一家企业，了解企业财务的基本功能与财务组织结构。

二、你认为财务管理在企业管理中应该处于何种地位？应该具备哪些功能？

三、你认为当前企业与社会之间的最大矛盾是什么？举例说明。

四、走访一家企业，了解当今企业在财务方面所关注的重点是什么？并进一步分析其原因。

五、利用周末分别到一家独资企业和公司企业中进行调查，比较两者在组织及财务上的不同特征。

六、举例说明在企业财务活动中如何应用"自利行为原则"。

七、收集部分资料，解释信号传递原则在企业财务中的运用。

八、假定你是一家公司的总裁，在用人方面怎样运用比较优势原则？

九、如何理解"资本市场效率原则"？你认为我国资本市场有效率吗？请解释。

十、经济全球化和信息技术是如何影响企业财务管理的？我们如何应对这种挑战？

案 例

滚动资本大雪球

荣事达集团在一次又一次的合资中，不断壮大了自身的实力，从1992年资产在买卖中增值。以固定资产306万元抵押借贷2 700万元是需要勇气的。荣事达在起步阶段就是这样冒着巨大风险积累了原始资本。用这些钱，他们引进当时最先进的日本三洋洗衣机的技术、设备，改善了企业的"硬件"。在企业赢得一定市场份额后，如果不把这种无形资产拿到市场上去交换，它就一文不值，这是荣事达人的观点。他们正是在自身资产获利能力最强的时候把股份的49%主动让给港商詹培忠，从而获得资金1.04亿元，"卖"的价钱比最初的"企业市值"翻了将近4倍。回过头，荣事达拿这1.04亿元与日本三洋等4家企业合资建立了合肥三洋荣事达电器有限公司，引来日方1亿多元的资金，使公司资本在1993年、1994年两年内翻了两番，实现了二变四、四变八的几何级数扩张。

小富不能即安。荣事达1996年使的一招"怪棋"令许多人不解，但事后证明这是个聪明的决断。他们以1.55亿元的高价收购了先前出让给港商的49%的股权，让对方赚了一笔，自己拿回来股份后又与美国美泰克公司、中国香港爱瑞公司以49%、49.5%的比例合资，成立了6个企业，此举引进外资8200万美元，总注册资本13.4亿元人民币。在评估中，荣事达资本翻了一番，仅购回股份即获净收益7900万元。荣事达的发展也吸引了民间资本的注意力，1998年，合肥民营企业家姜茹把自己的2000万元投给荣事达集团，此事在企业界引起极大反响。荣事达以信誉资本（占20%股权）、设备、土地、厂房等投入2040万元占51%股权与姜茹合资组建了荣事达电工有限责任公司。这2000万元不仅给荣事达带来了资金，更提高了其信誉度，许多民营企业找上门来要求合资合作，荣事达融资面更宽了。荣事达董事长陈荣珍谈资本运营时有句话很中肯：我们卖股份是为了更好地买，买又是为了更好地卖，资产在买卖的流动中才能不断增值。那么，荣事达为什么要马不停蹄地买卖自己的信誉资本、实际资本，把负债率迅速降到30%呢？

不能在一棵树上吊死。国有企业老板在概括国有企业困难时最时髦的一句话是：资金短缺。许多破产企业最后都是跟银行赖账，为什么国有企业投资主体只能是银行，大家都得吊死在银行一棵树上呢？荣事达之所以搞资本运营，就是在寻求多元化的融资渠道。他们在不同时期，根据社会的资金大环境选择合资对象，解决发展中最紧迫的问题。第一次抵押借贷是1986年，当时市场处于短缺经济时代，只要项目选得准，迅速形成规模，产品获利能力强，就可迅速完成原始积累，实践证明，他们做到了。后来的三次合资主要是为了提高产品科技含量，扩大生产和市场规模，以自己的存量资产去吸引外商的增量资产，不仅吸引资本，还吸引国外的先进技术和管理经验。另外，荣事达在资本运营中将存量资产货币化，把股权卖给别人，把可能的风险转移，把资产以货币形态兑现，也是为了体现企业活力，通过买卖把企业的有形资产、无形资产组合到最佳状态。正如老总陈荣珍说的："港商买我的股份是因企业经营得好，能赚钱，后来我买回去，他又可以赚一笔，而我再和美国人合资，是因为这样我赚的钱会更多。投资不是算计别人，而是'各算各的账，各赚各的钱'。"

必须具有国际领先的技术水平。荣事达在合资中有一条重要原则，就是要求外方生产企业必须具有国际领先的技术水平。

资本运营的高风险促使荣事达不断提高企业的管理水平。在荣事达内部，中美合资、中日合资、中方资产呈三足鼎立之势，合资公司、中方企业都是独立法人实体，是规范的股份制公司，平等获利、风险共担。集团董事长陈荣珍说："如果你管不好，人家就管。不管谁的资金，送到我们手里，就要让它增值、获利，做不到这一点，股权结构就会改变。"目前改制后的荣事达已明确了集体资产归属权，并按《公司法》明确了劳资、人事、财务关系，初步建立起现代企业制度。

（资料来源：《中国财经报》，权利冰、李继学，2000年8月29日）

讨论：

1. 如何认识企业财务管理的功能？

2. 企业财务管理的对象是什么？

3. 企业财务管理的内容包括哪些方面？荣事达公司在发展过程中进行了哪些财务管理活动？你是如何理解的？

第二章
财务目标与代理关系

学 习 要 求

通过本章学习，理解并掌握不同财务目标的表述与观点，熟悉代理关系的内涵，并从实践角度理清企业各种代理关系及对企业财务活动产生的影响。

本章学习重点：不同财务目标比较、代理关系的内涵与矛盾处理。

本章学习难点：股东财富最大化与企业价值最大化目标的比较评价，企业代理冲突及其关系处理。

本章学习指引：本章是财务管理的重点内容之一，学习时要结合教师的课堂讲授和课外资料，采用比较分析的方法，去认识和理解不同财务目标的内涵与异同；结合中国企业实际，从实践应用角度分析企业面临的各种代理冲突及具体表现，在此基础上掌握解决企业各种代理问题的方法与对策。

学 习 思 维 导 图

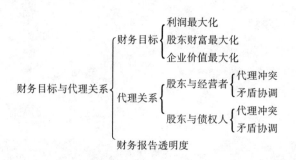

本章学习纲要

一、财务目标

（一）利润最大化

利润最大化（Profit Maximization），一般是指企业利润总量最大化。利润最大化可能只适宜用作单期目标而非多期或长期目标。

随着时间的推进，利润最大化上期的缺陷渐渐被众多财务学者发现，认为它不宜作为财务管理目标，其原因主要包括：

1. 利润的追求与企业投资者报酬的满足之间没有直接的关联。

2. 利润最大化作为财务目标，很难与财务决策的标准相吻合。

3. 利润是一个极具财务会计技术含量的指标，受到会计政策选择的重大影响，而会计政策的选择权利又归属于企业的管理当局。

4. 利润没有考虑与风险的内在关系。利润是一个单指向的会计指标，如果不与风险程度相权衡，单纯地追求利润额往往是没有意义的。

学习中需要注意，如何全面、客观地认识利润最大化目标，要关注对利润不同概念的含义理解，并区分会计利润与财务利润的解释是不同的。

（二）股东财富最大化

股东财富最大化（Stockholder Wealth Maximization）是指企业通过合法经营，采取科学的财务管理策略，在考虑货币时间价值与风险价值的基础上，为股东增加尽可能多的财富。

一个企业要想增加股东的财富，途径主要有两种：一是支付给股东股利；二是提高股票的市场价格。

所谓的"股东财富最大化"，具体言之，就是股利越多越好，股票价格越高越好。股东财富最大化这一财务目标是通过满足股东的最低报酬率要求来实现的，即：

股东财富最大化 = 股东最低报酬率要求的满足

股票价格最大化也存在一些缺陷：

1. 它把股东利益放在首位，而相对忽略了与企业相关的其他不同利益集团的利益。

2. 股票价格的升降受内外部多种因素的共同影响，并非企业自身所能完全控制。

3. 股东财富最大化只适用于上市企业，对大量的非上市企业则难以适用。

4. 股东财富最大化未能消除因信息不对称所造成的经营者在其目标上的"道德风险"和"逆向选择"。

股东财富最大化目标在西方市场化国家比较流行，其生存环境比较理想。在中国，股东财富最大化作为财务目标是否适合，一定要与当前经济发展环境相结合进行分析、评价。

（三）企业价值最大化

1. 利益相关者（Stakehoder）分析。影响财务目标的相关利益集团主要有：（1）企业所有者权益集团；（2）企业债权人利益集团；（3）企业员工（包括一般职员与管理者）利益集团；（4）政府利益集团。

2. 企业价值最大化（Enterprise Value Maximization）。企业价值最大化是指企业合理有效地配置资源，采取恰当的财务政策，树立货币时间价值、风险与报酬均衡观念，以企业可持续发展为基础实现企业未来价值最大。简单讲，企业价值最大化是指企业预期的未来现金流量现值最大化。

企业价值是未来时期内期望现金流量按照加权平均资本成本进行折现之和，即：

$$V = \sum_{t=1}^{\infty} \frac{FCF_t}{(1 + WACC)^t}$$

在财务管理活动中，追求企业价值最大化，意味着：

（1）在企业管理中，尤其是在财务管理中，要关注现金流量，通过科学的管理行为，力争实现经营活动现金流量的可持续发展。

（2）加强风险管理，将经营风险与财务风险纳入可控制范围之内。

（3）注重企业的可持续发展，这是实现企业价值最大化的前提条件之一。没有企业的可持续发展，便无法实现企业价值的最大化。

企业价值最大化财务目标的难点在于其内涵的理解和计量方法的运用。学习时既要掌握企业价值最大化量的计算，也要掌握其内涵与本质，特别要从企业实践角度理解并且能够运用价值最大化财务目标进行决策评价。

（四）财务目标与社会责任

任何经济组织无论选择何种财务目标，并不意味着可以忽视社会责任和伦理道德问题。

1. 社会责任（Social Responsibility），是指企业对于超出法律和公司治理规定的对利益相关者最低限度义务之处的、属于道德范畴的责任。这种责任可以分为两类：

（1）企业与合同利益相关者的社会责任。

（2）企业与非合同利益相关者的社会责任。

2. 企业伦理。财务目标还与伦理道德相关。企业伦理可以看作是企业对于其员工、客户、社区以及股东的态度和行为。伦理行为的高标准要求企业对待任何一方都采取公正和诚实的态度及方式。

二、代理冲突与矛盾协调

（一）财务契约

企业是一个契约的集合体。企业契约包括明确的和模糊的契约。

财务契约（Financial Contracts）是指企业在理财过程中，为达到合理预期，在平等互利的基础上与各个权利主体确立的一种权利关系。

（二）代理问题与管理激励

1. 代理关系（Agency）。代理关系是指委托人雇用并授权给被委托人（代理人）代其行使某些特定的权利、彼此之间所形成的契约关系。

在现代企业中，代理关系主要包括：（1）股东（所有者）与经营者之间的代理关系；（2）股东与债权人之间的代理关系。

2. 股东与经营者之间的代理冲突与协调。

（1）股东与经营者之间的矛盾冲突。只要管理者持有公司普通股的比例小于100%，就会产生潜在的代理问题。

对股东（所有者）来说，其财务目标是实现股东（所有者）财富最大化（即所有者权益最大化）。所以，股东（所有者）就会想方设法要求经营者尽最大可能去实现这一目标。企业的经营者尽管也是最大合理效用的追求者，但是，由于切身利益的不同，其追求目标与股东（所有者）要求的目标并不完全一致。经营者要求股东（所有者）能给予较高的报酬（包括物质和非物质的）；安逸舒适的工作条件；较小的劳动强度，不愿意为了股东财富最大化而冒决策风险；等等。因此，委托人与代理人之间开始产生利益上的冲突。因为经营者所得到的利益正是股东（所有者）所失去的利益（即经营者的享受成本），一方的所得必然是另一方的所失，经营者享受成本必然影响到股东（所有者）财富的增加。

代理冲突的结果致使股东产生代理成本。代理成本一般包括：①监督管理层行为的成本（如审计费用）；②建立合适的组织机构以限制管理层的不当行为而发生的费用（如在董事会中设置外部董事）；③由于管理层受到组织机构限制，以致无法适时进行决策而丧失提高股东财富的机会成本。

学习中要注意，股东与经营者的矛盾冲突是所有代理关系中最为重要的，两者关系处理影响企业整个代理冲突。学习时如何与企业现状结合分析是掌握问题的关键所在。

（2）股东与经营者之间矛盾的协调。常见的矛盾协调方法包括：①管理层薪酬计划；②股东直接干预；③解雇威胁；④接管威胁。

实践中股东通常是将上述方法综合起来使用，来协调股东与管理层的矛盾。尽管如此，管理层仍然可能采取一些对自己有利而不符合股东目标的决策，从而给股东带来一定的损失。增加监督成本和激励成本可以减少偏离股东目标的损失，而减少监督成本和激励成本可能会增加偏离股东目标的损失。因此，股东应在监督成本、激励成本和偏离股东目标的损失之间进行权衡，力求找出使三者之和最小的方法。

3. 股东（所有者）与债权人之间的代理冲突与协调。

（1）股东（所有者）与债权人之间的矛盾冲突。当债权人将资金借给企业后，二者之间的委托代理关系随之产生。债权人的资金一旦出借，债权人则失去对其直接的控制权，股东（所有者）就有可能借助于经营者之手，为了自身利益而损害债权人的利益，其常用方式有：①进行投机活动；②提高财务杠杆比率；③增加股利支付。

（2）股东与债权人之间矛盾的协调。债权人为了防止其自身利益受到侵害，就会在向企业发放贷款时采取一系列防护性措施：①寻求立法保护，企业破产时优先接管分配剩余财产；②在借款契约中加入各种限制性条款（如规定资金用途），以保护自己的合法利益；③如果债权人认为企业确有剥夺其财富以扩大股东（所有者）财富的意图时，就应拒绝进一步合作，不再向企业提供新的借款，或者提前收回贷款，或者向企业要求高于正常水平的报酬率，以作为其财富可能被剥夺的补偿。

三、公司治理与财务报告透明度

公司治理效率直接影响代理冲突，科学而有效的公司治理有助于缓解企业代理冲突，从而实现企业财务目标。

财务报告透明度是一家企业财务报告质量的重要特征。财务报告质量特征主要包括：可靠性、相关性、可理解性、可比性、实质重于形式、重复性、谨慎性和及时性。

代理冲突与矛盾协调是本章的难点和重点，学习时特别要结合目前现实中我国企业公司治理的实际情况，从理论与实践结合的角度理解各种代理冲突及其产生的背景、原因，并掌握解决代理冲突的方法与思路。

练习与思考

客　观　题

一、单项选择题

1. 以利润最大化作为财务管理目标，其优点是（　　）。
   - A. 考虑了货币时间价值
   - B. 考虑了投资的风险价值
   - C. 有利于克服短期行为
   - D. 资本使用权归属于盈利多的企业

2. 股东财富最大化作为财务管理目标的缺点是（　　）。
   - A. 未适合非上市公司
   - B. 考虑了货币时间价值
   - C. 考虑了投资的风险价值
   - D. 有利于克服短期行为

3. 企业价值是指企业全部资产的市场价值，即（　　）。
   - A. 债券未来市场价值
   - B. 股票未来市场价值

    C. 未来预期现金流量的现值　　　　　D. 企业新创造的价值

4. 下列各项财务指标中, 最能反映上市公司财务目标实现程度的是 (　　)。

    A. 扣除非经常性损益后的每股收益　B. 每股市价

    C. 每股净资产　　　　　　　　　　　D. 每股股利

5. 相对于每股利润最大化目标而言, 企业价值最大化目标的不足之处是 (　　)。

    A. 没有考虑货币的时间价值

    B. 没有考虑投资的风险价值

    C. 不能反映企业潜在的获得能力

    D. 不能直接反映企业当前的获得水平

6. 经营者与股东之间的委托代理关系产生的首要原因是 (　　)。

    A. 机会主义倾向　　　　　　　　　　B. 道德风险

    C. 信息不对称现象　　　　　　　　　D. 资本所有权与经营权相分离

7. 企业财务契约中, 属于模糊契约内容的是 (　　)。

    A. 产品售后担保合约　　　　　　　　B. 企业与投资者之间的契约

    C. 员工对企业的承诺　　　　　　　　D. 产品赔偿责任

8. 经营者背离股东目标主要表现为道德风险和逆向选择, 下列属于道德风险的是 (　　)。

    A. 没有尽最大努力提升公司股价　　B. 装修豪华办公室

    C. 出差常常乘坐飞机商务舱　　　　D. 超标准宴请客户

9. 债权人为了防止其利益被伤害, 通常采取的措施不包括 (　　)。

    A. 激励　　　　　　　　　　　　　　B. 规定资金的用途

    C. 提前收回贷款　　　　　　　　　　D. 限制发行新债数额

10. 某上市公司高管在任职期间不断提高在职消费, 损害股东利益, 这一现象所揭示的公司制企业的缺点是 (　　)。

    A. 产权问题　　　　　　　　　　　　B. 激励问题

    C. 代理问题　　　　　　　　　　　　D. 分配问题

二、多项选择题

1. 以利润最大化作为财务管理的目标, 其缺陷包括 (　　)。

    A. 没有考虑货币时间价值

    B. 没有考虑风险因素

    C. 只考虑自身收益而没有考虑社会效益

    D. 没有考虑投入资本和获利之间的关系

2. 企业价值最大化作为财务目标, 其内涵包括 (　　)。

    A. 强调资源的有效利用, 提高资本使用效率

    B. 树立风险与报酬均衡理念

    C. 重视诚信建设, 维护企业信誉

    D. 客户利益至上, 注重客户价值

3. 企业价值最大化目标的缺点在于 (　　)。

A. 没有考虑货币时间价值和投资的风险价值

B. 不能反映对企业资产保值增值的要求

C. 很难确定企业价值

D. 股价最大化并不是使所有股东均感兴趣

4. 经营者的目标与股东不完全一致，有时为了自身的目标而背离股东的利益，这种背离表现在（　　）。

A. 道德风险　　　　　　　　　B. 公众利益

C. 社会责任　　　　　　　　　D. 逆向选择

5. 为确保企业财务目标的实现，下列各项中，可用于协调所有者与经营者矛盾的措施有（　　）。

A. 所有者解聘经营者　　　　　B. 所有者向企业派遣财务总监

C. 所有者向企业派遣审计人员　D. 所有者给经营者以"股票选择权"

6. 下列各项中，可用来协调公司债权人与所有者矛盾的方法有（　　）。

A. 规定借款用途　　　　　　　B. 规定借款的信用条件

C. 要求提供借款担保　　　　　D. 收回借款或不再借款

7. 股东通过经营者之手侵害债权人利益的方式有（　　）。

A. 擅自改变资金原定用途，投资于风险较高的项目

B. 未征得债权人同意扩大负债比例

C. 大幅度支付现金股利

D. 不尽心努力工作

8. 防止经营者背离股东目标的方法有（　　）。

A. 股东加强对经营者监督

B. 做好思想工作，发挥其主观能动性

C. 通过法律手段规范其行为

D. 采取恰当的激励计划，以实现股东财富最大化

9. 为协调经营者与股东之间的矛盾，减少偏离股东目标的损失，股东一般需支付的成本有（　　）。

A. 生产成本　　　　　　　　　B. 监督成本

C. 激励成本　　　　　　　　　D. 经营成本

三、判断题

1. 为防止经营者因自身利益而背离股东目标，股东会对经营者采取监督和激励并重的方法。　　　　　　　　　　　　　　　　　　　　　　　　　　　　（　　）

2. 经营层承诺全心按照股东意愿从事管理活动，这属于模糊的契约合同。（　　）

3. 向社会提供合格产品和高质量的服务是处理企业财务与社会公众关系的内容之一。　　　　　　　　　　　　　　　　　　　　　　　　　　　　　　　（　　）

4. 企业在追求自身目标的同时，会使社会受益，因此，企业目标和社会目标是一致的。　　　　　　　　　　　　　　　　　　　　　　　　　　　　　　　（　　）

5. 经营者不尽心尽力工作，不愿为股东（所有者）的利益而冒必要的风险是一种

道德风险。　　　　　　　　　　　　　　　　　　　　　　　　（　　）

6. 制订科学、有效的管理层薪酬计划是解决股东与管理者矛盾冲突的有效方法之一。　　　　　　　　　　　　　　　　　　　　　　　　（　　）

7. 股东付出的监督成本和激励成本越多，管理者偏离股东目标发生的损失则越少。　　　　　　　　　　　　　　　　　　　　　　　　　（　　）

8. 股东为了更加有效地管理公司，在公司董事会中增加外部董事的比例，以限制管理者的行为，由此而发生的费用支出属于代理成本。　　　　　（　　）

思　考　题

一、明确企业财务管理目标对企业有何意义？

二、结合现实解释为什么说利润最大化不适宜作为企业财务管理目标。

三、股东财富最大化这一财务管理目标有何优缺点？

四、如果所有的公司都以股东财富最大化为财务目标，那么全体成员的状况是趋好还是趋坏？

五、企业价值最大化的内涵是什么？它与利润最大化、股东财富最大化相比有何优点？

六、股东与管理者之间的矛盾冲突表现在何处？结合实际，谈谈如何解决二者之间的代理冲突。

七、公司经理们是否应该持有本公司一定数量的股份？赞成或反对的理由各是什么？

八、股东与债权人的目标为何不一致？怎样才能解决这一问题。

九、你作为一个投资者，是否认为某些经理的收入过高了？他们的报酬是否增加了你的费用？

十、如何处理好财务管理目标与社会责任之间的矛盾？

十一、结合中国实际，谈谈你对目前企业社会责任承担的看法。

十二、你是如何看待财务报告透明度的？我国信息披露制度体系包括哪些？

案　　例

什么阻碍了中国富豪盖茨式裸捐

前世界首富、微软创始人比尔·盖茨日前宣布退休，并把自己580亿美元财产全数捐给名下慈善基金"比尔及梅琳达盖茨基金会"，一分一毫也不留给自己子女。盖茨称，之所以这样做，是因为"我和妻子希望以最能够产生正面影响的方法回馈社会"。

盖茨的裸捐行为在万里之外的中国引发热议。人们很自然地联想到中国的富豪们的慈善行为。因之前雪灾、地震捐款而饱受争议的中国富豪的慈善心再受拷问，他们被推到风口浪尖。

"看看人家比尔·盖茨，中国的富豪们应该感到羞愧和脸红""相比盖茨，中国富豪们需要学习的太多了""他应该成为中国企业家的典范，他应该成为我们心目中的英雄！"，网友们纷纷表达对盖茨的赞叹和对中国富豪们的不满。

中国为什么出现不了"比尔·盖茨"式的慈善家？难道中国的富豪们真的是缺乏善心？还有没有其他更深层次原因？片面地指责他们"为富不仁"是否公平？

近日，《中国青年报》社会调查中心通过新浪网对 5 546 名网民就这些相关问题进行了调查。调查结果显示，有高达 85.93% 的网民支持比尔·盖茨的捐赠行为。

"比尔·盖茨的做法，他的人生观、价值观，尤其是他对待财富、对该给子女留些什么这些方面的观念，很值得我们思考。"一位新浪网友如是说。持类似意见的网友占了大多数。不过，仍有少数网友对比尔·盖茨的捐赠行为提出了质疑，认为"很傻很天真""老把戏，逃避税收而已"。调查中，5% 的网友反对比尔·盖茨的捐赠行为。

与对盖茨的捐赠行为形成鲜明对比的是，接受调查的网民对中国富豪对慈善事业的投入，普遍表达了不满意的态度，这个比例达到了 83.31%，只有 6.26% 的网民对中国富豪的慈善表现满意，另有 10.43% 的网民选择了"不好说"。

"中国富豪就是缺乏社会责任，比如'5·12'大地震。不要求你全捐，可你不能太寒碜。"一位网友说。该网友的观点代表了很多网民的心声。可见，中国富豪的慈善付出在网民们看来是不及格的，在表达善心和社会责任方面，中国的富豪们还有很长的路要走。正如某媒体所评论的那样："不久前，国内富豪还在为抗震救灾到底该捐多少而斤斤计较，甚至至今仍有少数富豪的捐赠款没有全部到位。与盖茨相比，这些富豪要学习的实在太多太多。"

盖茨的捐赠行为同样在企业界也引起了很大的反响。

前微软全球副总裁、现 Google 中国区总裁李开复谈到盖茨这次捐赠时说："人的价值不在于他拥有多少，而在于他留下多少。他这么成功还能够做到如此谦虚，有这样的胸怀，这是我最佩服他的地方。"

奥林巴斯（中国）总经理河原东在接受记者采访时，也对此表达了看法。"比尔·盖茨的捐款是全世界都比较震惊的事情，他把毕生大部分的资产作为社会公益的资金，就我个人来说，感觉他非常棒，对他非常佩服。但是，我认为，不能简单地以捐献金额的大小来衡量一个企业或者个人的社会责任，更重要的是看他的精髓。我们大多数人没有比尔·盖茨那样的捐助额和影响力，但是我们依然可以选择自己的方式去回馈社会。"河原东说，奥林巴斯在这次中国发生大地震的第一时间内就与日本总部沟通，先捐了 100 万元人民币现金，又紧急调运价值 200 万元人民币的灾区急需设备。

值得注意的是，在"你认为阻碍中国'盖茨'出现的主要因素是什么的"问题中，"国情与文化"得票最多，占到了八成以上，达到了 81.89%，其次才是"富豪缺乏同情心"，比例为 40.94%。这说明，民众虽然对中国富豪在捐款方面的表现深表失望，认为和国外富豪相比，中国富豪确实需要付出更大的善心和责任，但也并没有单方面片面指责中国富豪们"为富不仁",而是看到了形成这种现象的不同的社会体制和价值观念、文化传统等因素。

中国不能出现比尔·盖茨式的慈善家,与上述因素有密切关系。

2008年"两会"期间,全国人大代表、广东茂名市工商联会长倪乐关于捐款还要缴税的质疑可以作为了解当前中国慈善制度的一个注脚。倪乐认为,我国当前的慈善制度下,捐款还要缴税,这严重挫伤了善心人的积极性,不利于形成全社会热心慈善事业的氛围;和欧美发达国家相比,我国的慈善文化还很不成熟,亟待完善。

农工党上海市委副主委、上海交通大学姚俭建教授在提到盖茨慈善之举的中国启示时说,制度建设是根本,在欧美一些慈善事业比较发达的国家,法律和税收政策成为约束富人从事慈善事业的主要力量。比如,完善的社会保障、税收激励制度、对慈善机构的有效监管、对富人奢侈行为的税收制约、高额的遗产税等,这些制度使得富豪对捐赠表现积极。

在"你认为如何才能推动中国富豪的公益责任意识"的多项选题中,72.68%的网友认为最需要的是社会的引导,其他依次是政策支持(57.4%),富豪自省(50.29%),政府监管(26.77%)。这说明,要在中国打造出"比尔·盖茨"式的慈善家,是个系统工程,有许多方面的工作要做,无论是社会,还是有关政府部门,还是富豪阶层,都需要拿出足够的努力和诚意。

当然,中国慈善事业也在不断健全和完善中,慈善事业的发展需要一个渐进的过程和阶段,不能盲目冒进,有关部门要根据实际情况,制定出具有中国特色的行之有效的制度,促进中国慈善事业的发展,不能生搬硬套美国的相关制度和政策。

(资料来源:中青在线 - 《中国青年报》,徐辉,2008年7月14日)

讨论:

1. 你是如何理解企业财务目标的?

2. 财务目标与社会责任之间的关系如何处理?社会责任的承担影响财务目标的实现吗?

3. 根据上述资料,综述你的观点,并对此进行分析评价。

第二篇

风险与估值

第三章
货币时间价值

学习要求

货币时间价值是进行财务决策的基础与前提。通过本章学习，理解货币时间价值的内涵，熟练掌握货币时间价值的各种计算原理与应用技巧，为后续融资决策、项目投资等财务决策内容学习奠定基础。

本章学习重点：货币时间价值的内涵、货币时间价值的计算。

本章学习难点：熟悉年金计算原理，掌握各种年金的计算与决策应用、名义利率与实际利率换算，了解增长年金计算与应用。

本章学习指引：本章学习时，要从理论和实践结合的角度理解货币时间价值的含义和本质；从应用的角度掌握各种终值和现值的计算原理与技巧，为以后的证券估价、资本成本计算、资本投资决策等内容的学习奠定扎实的基础。

学习思维导图

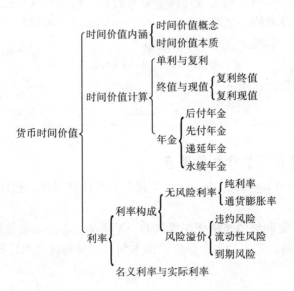

本章学习纲要

一、货币时间价值与财务决策

（一）货币时间价值的含义

货币时间价值（Time Value of Money）是指货币经过一定时间的投资和再投资所增加的价值。货币时间价值属于机会成本的范畴。

理解时必须注意，并不是所有的货币都有时间价值，只有投入周转使用的货币才会产生时间价值，这一点与西方的解释有所不同。

（二）货币时间价值的本质

货币时间价值的实质是货币周转使用后发生的增值额。

虽然举例时常用利率表示货币的时间价值，但严格来讲，二者是不同的。利率包括纯利率、通货膨胀率和风险溢价，时间价值仅指纯利率。若通货膨胀率很低或没有通货膨胀，可以用国库券的利率表示时间价值。

二、货币时间价值计算

（一）单利条件下的终值与现值

单利（Simple Interest）就是只计算本金的利息，利息只有在提出后再以本金的形式投入才能生息。单利的本金即为现值（Present Value），而单利的本金加利息则为终值（Future Value）。单利终值的计算公式如下：

$$F = P \cdot (1 + i \cdot n)$$

单利现值的计算公式如下：

$$P = \frac{F}{1 + i \cdot n}$$

（二）复利条件下的终值和现值

复利（Compound Interest）方式下，不仅本金要计算利息，利息也要生利，即所谓的"利滚利"。

1. 复利终值。复利终值是指现在投入的一笔资金，按照必要报酬率（折现率）折算至最后一期（n期）期末的资金价值，即本利和。复利终值的计算公式如下：

$$F = P \cdot (1 + i)^n$$

2. 复利现值。复利现值是指企业第 n 期的资金按必要报酬率折算到现在的资金价值。复利现值计算公式如下：

$$P = F \cdot (1 + i)^{-n}$$

尽管实务中的存贷款利率大多采取单利形式，在进行财务管理决策时一般却假定以复利计息。

（三）年金终值和年金现值

年金（Annuity）是指在未来若干均等间隔期所发生的等额收入或支出。年金一般包括后付年金、先付年金、递延年金和永续年金四种类型。

1. 后付年金（Annuity in Arrears）。后付年金又称普通年金，是指在未来若干均等间隔期每期期末发生的等额系列收款或付款。

（1）后付年金终值。后付年金终值是指在未来若干均等间隔期每期期末发生的等额收款或付款，按必要报酬率计算至最后一期（n 期）期末的复利终值之和。后付年金终值的计算公式如下：

$$F_A = A \cdot \frac{(1 + i)^n - 1}{i}$$

实践中会出现已知终值、折现率和计息期数而求年金的问题，这样计算出的年金称为偿债基金。偿债基金可以根据后付年金终值的计算公式计算，也可以用终值乘以偿债基金系数计算得出，偿债基金系数和后付年金终值系数为倒数关系。

（2）后付年金现值。后付年金现值是指在未来若干个均等间隔期每期期末发生的等额收款或付款，按必要报酬率换算至第一期期初的复利现值之和。后附年金现值的计算公式如下：

$$P_A = A \cdot \frac{1 - (1 + i)^{-n}}{i}$$

实践中会出现已知现值、折现率和计息期数而求年金的问题，这样计算出的年金称为年资本回收额。年资本回收额可以根据后付年金现值的计算公式计算，也可以用现值乘以资本回收系数计算得出，资本回收系数和后付年金现值系数为倒数关系。

学习理解时注意：后付年金是年金计算的基础，其他年金形式均是以后付年金计算原理为基础的。因此，要熟练掌握后付年金现值与终值的各种计算方法。

2. 先付年金（Annuity in Advance）。先付年金是指在未来若干均等间隔期每期期初发生的系列等额资金收付事项。

（1）先付年金终值。先付年金终值是指在未来若干均等间隔期每期期初发生的等额收款或付款，按照必要报酬率折算至最后一期期末的复利终值和。先付年金终值的计算公式如下：

$$F_A = A \cdot \left[\frac{(1 + i)^{n+1} - 1}{i} - 1 \right]$$

根据先付年金和后付年金的关系，先付年金终值可以在后付年金终值的基础上计算得出，即先付年金终值 = 后付年金终值 ×（1 + i）。

（2）先付年金现值。先付年金现值是指在未来若干均等间隔期期初发生的等额收款或付款，按必要报酬率折算至第一期期初的复利现值和。先付年金现值的计算公式如下：

$$P_A = A \cdot \left[\frac{1-(1+i)^{-(n-1)}}{i} + 1 \right]$$

根据先付年金和后付年金的关系，先付年金现值可以在后付年金现值的基础上计算得出，即先付年金现值＝后付年金现值×（1＋i）。

3. 递延年金（Delayed Annuity）。递延年金也称延期年金，是指第一次收付发生在第一期以后的年金。

递延年金终值的大小，与递延期无关，其计算方法与后付年金终值计算完全相同。递延年金现值的计算方法有两种：

（1）先将递延年金视同普通年金，计算出递延期末的年金现值，然后再按复利计算到第一期的现值。

（2）假设递延期内也有年金发生，先一次按年金折算到第一期期初，然后再扣除递延期内的年金现值。

4. 永续年金（Perpetuity）。永续年金是指连续无限期收付的年金。永续年金的现值计算公式如下：

$$P_A = \frac{A}{I}$$

（四）货币时间价值的进一步讨论

1. 复利计息期数。包括：

（1）一年内多次复利计息。一年中一项投资复利计息 m 次的年末终值计算公式如下：

$$F = P \times \left(1 + \frac{r}{m}\right)^m$$

一年中复利计息 m 次的现值公式如下：

$$P = F \times \left(1 + \frac{r}{m}\right)^{-m}$$

（2）多年期复利计息。多年期复利计息终值计算公式如下：

$$F = P \times \left(1 + \frac{r}{m}\right)^{mn}$$

多年期复利计息的现值公式如下：

$$P = F \times \left(1 + \frac{r}{m}\right)^{-mn}$$

（3）连续复利计息。连续复利计息 r 年后的终值计算公式如下：

$$F = P \times e^{rt}$$

2. 增长年金。增长年金的计算公式如下：

$$P_A = NCF_1 \cdot \left[\frac{1}{r-g} - \frac{1}{r-g} \cdot \left(\frac{1+g}{1+r} \right)^t \right]$$

3. 永续增长年金。永续增长年金是指一个现金流量预计会以某一固定比例的速度永久持续增长。永续增长年金的计算公式如下：

$$P_A = \frac{NCF}{r-g}$$

4. 现金流量不等。现金流量不等时，计算原则是：对不等额的流量可按复利折算现值或者折算终值；对等额的流量可按年金折算现值或终值。

（五）货币时间价值与利率

1. 利率的构成。

$$利率 = 纯利率 + 通货膨胀率 + 违约风险溢价$$
$$+ 流动性风险溢价 + 到期风险溢价$$

（1）纯利率。纯利率是指无通货膨胀、无风险情况下的平均利率。

（2）通货膨胀率。由于通货膨胀使货币贬值，而给予投资者的补偿。

（3）违约风险溢价是指借款人未能按时支付利息或未如期偿还贷款本金所要求的补偿。

（4）流动性风险溢价是指投资者在投资于变现力较低的证券时所要求的额外报酬。

（5）到期风险溢价。到期风险溢价是指因到期时间长短不同而形成的利率差别。

学习时要注意： 对于利率构成要素，要注意从实务中把握，适当条件下可以通过走访金融企业进一步理解并掌握利率的构成要素。

2. 名义利率与实际利率。名义利率是提供资金借贷的机构所公布的未调整通货膨胀的利率。实际利率是剔除通货膨胀率后投资者得到利息回报的真实利率。

当利息在一年内要复利一次以上时，给出的年利率叫名义利率，按照实际计息周期计算出的利率叫实际利率。

$$实际年利率 = \left(1 + \frac{r}{m} \right)^m - 1$$

学习中需要注意的是： 本章学习的难点在于进行财务决策时如何运用各种计算原理，要通过大量练习才能掌握货币时间价值的计算技巧并应用于财务决策分析与评价。

练习与思考

客 观 题

一、单项选择题

1. 某投资者于年初存入银行 10 000 元，若按复利计算利息，年利率为 8%，希望每年末能提款 2 000 元，则最后一次能够足额（2 000 元）提款的时间是（　　）。

  A. 6 年   B. 7 年

  C. 8 年   D. 9 年

  2. 已知（F/A，10%，9）= 13.579，（F/A，10%，11）= 18.531。则 10 年、10% 的先付年金终值系数为（　　）。

  A. 17.531   B. 15.937

  C. 14.579   D. 12.579

  3. 某项年金前 3 年没有现金流入，后 5 年每年年初流入 500 万元。若年利率为 10%，其现值为（　　）万元。

  A. 1 994.59   B. 1 566.36

  C. 1 813.48   D. 1 424.01

  4. 某项目投资额为 500 000 元，寿命期 10 年。为使该项目可行，每年末至少应收回（　　）。假定年利率为 10%。

  A. 100 000 元   B. 50 000 元

  C. 89 567.52 元   D. 81 372.26 元

  5. 某公司借入一笔 600 万元的款项，期限 3 年，年利率为 8%。若半年复利一次，年实际利率会高出名义利率（　　）。

  A. 0.16%   B. 0.24%

  C. 0.8%   D. 4%

  6. 某企业在一高校设立永久性奖学金，每年计划颁发 6 万元奖金用于奖励成绩优秀的学生。若年复利率为 5%，则该奖学金的本金应该为（　　）。

  A. 60 万元   B. 120 万元

  C. 300 万元   D. 30 万元

  7. 某公司准备建立一项基金，计划每年年初投入 100 000 元。假定年利率为 10%，五年后该项基金的本利和是（　　）。

  A. 564 100 元   B. 610 510 元

  C. 671 561 元   D. 871 600 元

  8. 在普通年金终值系数的基础上，期数加 1、系数减 1 所得的结果，数值上等于（　　）。

  A. 普通年金终值系数   B. 普通年金现值系数

  C. 先付年金终值系数   D. 先付年金现值系数

  9. 某公司向银行借入资金 2 000 万元，借款期限为 9 年，每年年末需还本付息 400 万元，则此笔借款的年利率为（　　）。

  A. 16.50%   B. 15.36%

  C. 13.72%   D. 13.06%

  10. 当市场利率持续上升时，长期债券价格的下降幅度（　　）短期债券的下降幅度。

A. 大于　　　　　　　　　　B. 小于

C. 等于　　　　　　　　　　D. 不一定

11. 在没有通货膨胀时，（　　）的利率可以视为纯粹利率。

    A. 短期借款　　　　　　　　B. 短期金融券

    C. 国库券　　　　　　　　　D. 商业票据贴现

12. 利率依存于利润率，并受平均利润率的制约，利率的最高限不能超过平均利润率，最低限（　　）。

    A. 等于零　　　　　　　　　B. 小于零

    C. 大于零　　　　　　　　　D. 不确定

13. 无法在短期内以合理价格卖掉资产的风险是（　　）。

    A. 再投资风险　　　　　　　B. 变现力风险

    C. 违约风险　　　　　　　　D. 利率变动风险

14. 其他因素不变，政府预算赤字增加（　　）。

    A. 使得利率下降　　　　　　B. 使得利率上升

    C. 对利率没有影响　　　　　D. 有利于商业前景

15. 贷款需求的下降，将导致（　　）。

    A. 利率下降

    B. 利率上升

    C. 对利率没有影响

    D. 增加对经济前景的良好预期，并使得存款减少

二、多项选择题

1. 下列各项中属于年金的有（　　）。

    A. 期交保险费　　　　　　　B. 等额分期付款

    C. 按月支付的房屋租金　　　D. 加速折旧法计提的各年折旧费

2. 下列各项中，其数值等于先付年金现值系数的有（　　）。

    A. $(P/A, i, n) \times (1+i)$　　　B. $(P/A, i, n-1)+1$

    C. $(F/A, i, n) \times (1+i)$　　　D. $(F/A, i, n+1)-1$

3. 东方股份公司发行债券，有下列四个复利计息期限可以选择，在名义利率和发行价格相同时，不应该采用的有（　　）。

    A. 1 年　　　　　　　　　　B. 半年

    C. 1 个季度　　　　　　　　D. 1 个月

4. 递延年金具有如下特点（　　）。

    A. 年金第一次收付发生在第二期（含）以后

    B. 没有终值

    C. 年金的现值与递延期无关

    D. 年金的终值与递延期无关

5. 下列有关货币时间价值的表述中正确的有（　　）。

    A. 货币时间价值是指货币经历一定时间所增加的价值

    B. 货币时间价值是评价投资方案是否可行的基本标准

    C. 一般情况下货币时间价值应该按照复利方式计算

    D. 货币时间价值属于机会成本的范畴

6. 在利率和现值相同的情况下，若计息期为一期，则复利终值和单利终值不会（   ）。

    A. 前者大于后者   B. 不相等

    C. 后者大于前者   D. 相等

7. 在利率一定的条件下，随着预期使用年限的增加，则表述不正确的有（   ）。

    A. 复利现值系数变大   B. 复利终值系数变小

    C. 普通年金现值系数变小   D. 普通年金终值系数变大

8. 国库券利率的构成因素包括（   ）。

    A. 纯利率   B. 通货膨胀率

    C. 风险溢价率   D. 破产损失率

9. 纯利率高低受（   ）因素影响。

    A. 通货膨胀   B. 资金供求关系

    C. 平均利润率   D. 国家调控

三、判断题

1. 货币时间价值是指货币经过一定时间的投资和再投资所增加的价值，可以用社会平均资金利润率来衡量。（   ）

2. 年度内复利次数越多，则实际利率高于名义利率的差额越大。（   ）

3. 名义利率是指一年内多次复利时给出的年利率，它等于每期利率与年内复利次数的乘积。（   ）

4. 在终值一定的情况下，折现率越低，计算期数越少，则复利现值越大。（   ）

5. 递延年金终值的大小与递延期无关，所以，其计算方法与普通年金终值相同。（   ）

6. 年金是指在未来若干时期发生的等额收款或付款。（   ）

7. 先付年金现值系数与后付年金现值系数的关系是：期数减1，系数加1。（   ）

8. 在有关货币时间价值指标的计算中，普通年金现值与普通年金终值是互为逆运算的关系。（   ）

9. 计算偿债基金系数，可以根据年金现值系数求倒数确定。（   ）

10. 金融市场上，利率是一定时期购买资金这一特殊商品使用权的价格。（   ）

11. 在资金供给量不变时，利率水平会随资金需求量的变化呈正方向变化。（   ）

12. 企业违约的可能性越大，投资者要求的回报率则越高。（   ）

13. 当再投资风险大于利率风险时，可能会出现短期利率高于长期利率的现象。（   ）

思 考 题

一、财务决策中为什么要考虑货币时间价值？

二、货币时间价值计算中单利与复利的区别是什么？

三、试举例说明什么是货币的时间价值。

四、比较复利终值与复利现值的含义有何不同？

五、试举例解释企业中年金发生的各种形式。

六、普通年金与先付年金、递延年金、永续年金有何区别？计算时应注意哪些问题？

七、在企业财务管理决策中如何具体应用货币时间价值？

八、随着未来款项收到的时间点向后推移，现值是以不变的速度减少、以递增速度减少，还是以递减速度减少？为什么？

九、利率构成要素是什么？风险溢价是如何影响利率的？

计算分析题

练 习 一

〔目的〕练习货币时间价值的计算。

〔资料与要求〕

1. 假定年利率分别为100%、20%和10%，则现在100元的本金在第三年年末的价值各是多少？

2. 假定年利率为10%，每季度复利计息一次，则现在100元的本金在第三年年末的价值是多少？

3. 假定年利率为10%，计息期分别为一年、半年和一个季度，则现在100元的本金在第10年年末的价值各是多少？

4. 王先生储存硬币达40年之久。当他最后决定用这些钱时，发现竟有约200万枚之多，价值60 000元，相当于他平均每年储存价值1 500元的硬币。如果他每年年末都将当年储存的硬币存入银行，存款的年利率为6%，那么40年后他的存款账户将有多少钱？

练 习 二

〔目的〕练习货币时间价值的计算。

〔资料与要求〕

1. 假定折现率分别为100%、20%和10%，则第三年年末的100元在今天的价值各是多少？

2. 假定未来三年内每年年末均会收到100元，在折现率分别为10%和20%时，每年收款的现值各是多少？

3. 假定在第一年年末收到 100 元，在第二年年末收到 200 元，在第三年年末收到 500 元，在折现率分别为 5% 和 10% 时，每年收款的现值各是多少？

4. 王先生在未来 10 年中每年年末均需支付一笔固定的费用 8 000 元。如果年利率为 6%，王先生现在需一次性存款多少，才能保证未来 10 年每年支付的需要？如果利率为 5%，王先生又应每年存入多少钱？

5. 某学校为设立科研奖金，欲存入一笔资金，预期以后无限期地在每年年末支取利息 10 万元，以支付科研奖金。在存款年利率为 8% 的条件下，现在应存入的款项是多少？

练 习 三

〔目的〕练习货币时间价值的计算。

〔资料与要求〕

1. 年利率 12%，每月复利一次，其实际利率是多少？年利率 10%，若每季度复利一次，其实际利率是多少？

2. 现金 1 000 元存入银行，经过 10 年后其复利终值为 2 000 元，其年利率是多少？若要使复利终值经过 5 年后变为本金的 2 倍，每半年复利一次，则其年利率应为多少？

3. 如果你购买了一张四年后到期的票据，该票据在以后四年内的每年年末向你支付 3 000 元，而该票据的购买价格是 10 000 元。那么这张票据向你提供的年利率是多少？

4. 在一项合约中，你可以有两种选择：一是从现在起的 5 年后收到 10 000 元；二是从现在起的 10 年后收到 20 000 元。在年利率为多少时，两种选择对你而言是没有区别的？

5. 年利率为 8% 时，10 年期的复利终值及现值系数是多少？年利率为 5% 时，20 年期的年金终值及现值系数是多少？

6. 现借入年利率为 6% 的四年期贷款 10 000 元。此项贷款在四年内等额还清，偿付时间是每年年末。

①为在四年内分期还清此项贷款，每年应偿付多少？

②在每一笔等额偿付中，利息额是多少？本金额是多少？

7. 你在第 10 年年末需要 50 000 元，为此，你决定在以后 10 年内，每年年末向银行存入一定的款项。如果银行长期存款的年利率为 8%，你每年应存入多少钱？假定把存款时间改为以后 10 年内的每年年初，其他条件相同，则你每年应存入多少钱？

练 习 四

〔目的〕练习货币时间价值的计算。

〔资料与要求〕

1. 天利公司估计要在 27 年后一次付出养老金 150 万元，若公司可投资于名义利率为 8% 的无风险证券，那么现在应投资多少钱才能够在 27 年后足额支付养老金？

2. 某人赢得了齐鲁福利博彩奖。博彩公司允许其在下面两种领奖方式中选择一种：

方式一：一年以后领取 10 000 元；

方式二：五年以后领取 20 000 元。

（1）在折现率为 0、10% 和 20% 时，他分别应选择哪一种方式？

（2）使这两种方式没有差别的折现率是多少？

3. 假如你在以后的四年中每年年末在银行存入 1 000 元，银行利率为 12%，试问第七年末银行存款的总值为多少？

4. 某人正考虑购买一栋房子。他准备居住 10 年后卖出，预计售价为 50 万元。如果适用的折现率为 12%，那么购买这栋房子时他能接受的最高价格是多少？

练 习 五

〔目的〕练习货币时间价值的计算。

〔资料与要求〕

1. 若名义利率为 8%，在下述几种方式之下，目前 1 000 元的存款三年后的终值分别是多少？

（1）每年计息一次；

（2）每半年计息一次；

（3）每月计息一次。

2. 假定利率为 10%，计算下列情况下每年支付的现金流的现值：

（1）一年以后开始，永久每年支付 1 000 元。

（2）两年以后开始，永久每年支付 500 元。

（3）三年以后开始，永久每年支付 2 420 元。

3. 若年利率为 10%，一项资产在以后 8 年中每年能产生 1 200 元的现金流，那么你会以什么价格购买这项资产？

4. 有一个现金流，自现在起三年后每年年末都有 2 000 元的现金支付，持续 22 年，在折现率为 8% 的情况下，这个现金流的现值为多少？

5. 你现在以 12 800 元的价格购买了一张支票，根据支票的条款，在以后的 10 年中，该支票每年年末都肯定会付给你 2 000 元。那么该支票的年利率为多少？

6. 假定五年后你需要 25 000 元。为此，你计划从现在开始，每年年末在银行存入等额的资金，年利率为 7%。问：

（1）你每年应存入银行多少钱？

（2）假若你富有的舅舅给你 20 000 元，这笔钱中你现在应该存入多少才能满足你五年后的需要？

7. 假定你刚赢得了体育博彩的大奖。根据领奖规则，你有两个选择：

（1）以后 31 年中，每年年初领取 160 000 元。个人所得税税率为 28%，支票开出后征税。

（2）现在领取 1 750 000 元，这 1 750 000 元会被征收 28% 的个人所得税。但是这笔奖金并不能马上全部拿走，你现在只能领取 446 000 元的税后金额。剩下的 814 000 元以一个 30 年期年金的形式发放，每年年末支付 101 055 元的税前金额。

若折现率为 10%，你应选择哪一种方式？

练 习 六

〔目的〕练习货币时间价值的计算与应用。

〔资料〕王先生现年 61 岁，目前他正考虑与某人寿保险公司订立一份养老保险合同。根据合同规定：王先生目前向保险公司缴纳一笔保费，在他有生之年，保险公司将每年向他支付相等金额的养老金。根据精算表，预计王先生还能再活 15 年，保险公司将不管他实际去世时间，而把这一期间作为计算的基础。

〔要求〕

1. 如果人寿保险公司在计算时用 5% 的年利率，那么为得到每年 10 000 元的年金，王先生必须在开始时支付多少钱？如果年利率是 10%，那么该养老保险合同的购买价是多少？

2. 若王先生已将 50 000 元投入养老保险，则在保险公司使用 5% 的年利率时，他每年能取得多少钱？若保险公司使用 10% 的年利率呢？

练 习 七

〔目的〕练习货币时间价值的计算与应用。

〔资料〕李先生决定从现在开始进行储蓄，以为退休作准备。他计划从 21 岁生日开始每个生日将 2 000 元投资于储蓄存款，年利率为 6%。他将持续这项储蓄计划达 10 年，然后停止，但他的存款将在此后的 30 年内继续以 6% 的年利率计息，直到 60 岁退休时为止。李太太也计划在每个生日存入 2 000 元，年利率也为 6%，该计划共持续 30 年。不过，她打算在 31 岁生日开始实施此项计划。

〔要求〕问：在 60 岁退休时，李先生和李太太的储蓄存款的终值分别是多少？退休后谁在财务上更宽裕？

练 习 八

〔目的〕练习货币时间价值的应用。

〔资料〕假定你在一家财务咨询公司做兼职，某一天，李先生前来向你咨询：他们一家正计划购买一套房子，准备申请 125 000 元的 30 年期按揭贷款。按揭条款中规定：他们现在可以获得贷款 125 000 元用来购买房屋，贷款在未来 30 年分期偿付，当前按揭的利率为 8%，每月计算一次复利，所有的支付在月底进行。

〔要求〕请你回答下列问题：

1. 每月的按揭支付额为多少？

2. 第 1 年按揭支付中利息占多少？

3. 5 年后按揭贷款的余额为多少？

4. 如果李先生一家想每月支付 1 200 元，那么他们现在可借入多少？（假定利率和贷款期限不变。)

练 习 九

〔**目的**〕练习货币时间价值的应用。

〔**资料**〕父亲正在计划为自己的女儿度过大学生涯作储蓄准备。他的女儿现在 13 岁,预计 5 年后升入大学,并花 4 年时间完成学业。目前,读大学每年的成本(包括一切——饮食、服装、学费、书籍、交通等)是 12 500 元,但预计年通货膨胀率为 5%。女儿最近从祖父的遗产中得到 7 500 元,这些钱存入银行以用于支付部分教育成本,剩余的成本通过父亲的存款来弥补。他将从现在起连续 6 年每年在银行等额存入一笔资金。假定存款利率为 8%,每年计算一次复利。

〔**要求**〕请问:

1. 当女儿到了 18 岁时,4 年教育成本的现值为多少?

2. 当女儿 18 岁进入大学时,她从其祖父那里收到的遗产 7 500 元的价值为多少?

3. 如果父亲现在就计划进行第 1 次存款,为了女儿完成大学学业,他每次必须存入多少?

案 例

拿破仑带给法兰西的尴尬

拿破仑 1797 年 3 月在卢森堡第一国立小学演讲时说了这样一番话:"为了答谢贵校对我,尤其是对我夫人约瑟芬的盛情款待,我不仅今天呈上一束玫瑰花,并且在未来的日子里,只要我们法兰西存在一天,每年的今天我将亲自派人送给贵校一束价值相等的玫瑰花,作为法兰西与卢森堡友谊的象征。"时过境迁,拿破仑穷于应付连绵的战争和此起彼伏的政治事件,最终惨败而被流放到圣赫勒拿岛,把在卢森堡的诺言忘得一干二净。可卢森堡这个小国对这位"欧洲巨人与卢森堡孩子亲切、和谐相处的一刻"念念不忘,并载入他们的史册。1984 年底,卢森堡旧事重提,向法国提出"违背赠送玫瑰花"诺言案的索赔;要么从 1797 年起,用 3 路易作为一束玫瑰花的本金,以 5 厘复利(即利滚利)计息全部清偿这笔玫瑰案;要么法国政府在法国各大报刊上公开承认拿破仑是个言而无信的小人。起初,法国政府准备不惜重金赎回拿破仑的声誉,但却又被电脑算出的数字惊呆了;原本 3 路易的许诺,本息竟高达 1 375 596 法郎。经冥思苦想,法国政府斟词酌句的答复是:"以后,无论在精神上还是物质上,法国将始终不渝地对卢森堡大公国的中小学教育事业予以支持与赞助,来兑现我们的拿破仑将军那一诺千金的玫瑰花信誉。"这一措辞最终得到了卢森堡人民的谅解。

(资料来源:《读者》2000 年第 17 期,第 49 页)

讨论：

1. 什么是年金？年金共有几种类型？年金的支付有何特点？
2. 法国政府是如何得出 1 375 596 法郎这个结论的？其理论依据是什么？
3. 根据你掌握的知识，在实践中寻找年金的例子并进行分析评价。

第四章
风 险 与 报 酬

学 习 要 求

本章主要围绕风险与报酬的基本关系进行阐述。通过学习，系统理解和认识风险与报酬的基本含义及相互关系；熟悉风险与报酬对财务决策的影响；掌握单项资产风险与报酬的衡量方法及应用、组合资产风险的计量与报酬的确定；以及熟练掌握资本资产定价模型的原理与应用分析。

本章学习重点：风险与报酬的概念及关系、单项资产风险衡量、投资组合中风险与报酬的关系、有效投资组合决策、资本资产定价模型。

本章学习难点：理解风险报酬与财产效用关系，掌握投资组合风险衡量（协方差、相关系数），掌握有效投资组合决策分析，区分资本市场线与证券市场线特征，掌握贝塔系数与资本资产定价模型的应用。

本章学习指引：本章是财务管理的重要内容之一，也是其难点所在。因此，学习本章时要在理解风险与报酬基本关系的基础上注重应用分析，特别是对投资组合风险与报酬的衡量、有效投资组合分析及资本资产定价模型等内容，要掌握其基本原理，进而重点掌握相关的应用决策与分析评价。

学习思维导图

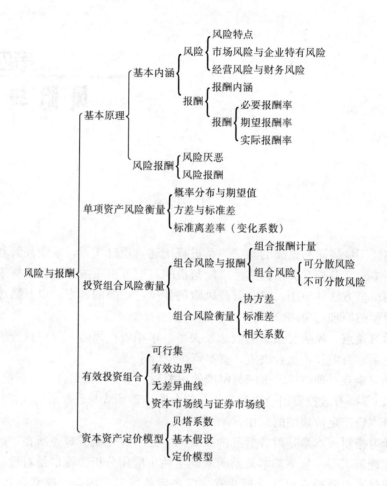

本章学习纲要

一、风险与报酬原理

（一）风险与报酬

1. 风险（Risk）。风险是指在一定条件下和一定时期内可能发生的各种结果的变动程度。

风险和不确定性有区别。风险是指事前可以知道所有可能的后果，以及每种后果的概率。不确定性是指事前不知道所有可能的后果，或者虽然知道可能的后果，但不知道它们出现的概率。

风险产生原因主要有两方面：一是缺乏信息；二是决策者无法控制事物的未来进程。

风险可按不同标准分类。

（1）市场风险和企业特有风险。包括：

①市场风险（Market Risk）。市场风险是指那些对所有的企业都会产生影响的因素引起的风险，如战争、经济衰退、通货膨胀、高利率等。

②企业特有风险（Enterprise Specific Risk）。企业特有风险是指发生于个别企业的特有事件造成的风险，如罢工、新产品开发失败、没有争取到重要合同、诉讼失败等。

（2）经营风险和财务风险。包括：

①经营风险（Business Risk）。经营风险是指生产经营的不确定性带来的风险，它是任何商业活动都有的，也叫商业风险。

②财务风险（Financial Risk）。财务风险是指因借款而增加的风险，是筹资决策带来的风险，也称筹资风险。

2. 报酬与报酬率。包括：

（1）报酬（Return），从理论上讲，是指一定时期内投资者投资于某项资产所获得的回报。一般而言，投资者投资的预期报酬主要来源于三部分：一是投资者所得的现金；二是资本利得或损失；三是在投资期内投资者所得现金进行再投资时所获得的再投资收益。

（2）报酬率（Rate of Return）。报酬率即"租用"货币的价格。要注意区分三种不同的报酬率。

必要报酬率（Required Rate of Return）：指准确反映期望未来现金流量风险的报酬。

期望报酬率（Expected Rate of Return）：指能使净现值为零的报酬率。

实际报酬率（Actual Rate of Return）：实际报酬率是在特定时期实际赚得的报酬率。

学习过程中要注意：如何区分并理解三种不同的报酬率，特别是必要报酬率和期望报酬率的差别：前者是投资者资本使用的最低报酬率要求；后者是在特定方案条件下所预计的投资报酬率。此外，尽管风险与不确定性存在差异，但是在实务中一般两者不再做区分。

（二）风险报酬与财产效用

风险厌恶（Risk Aversion）是一个人在承受风险的情况下其偏好的特征。主要用以衡量人们为降低所面临的风险而进行支付的意愿。

风险报酬（Risk Premium）是指投资者所要求的超过无风险的那部分额外报酬。风险越大，要求的报酬越高；反之，风险越小，要求的报酬则越低。

（三）风险衡量

1. 概率分布与期望值。概率分布一般有两种形式：（1）离散型概率分布；（2）连续型概率分布。期望报酬率计算公式如下：

$$期望报酬率\ \bar{R}_i = \sum_{i=1}^{n} X_i P_i$$

2. 方差（Variance）与标准差（Standard Deviation）。方差是对围绕期望值分布的离散程度进行衡量的指标。方差越大，说明随机变量与期望值之间的离散程度越大，表明项目的风险越大。而标准差是方差的平方根。方差与标准差的计算公式如下：

$$\sigma^2 = \sum_{i=1}^{n} P_i (X_i - \bar{R}_i)^2$$

$$\sigma = \sqrt{\sigma^2}$$

3. 变化系数（Coefficient of Variation）。变化系数是标准差与期望报酬率的比值。变化系数（V）的计算公式如下：

$$V = \frac{\sigma}{R}$$

学习时注意：风险衡量的计算原理不难掌握，但是，要注意对计量指标如何进行应用和评价。也就是说，如何根据计算结果评价决策风险及选择。

二、风险与报酬：有效投资组合

（一）投资组合风险与报酬

投资组合（Investment Portfolio）是投资人将资金按一定比例投资于不同种类的有价证券或同一种类有价证券的不同品种上，目的是分散风险。

1. 投资组合的报酬率。投资组合的报酬率是指投资组合中各单项资产报酬率的加权平均值。其计算公式如下：

$$\bar{R}_M = \sum_{i=1}^{n} \bar{R}_i X_i$$

2. 投资组合的风险。投资组合的报酬率是投资组合各单项资产的报酬率的加权平均值，每一单项资产对投资组合报酬率的贡献为 $\bar{R}_i X_i$。但是，投资组合的风险（标准差 σ）却并非是投资组合中单项资产标准差的加权平均数。

学习时必须注意：要理解为什么投资组合的报酬可以采用加权平均方法，而其投资组合风险却不能采取加权平均方法。关键是投资组合中各单项资产的相关性不同而导致的。

3. 可分散风险与不可分散风险。

（1）可分散风险（Diversifiable Risk）。可分散风险又称非系统风险或企业特有风险，是指某些因素对个别证券资产或实物资产造成经济损失的可能性。

（2）不可分散风险（Undiversifiable Risk）。不可分散风险又称系统风险或市场风险，是指由于某些因素给市场上所有金融资产或实物资产都带来损失的可能性。

需要说明的是：可分散风险已经通过有效投资组合分散（消除），因此，投资组

合中的风险补偿不包括此部分。换言之，投资组合的报酬只对不可分散风险进行补偿。

4. 贝塔系数。包括：

（1）个别证券贝塔系数。贝塔系数（Beta Coefficient）是反映个别证券相对于平均风险证券的变动程度，通常用 β 表示。贝塔系数计算公式如下：

$$\beta = \frac{COV(R_i, R_M)}{\sigma_M^2}$$

（2）投资组合贝塔系数。投资组合贝塔系数是指个别证券的贝塔系数的加权平均值。其计算公式如下：

$$\beta_M = \sum_{i=1}^{n} \beta_i X_i$$

对于贝塔系数理解一定注意：贝塔系数衡量的是投资的市场风险（不可分散风险），而不是可分散风险。同时要区分个别贝塔系数与投资组合贝塔系数计算的差异以及其经济含义。

（二）投资组合风险衡量

1. 协方差（Covariance）。协方差是衡量两个变量之间的一般变动关系及变动的相关程度。或者说是投资组合中两项金融资产是否同时涨跌以及涨跌的变化程度。协方差计算公式如下：

$$COV(AB) = \sum_{i=1}^{n} (R_{Ai} - \overline{R}_A) \cdot (R_{Bi} - \overline{R}_B) \cdot P_i$$

2. 相关系数（Correlation Coefficient）。相关系数是指协方差 COV（AB）与标准差的乘积 σ_A、σ_B 的比值，相关系数是标准化的协方差，用在同等水平上对金融资产风险的衡量。相关系数计算公式如下：

$$r_{AB} = \frac{COV(AB)}{\sigma_A \sigma_B}$$

3. 方差与标准差。包括：

（1）投资组合的方差。两项资产的投资组合其方差计算公式如下：

$$\sigma^2 = X^2 \sigma_A^2 + (1-X)^2 \sigma_B^2 + 2X(1-X) r_{AB} \sigma_A \sigma_B$$

（2）投资组合的标准差。投资组合标准差的计算公式如下：

$$\sigma = \sqrt{\sigma^2}$$
$$= \sqrt{X^2 \sigma_A^2 + (1-X)^2 \sigma_B^2 + 2X(1-X) r_{AB} \sigma_A \sigma_B}$$

从理论上讲，在较大规模的投资组合中，证券的相关系数越小，剩余的风险就越小。若有足够的零相关和负相关证券存在，则所有风险都可以被消除。然而，实际生活中，单项证券之间的相关系数的取值大多在 0~1 之间，所以，进行投资组合只能消除部分风险而非全部风险。

（三）有效投资组合决策

1. 有效投资组合（Efficient Portfolio）。企业进行投资组合时的一个重要决策就是选择有效投资组合，这一概念是用来描述那些能在某一风险下提供最高的期望报酬率或在某一期望报酬率下风险最低的投资组合。

2. 选择最优投资组合。最优投资组合（Optimal Portfolio）指投资者在可以得到的各种可能的投资组合中，唯一可获得最大效用期望值的投资组合。主要包括：

（1）有效边界确定；（2）风险/报酬无差异曲线重点；（3）投资者的最优投资组合。

学习时要注意：掌握有效投资组合决策时，要重点关注其如何运用，也就是说如何选择有效投资组合边界，在有效投资组合中如何选择最优组合。

三、资本资产定价模型

（一）模型假设

1. 所有的投资者都追求单期最终财富的效用最大化，他们根据投资组合期望收益率和标准差来选择优化投资组合。

2. 所有的投资者都能以给定的无风险利率借入或贷出资金，其数额不受任何限制，市场上对任何卖空行为无任何约束。

3. 所有的投资者对每一项资产收益的均值、方差的估计相同，即投资者对未来的展望相同。

4. 所有的资产都可完全细分，并可完全变现（即可按市价卖出，且不发生任何交易费）。

5. 无任何税收。

6. 所有的投资者都是价格的接受者，即所有的投资者各自的买卖活动不影响市场价格。

（二）资本市场线与证券市场线

资本市场线与证券市场线的计算公式如下：

（1）资本市场线（CML）。资本市场线指表明有效组合的期望报酬率和标准差之间线性关系的直线，其方程式：

$$CML: R = R_F + \frac{R_M - R_F}{\sigma_M} \cdot \sigma_p$$

（2）证券市场线（SML）。证券市场线是说明投资组合报酬率与系统风险程度 β 系数之间关系的直线。其方程式：

$$SML = R_i = R_F + (R_M - R_F)\beta$$

学习时要注意：区分资本市场线与证券市场线的不同特征。

（三）资本资产定价模型评析

资本资产定价模型计算公式如下：

$$\bar{R}_i = R_F + \beta_i \cdot (\bar{R}_M - \bar{R}_F)$$

资本资产定价模型表明，一项特定资产的期望报酬率取决于三个要素：①货币时间价值；②承担系统风险的回报；③系统风险的大小。

对资本资产定价模型的学习，要理解其原理，在此基础上把握资本资产定价模型中三要素的关系及其应用评价。

练习与思考

客　观　题

一、单项选择题

1. 假设国库券支付 6% 的报酬率，现在有一个投资机会。40% 的概率取得 12% 的报酬，60% 的概率取得 2% 的报酬。风险厌恶的投资者是否愿意投资于这样一个风险资产组合？（　　　）

  A. 愿意，因为他们获得了风险溢价

  B. 不愿意，因为他们没有获得风险溢价

  C. 不愿意，因为风险溢价太小

  D. 不能确定

2. 下面有关风险厌恶者的陈述正确的是（　　　）。

  A. 他们只关心报酬率

  B. 他们接受公平游戏的投资

  C. 他们只接受在无风险利率之上有风险溢价的风险投资

  D. 他们愿意接受高风险和低收益

3. 以下有关风险厌恶者的无差异曲线描述正确的是（　　　）。

  A. 它是有相同预期报酬率和不同标准差的投资组合轨迹

  B. 它是有相同标准差和不同报酬率的投资组合轨迹

  C. 它是报酬和标准差提供相同效用的投资组合轨迹

  D. 它是报酬和标准差提供了递增效用的投资组合轨迹

4. 赵新是一个风险厌恶的投资者，李强的风险厌恶程度小于赵新，因此（　　　）。

  A. 对于相同的风险，李强比赵新要求更高的回报率

  B. 对于相同的报酬率，赵新比李强能忍受更高的风险

  C. 对于相同的风险，赵新比李强要求较低的报酬率

  D. 对于相同的报酬率，李强比赵新能忍受更高的风险

5. 某公司现有甲、乙两个投资项目，其期望值分别为 20%、30%，标准离差分别为 40%、50%，那么（　　　）。

  A. 甲项目风险程度大于乙项目风险程度

  B. 甲项目风险程度小于乙项目风险程度

    C. 甲项目风险程度等于乙项目风险程度

    D. 不确定

6. 某公司现有两个投资项目可供选择：这两个项目预期报酬率相同，甲项目的标准差小于乙项目的标准差。则对甲、乙项目做出判断的是（　　　　）。

    A. 甲项目取得更高报酬和出现更大亏损的可能性均大于乙项目

    B. 甲项目取得更高报酬和出现更大亏损的可能性均小于乙项目

    C. 甲项目实际取得的报酬会高于其预期报酬

    D. 乙项目实际取得的报酬会低于其预期报酬

7. 假定某投资项目的预期现金流入概率分布相同，则（　　　　）。

    A. 现金流量越小，其标准差越大

    B. 现金流量越大，其期望值越小

    C. 现金流量越小，其变化系数越小

    D. 现金流量越大，其期望值越大

8. 从财务角度讲风险是指（　　　　）。

    A. 生产经营的不确定性　　　　　　B. 不利事件发生的可能性

    C. 因借款而增加的风险性　　　　　D. 无法达到预期报酬的可能性

9. 一般而言，在风险相同条件下进行投资，投资者更关心（　　　　）。

    A. 意外收益　　　　　　　　　　　B. 意外损失

    C. 意外收益与意外损失同等重要　　D. 正常收益

10. 关于证券投资组合表述正确的是（　　　　）。

    A. 证券投资组合能够消除大部分系统性风险

    B. 证券投资组合的总规模越大，承担的风险越大

    C. 最小方差组合是所有组合中风险最小的组合，所以报酬最高

    D. 一般情况下，随着更多证券加入投资组合中，其整体风险降低的速度会越来越慢

11. 假定某证券的贝塔系数等于1，则表明该证券（　　　　）。

    A. 无风险

    B. 有非常低的风险

    C. 与金融市场所有证券平均风险一致

    D. 比金融市场所有证券平均风险大1倍

12. 假定海通证券的预期报酬率为10%，标准差为12%，天利证券的预期报酬率为18%，标准差为20%。两种证券之间的相关系数为0.25，若投资者各投资50%，则投资标准差为（　　　　）。

    A. 10.26%　　　　　　　　　　　　B. 12.88%

    C. 13.79%　　　　　　　　　　　　D. 16%

13. 如果投资组合中包括了全部证券，则投资（　　　　）。

    A. 只承担特有风险　　　　　　　　B. 只承担市场风险

    C. 只承担非系统风险　　　　　　　D. 不承担系统风险

14. 当两种证券之间的相关系数小于 1 时，分散投资的有关表述不正确的是（　　）。
    A. 投资组合机会集的弯曲必然伴随分散化投资
    B. 投资组合报酬率标准差小于各证券投资报酬率标准差的加权平均数
    C. 表示一种证券报酬率的增长与另一种证券报酬率的增长成不同比例
    D. 其投资机会集是一条曲线

15. 当证券投资期望报酬率等于无风险投资报酬率时，贝塔系数应（　　）。
    A. 大于 1   B. 等于 1
    C. 小于 1   D. 等于 0

16. 当其他条件相同，分散化投资在哪种情况下最有效？（　　）
    A. 组合证券的报酬不相关   B. 组合证券的报酬正相关
    C. 组合证券的报酬很高   D. 组合证券的报酬负相关

17. 根据一种无风险资产和 N 种有风险资产作出的资本市场线是（　　）。
    A. 连接无风险利率和风险资产组合最小方差两点的线
    B. 连接无风险利率和有效边界上预期报酬最高的风险资产组合的线
    C. 通过无风险利率点和风险资产组合有效边界相切的线
    D. 通过无风险利率的水平线

18. 假设有两种报酬完全负相关的证券组成的资产组合，那么最小方差资产组合的标准差为一个（　　）的常数。
    A. 大于 0   B. 等于 0
    C. 等于两种证券标准差的和   D. 等于 1

19. 考虑两种有风险证券组成资产组合的方差，下列说法正确的是（　　）。
    A. 证券的相关系数越高，资产组合的方差减少得越多
    B. 证券的相关系数与资产组合的方差直接相关
    C. 资产组合方差减少的程度依赖于证券的相关性
    D. 随机变化

20. N 种风险证券组合的有效组合是（　　）。
    A. 由报酬率最高的证券组成，不考虑它们的标准差
    B. 对给定风险水平有最高的预期报酬率
    C. 由最低标准差的证券组成，不考虑它们的报酬率
    D. 有最高风险和报酬率

21. 资本资产定价模型中，风险的测量是通过（　　）进行的。
    A. 个别风险   B. 贝塔值
    C. 报酬的标准差   D. 报酬的方差

22. 根据资本资产定价模型，一个充分分散化的资产组合的报酬率和（　　）因素相关。
    A. 市场风险   B. 非系统风险
    C. 个别风险   D. 再投资风险

23. 市场资产组合的贝塔值为（　　　）。

   A. 0
   B. 1
   C. −1
   D. 0.5

24. 证券市场线是（　　　）。

   A. 对充分分散化的资产组合，描述期望报酬与贝塔系数的关系
   B. 与所有风险资产有效边界相切的线
   C. 表示出了期望报酬与贝塔系数关系的线
   D. 描述了单个证券报酬与市场报酬的关系

25. 一个充分分散化的资产组合的（　　　）。

   A. 市场风险可以忽略
   B. 系统风险可以忽略
   C. 非系统风险可以忽略
   D. 不可分散风险可以忽略

26. 当两种证券间的相关系数小于 1 时，关于证券分散投资组合的有关表述中不正确的是（　　　）。

   A. 投资组合机会集曲线的弯曲必然伴随分散化投资发生
   B. 投资组合报酬率标准差小于多证券投资报酬率标准差的加权平均数
   C. 组合风险会小于加权平均风险
   D. 其投资机会集是一条直线

二、多项选择题

1. 有关投资者要求的报酬率，下列说法正确的有（　　　）。

   A. 风险程度越高，要求的报酬率越低
   B. 无风险报酬率越高，要求的报酬率越高
   C. 风险程度越高，要求的报酬率越高
   D. 它是一种机会成本

2. 下列有关风险说法正确的有（　　　）。

   A. 如果投资者选择一项资产并将其加入已有的投资组合中，则该资产的风险完全取决于它如何影响投资组合收益的波动性
   B. 投资项目的风险大小是客观的，但投资者是否冒风险则是主观可以决定的
   C. 在充分组合的情况下，企业特有风险与决策是不相关的
   D. 风险是一定条件下、一定时期内可能发生的各种结果的变动程度

3. 下列有关证券投资风险的表述中，正确的有（　　　）。

   A. 证券投资组合的风险有企业特别风险和市场风险两种
   B. 企业特别风险是不可分散风险
   C. 股票的市场风险不能通过证券投资组合加以消除
   D. 当投资组合中股票的种类特别多时，非系统性风险几乎可全部分散掉

4. 按照资本资产定价模型，影响特定证券预期报酬率的因素有（　　　）。

   A. 无风险报酬率
   B. 平均风险证券的必要报酬率
   C. 特定证券的贝塔系数
   D. 特定证券在投资组合中的比重

5. 下列关于股票贝塔系数或股票组合贝塔系数说法正确的有（　　　）。

A. 股票贝塔系数反映个股相对于平均风险股票的变化程度

B. 股票组合贝塔系数反映股票投资组合相对于平均风险股票的变化程度

C. 股票组合贝塔系数是构成组合的个股贝塔系数的加权平均数

D. 股票贝塔系数衡量的是个股的系统性风险

6. 根据风险分散理论，以等量资金投资于 A、B 两项目（　　）。

A. 若 A、B 项目完全负相关，组合后的风险可能完全抵消

B. 若 A、B 项目完全负相关，组合风险不扩大也不减少

C. 若 A、B 项目完全正相关，组合后的风险完全抵消

D. A、B 项目的投资组合可以降低风险，但难以完全消除风险

7. 以下哪些情况引起的风险属于可分散风险？（　　）

A. 银行调整利率水平　　　　　　B. 公司劳资关系紧张

C. 公司诉讼失败　　　　　　　　D. 市场呈现疲软现象

8. M 证券的预期报酬率为 12%，标准差为 15%；W 证券的预期报酬率为 18%，标准差为 20%。投资于两种证券组合的机会集是一条曲线，有效边界与机会集重合，以下结论中正确的有（　　）。

A. 最小方差组合是全部投资于 M 证券

B. 最高预期报酬率组合是全部投资于 W 证券

C. 两种证券报酬率的相关性较高，风险分散化效应较弱

D. 可以在有效集曲线上找到风险最小、期望报酬率最高的投资组合

9. 下列有关投资组合风险与报酬表述正确的有（　　）。

A. 除非投资于市场组合，否则投资者应该通过投资于市场组合和无风险资产的混合体来实现在资本市场线上的投资

B. 当资产报酬率并非完全正相关时，分散化原理表明分散化投资是有益的，原因在于能够提高投资组合的期望报酬率对其风险的比值，即分散化投资改善了风险—报酬率的对比状况

C. 一项资产的期望报酬率是其未来可能报酬率的均值

D. 投资者可以把部分资金投资于有效资产组合曲线以下的投资组合

10. 资本资产定价模型表明，一项资产的期望报酬率取决于（　　）因素。

A. 货币时间价值　　　　　　　　B. 承担系统风险的回报

C. 非系统风险的大小　　　　　　D. 系统风险的大小

11. 证券市场线一般会因（　　）的变动而变动。

A. 通货膨胀　　　　　　　　　　B. 风险厌恶程度

C. 股票贝塔系数　　　　　　　　D. 期望报酬率

12. 下列有关证券组合风险的表述正确的有（　　）。

A. 证券组合的风险不仅与组合中每个证券的报酬率标准差有关，而且与各证券之间报酬率的协方差有关

B. 持有多种彼此不完全正相关的证券可以降低风险

C. 资本市场线反映了在资本市场上资产组合风险和报酬的权衡关系

      D. 投资机会集曲线描述了不同投资比例组合风险和报酬之间的权衡关系，有效边界就在机会集曲线上

13. 在报酬—标准差坐标系中，下列正确的有（　　）。（纵坐标轴代表报酬，横坐标轴代表标准差）

    A. 投资者个人的无差异曲线可能相交

    B. 无差异曲线的斜率是负的

    C. 在一系列的无差异曲线中，最高的一条代表的效用最大

    D. 两个投资者的无差异曲线可能相交

14. 风险资产的有效边界有（　　）。

    A. 在最小方差资产组合之上的投资机会

    B. 代表最高的报酬/方差比的投资机会

    C. 具有最小标准差的投资机会

    D. 具有零标准差的投资机会

15. 从资本市场线上选择资产组合，下列说法正确的有（　　）。

    A. 风险厌恶程度低的投资者将比一般风险厌恶者较多投资于无风险资产，较少投资于风险资产的最优组合

    B. 风险厌恶程度高的投资者将比一般风险厌恶者较多投资于无风险资产，较少投资于风险资产的最优组合

    C. 投资者选择能使他们的期望效用最大的投资组合

    D. A 和 C

16. A 证券的期望报酬率为 12%，标准差为 15%；B 证券的期望报酬率为 18%，标准差为 20%。投资于两种证券组合的机会集是一条曲线，有效边界与机会集重合，以下结论中正确的有（　　）。

    A. 最小方差组合是全部投资于 A 证券

    B. 最高期望报酬率组合是全部投资于 B 证券

    C. 两种证券报酬率的相关性较高，风险分散化效应较弱

    D. 可以在有效集曲线上找到风险最小、期望报酬率最高的投资组合

17. 下列关于资本市场线和证券市场线表述正确的有（　　）。

    A. 资本市场线描述的是由风险资产和无风险资产构成的投资组合的有效边界

    B. 资本市场线的市场均衡点会受到投资者对风险态度的影响

    C. 证券市场线的斜率会受到投资者对风险态度的影响，投资者越厌恶风险，斜率越低

    D. 证券市场线测度风险的工具是 β 系数，资本市场线测度风险的工具是标准差

18. 如果投资组合中包括了全部股票，则投资者（　　）。

    A. 只承担市场风险　　　　　　　　B. 只承担特有风险

    C. 只承担非系统风险　　　　　　　D. 只承担系统风险

三、判断题

1. 如果投资者都愿意冒险，风险报酬斜率就小，风险溢价就大；如果投资者都不

愿意冒险，风险报酬斜率就大，风险溢价就小。　　　　　　　　　　（　　）

2. 风险与报酬是对等的，高风险的项目必然会获得高报酬。　　　　（　　）

3. 证券组合理论认为不同证券的投资组合可以降低风险，证券的种类越多，风险越小，包括全部证券的投资组合风险等于零。　　　　　　　　　　　（　　）

4. 现有一投资组合 A 和 B，其标准差分别为 12%、8%，在等比例投资情况下，如果两种证券的相关系数为 1，该组合的标准差为 10%。如果两种证券的相关系数为 -1，则该组合的标准差为 2%。　　　　　　　　　　　　　　　　　（　　）

5. 有效投资组合曲线是一个由特定投资组合构成的集合，集合内的投资组合在既定风险水平上，期望报酬率不一定是最高的。　　　　　　　　　　　（　　）

6. 从统计学角度讲，若干种商品的利润率与风险是独立的或者是不完全相关的。在这种情况下企业的总利润率风险并不能因多种经营而减少。　　　　　（　　）

7. 在运用资本资产定价模型时，若某项资产的贝塔系数小于零，说明该资产的风险小于市场平均风险。　　　　　　　　　　　　　　　　　　　　（　　）

8. 在证券的市场组合中，所有证券的贝塔系数加权平均值等于 1。　（　　）

9. 投资者对风险的厌恶程度越高，其证券市场线的斜率则越陡。　　（　　）

10. 贝塔系数衡量的是个别股票的特有风险。　　　　　　　　　　（　　）

思　考　题

一、风险的含义是什么？它与不确定性有何区别？

二、如何区分必要报酬率、期望报酬率和实际报酬率？请举例加以说明。

三、什么是财产边际效用递减理论？这一理论与投资者对待风险的态度有何关系？

四、为什么存在风险厌恶？风险厌恶对企业决策者会带来什么影响？

五、请描述单项资产风险衡量方法的过程。

六、为什么投资组合的期望报酬率是组合中各单项资产的加权平均值，而投资组合的风险却不是各单项资产标准差的平均值？

七、描述协方差在运用时需要注意的几个问题。

八、为什么在投资组合中只能分散部分风险，而不能将风险全部消除？

九、请描述贝塔系数在风险衡量中的作用。

十、请对下列事项进行分类，哪些是系统性的，哪些是非系统性的。

1. 短期利率非预期地上涨；

2. 银行提高了企业短期借款的利率；

3. 油价非预期地下跌；

4. 一艘油船破裂，造成大量原油流出；

5. 一家制造商输掉了一场数百万元的产品责任官司；

6. 高等法院的一项裁决显著地扩大了生产者对产品使用者所造成伤害的责任。

十一、指出下列事件是否会引起一般股票价格的变动，以及是否会引起海天公司股票交割变动。

1. 政府宣告上个月的通货膨胀率非预期地提高了2%；

2. 海天公司刚刚公布的季度盈余报告，正如分析人员所预期的那样普遍下挫；

3. 政府报告上一年度的经济增长率是8%，与大部分经济专家的预测一致；

4. 海天公司的董事在飞机失事中丧生；

5. 人大通过提高企业税率的提案。这项立法提案已经颁布实施。

十二、如果某个投资组合对每一项资产都有正的投资，那么这个投资组合的期望报酬率是否可能高于投资组合中每一项资产的期望报酬率？是否可能低于投资组合中的每一项资产的期望报酬率？如果你对于这两个问题之一或二者的答案是肯定的，请举一个例子来证明你的答案。

十三、判断正误：在确定一个高度分散的投资组合的期望报酬率时，最重要的因素是投资组合中个别资产的方差。请解释其理由。

十四、你是如何理解有效投资组合的？怎样利用风险/报酬无差异曲线进行最优投资组合决策？

十五、如果某个投资组合对每一项资产都有正的投资，那么这个投资组合的标准差是否可能低于投资组合中的每一项资产的标准差？投资组合的贝塔系数呢？

十六、一项风险性资产的贝塔系数有可能为零吗？请解释。根据CAPM，这种资产的期望报酬率是什么？风险性资产的贝塔系数有可能是负的吗？CAPM对于这种资产的期望报酬率做什么样的预测？你能对你的答案进行解释吗？

十七、如果投资者对风险的厌恶程度提高，贝塔系数高的股票与贝塔系数低的股票相比，哪个报酬增加较大？为什么？

十八、"我是以每股30元的价格买入股票，目前该股票的卖出价为每股20元，但我既然还没有卖出，所以我没有发生任何损失"。这句话是否正确？为什么？

十九、为什么贝塔系数是系统风险的衡量标准？它的含义是什么？

二十、假设一下CAPM成立的各种前提条件，评价下列表达是否正确。

1. 企业方差较大，则其贝塔值比方差较小的企业的贝塔值要高。

2. 如果一个投资组合没有非系统风险，则该投资组合是有效率的。

3. 一个与市场高度相关的企业会比相关度较小的企业拥有一个相对大的贝塔值。

4. 如果整个市场的方差提高了，则所有企业的贝塔值就会下降。

5. 一个经营良好的企业的贝塔值会比一个经营不良的企业低。

6. 市场投资组合是有效的，因此只包括市场中最好的股票。

7. 一个风险偏好者持有市场风险最大的一些股票，而风险厌恶者持有最安全的股票。

二十一、若按资本资产定价模型估计，一种证券的价值是被低估了，则当投资者意识到这种价值低估时，市场会出现什么情况？

二十二、证券市场线会永远保持不变吗？为什么？

二十三、一位会计学专业的学生认为"一种具有正的标准差的证券必然有大于无风险利率的预期报酬率，否则，为什么会有人持有它呢？"根据资本资产定价模型，请问：他的陈述正确吗？为什么？

计算分析题

练 习 一

〔**目的**〕练习风险与报酬选择。

〔**资料**〕假定你面临两种选择：（1）获得 100 万元的报酬；（2）投掷硬币决定所得。如果正面向上，可得 200 万元报酬，否则一无所获。

〔**要求**〕

1. 第二种选择的期望报酬是多少？

2. 你愿选择哪一种，是 100 万元的确定性报酬，还是掷币一赌输赢？

3. 如果你愿取 100 万元的确定性报酬，那么你是风险厌恶者还是冒险家？

4. 假定你已取得 100 万元的报酬，你可以将它投资于政府债券，这样年终时，可得 107.5 万元，或是投资于 50% 的可能在年终获得 230 万元，50% 可能是一无所得的普通股股票。

（1）股票投资的期望报酬率是多少？

（2）如果这 100 万元，可用来购买 100 种股票，每种股票的风险—报酬特性相同，即 50% 的概率回收 230 万元和 50% 的概率一无所获，股票的报酬相关系数对投资组合会产生什么影响？

练 习 二

〔**目的**〕练习风险与报酬的组合。

〔**资料**〕某君因其叔父去世而继承遗产 1 000 万元，遗嘱要求全部遗产投资于股票，其中 50% 即 500 万元用来购买一种股票，而另 500 万元须用来购买 100 种股票而组成的投资组合。此君讨厌风险，从而希望能最大限度地减少风险：

〔**要求**〕

1. 他应怎样挑选一种股票组合投资中的股票？为什么？

2. 他应怎样挑选 100 种股票组合投资中的股票？为什么？

练 习 三

〔**目的**〕练习投资项目风险与报酬的衡量。

〔**资料**〕假设海通公司聘请你做公司的财务顾问，公司目前正在进行一项投资项目分析，现有四个备选方案可供选择，各方案的投资期均为一年，其相关报酬资料如表 4－1 所示。

表 4 – 1　　　　　　　　　　　海通公司投资方案期望报酬

经济状况	概率	期望报酬率（%）			
		A	B	C	D
衰退	0.20	10	6	22	5
正常	0.60	10	11	14	15
繁荣	0.20	10	31	– 4	25

〔要求〕

1. 计算各投资方案的期望报酬率、标准差和变化系数；

2. 请问：A 方案是无风险投资吗？为什么？

3. 公司要求你对上述方案进行评价，并淘汰一个方案，你如何进行答复？理由是什么？

练 习 四

〔目的〕练习风险与报酬的组合。

〔资料〕假设海天基金公司目前持有 5 种股票，投资总额达 40 亿元，其股票组合如表 4 – 2 所示。

表 4 – 2　　　　　　　　　　海天基金公司股票投资组合

股票	投资额（亿元）	股票贝塔系数
A	12	0.5
B	10	2.0
C	6	4.0
D	8	1.0
E	4	3.0

整个基金的贝塔系数可以借助于对各项投资的系数加权平均求得，本期的无风险报酬是 7%，下期的市场期望报酬率的概率分布如表 4 – 3 所示。

表 4 – 3　　　　　　　　　　市场期望报酬率及概率分布

概率	市场报酬率（%）
0.1	8
0.2	10
0.4	12
0.2	14
0.1	16

〔**要求**〕

1. 计算证券市场线（SML）的近似方程；

2. 计算该基金下期的期望报酬率；

3. 假设市场上有一新股可供投资，所需投资额为 5 亿元，期望报酬率为 16%。贝塔系数约为 2.5，请问：该项投资是否应该采纳？当期望报酬率为多少时，公司对购买这种股票持无所谓态度？

练 习 五

〔**目的**〕练习投资组合风险的衡量。

〔**资料**〕中银公司正考虑下一年的三个待选投资项目，各项目的投资期都是一年，而报酬率则取决于该年的经济状态，预计的报酬率如表 4 - 4 所示。

表 4 - 4 中银公司投资项目预计报酬率及概率分布

经济状态	概率	预计报酬率（%）		
		A 项目	B 项目	C 项目
衰退	0.25	10	9	14
正常	0.50	14	13	12
繁荣	0.25	16	18	10

〔**要求**〕计算每一投资项目的期望报酬率、方差、标准差和变化系数。

练 习 六

〔**目的**〕练习投资组合中风险与报酬的衡量。

〔**资料**〕见练习五的三个待选项目，假定该公司计划对每一项目投入其可筹资的 1/3，从而构成三个投资比重相等项目的投资组合：

〔**要求**〕

1. 组合投资的期望报酬率是多少？

2. 组合投资的方差和标准差各是多少？

3. A 项目与 B 项目以及 B 项目与 C 项目之间的协方差和相关系数各是多少？

4. 假定练习五中的 A 项目代表"市场"，则 B 项目与 C 项目的贝塔系数各是多少？

练 习 七

〔**目的**〕练习资产组合风险与报酬的衡量。

〔**资料**〕假定你能以 9% 的无风险利率进行资金借贷，证券组合的期望报酬率为 15%，标准差为 21%。

〔**要求**〕计算下列资产组合的期望报酬率及标准差。

1. 所有财产投入无风险资产。

2. 1/3 的财产投入无风险资产，2/3 投入证券组合。

3. 所有财产加上你另借的相当于你的财产 1/3 的资本一起投入证券组合。

练 习 八

〔目的〕练习投资风险的衡量。

〔资料〕表 4 - 5 给出了四种状态下两项资产可能的报酬率和发生的概率。假设对两只股票的投资额相同。

表 4 - 5　　　　　　　　四种状态下两只股票可能的报酬率和概率分布

经济状况	概率	成熟股	成长股
差	0.1	-3%	2%
稳定	0.3	3%	4%
适度增长	0.4	7%	10%
繁荣	0.2	10%	20%

〔要求〕

1. 计算两只股票的期望报酬率；
2. 计算两只股票各自的标准差；
3. 计算两只股票之间的相关系数；
4. 计算两只股票投资组合的报酬率；
5. 计算两只股票投资组合的标准差。

练 习 九

〔目的〕练习资本资产定价模型的应用。

〔资料〕海通公司的贝塔系数为 1.45，无风险利率为 10%，证券组合的期望报酬为 16%。

〔要求〕根据 CAPM 原理，股票的必要报酬率为多少？

练 习 十

〔目的〕练习资产组合风险与报酬的选择。

〔资料〕海通公司和海天公司普通股的期望报酬率分别为 15% 和 20%，标准差分别为 20% 和 40%。两种股票的预期相关系数为 0.36。

〔要求〕

1. 计算一个包括 40% 海通公司股票和 60% 海天公司股票的证券组合的期望报酬率和标准差。

2. 若此证券组合由 40% 的海天股票和 60% 的海通股票组合而成，情况如何？

练 习 十 一

〔目的〕练习资本资产定价模型的应用。

〔资料〕

宏远公司无风险报酬率为 10%，证券投资平均报酬率为 14%，β 系数为 1.4。

〔要求〕

1. 计算 A 股票的期望报酬率。

2. 如果无风险报酬率分别为：（1）增至 11%；（2）减至 9%。SMI 线的斜率保持不变，此时对市场平均报酬率和 A 股票的报酬率会产生什么影响？

3. 如果 β 系数：（1）增至 1.6；（2）减至 0.75。问：此时会对 A 股票的报酬率产生什么影响？

练习十二

〔**目的**〕练习资本资产定价模型的计算与应用。

〔**资料**〕海通公司投资组合中有五种股票，所占比例分别为 30%、20%、20%、15%、15%；其贝塔系数分别为 0.8、1、1.4、1.5、1.7；平均风险股票的必要报酬率为 10%；无风险报酬率为 6%。

〔**要求**〕计算该证券组合的综合贝塔系数和期望报酬率。

练习十三

〔**目的**〕练习资本资产定价模型的计算。

〔**资料**〕假定无风险报酬率等于 12%，市场投资组合报酬率等于 16%，而股票 A 的贝塔系数等于 1.4。

〔**要求**〕

1. 股票 A 的必要报酬率应该等于多少？

2. 如果无风险报酬率由 12% 上涨到 13% 或下降为 11%，而证券市场斜率或市场风险报酬率不变，则对投资组合报酬率与 A 股票的报酬率各会产生何种影响？

3. 若无风险报酬率仍旧等于 12%，但投资组合报酬率由 16% 上涨到 17% 或下降 14%，使得证券市场线的斜率因而发生改变，则对 A 股票的报酬率会产生何种影响？

案　例

MERRILL FINCH 有限责任公司

假定你刚从财务管理专业毕业，你获得了一个工作岗位：MERRILL FINCH 有限责任公司——一家大型财务咨询服务公司的财务计划人员。分配给你的第一个任务是为客户投资 10 万美元。因为这笔资金要在年底投资，你得到的指令是作出在一年持有期内的投资计划。此外，你的老板对你的投资选择进行了限定，只能投资于下列方案，相关的收益率及其概率已经列明，如表 4-6 所示。

表 4 - 6 投资方案报酬率

经济状况	概率	短期政府债券	高技术公司	收款代理公司	制造厂	市场投资组合	包含两只股票的投资组合
萧条	0.1	8.0%	(22.0%)	28.0%	10.0%	(13.0%)	3.0%
低于平均水平	0.2	8.0	(2.0)	14.7	(10.0)	1.0	
平均水平	0.4	8.0	20.0	0.0	7.0	15.0	10.0
高于平均水平	0.2	8.0	35.0	(10.0)	45.0	29.0	
繁荣	0.1	8.0	50.0	(20.0)	30.0	43.0	15.0
期望报酬率 k				1.7%	13.8%	15.0%	
标准差		0.0		13.4	18.8	15.3	3.3
变异系数				7.9	1.4	1.0	0.3
贝塔系数				-0.86	0.68		

MERRILL FINCH 公司的经济预测人员已经作出了国民经济前景及其概率的预测，其证券分析人员已经开发了一套复杂的计算机程序，用于评估每种经济前景下各种投资方案的报酬率：高技术公司是一个电子公司；收款代理公司帮助债权人收回拖欠的款项；美国橡胶制造厂致力于生产各种类型的橡胶和塑料产品。MERRILL FINCH 还经营着一个"指数基金"，它包含了全部的公开上市股票，其权重按照各股票的市值比例确定；你投资于这种基金，并因此可以获得股票市场的平均收益率。

（资料来源：［美］尤金·F. 布里格姆等著：《财务管理基础》，中信出版社 2004 年版）

讨论：

根据上面所描述的情况，回答下列问题。

1.（1）为什么短期政府债券的报酬率同国民经济状况无关？短期政府债券一定可以完全无风险地获得报酬率吗？（2）为什么高技术公司的期望报酬率是与经济状况同向变动的？为什么收款代理公司的期望报酬率是与经济状况反向变动？

2. 计算每一种投资方案的期望报酬率。在上面表格中相应行的空白处填上正确的值。

3. 你应该意识到，仅仅根据期望报酬率来作出决定只适合那种风险偏好中性的投资者。因为你的客户事实上是不喜好风险的，每一种投资方案有没有风险是作出决定的一个重要考虑方面。一个可行的度量风险的变量是报酬率标准差。（1）计算每一种投资方案的标准差，在上面表格中相应行的空白处填上正确的值。（2）标准差度量的是哪种类型的风险？（3）简单画出图形，表示出高技术公司、美国橡胶制造厂和短期政府债券的概率分布。

4. 假定你突然想起，当投资组合中各组成成分的期望报酬率有很大不同时，与标准差相比，变化系数（C_v）通常是更好地衡量独立风险的工具。计算出变异系数，并在空白处填上正确的数值。

5. 假定你制定了一个包含两只股票的投资组合，向高技术公司投资 5 万美元，向收款代理公司投资 5 万美元。（1）计算这个投资组合的期望报酬率、标准差、变异系数，并填在表格中的适当位置上。（2）这两只股票的投资组合风险和分别单独持有这两只股票的风险相比，有何不同？

6. 假定一个投资者随机选取股票形成投资组合，那么：（1）投资组合的风险将会如何？（2）随着越来越多的随意选取的股票加入到投资组合中，投资组合的期望报酬率会发生什么变化？这对投资者有什么意义？通过两个投资组合的图形来说明你的答案。

7. （1）投资组合的效果是否会影响投资者对单个股票风险考虑的方式？（2）如果你决定只持有一只股票，结果就是你比投资在多种股票上的投资者承担更大的风险。你承担的全部风险预期能得到补偿吗？更确切地说，你本来可以通过投资多种股票而避免的那部分风险，能否得到相应的风险溢价？

8. MERRILL FINCH 的计算机程序提供的投资组合中各组成成分的期望报酬率和贝塔系数如表 4 - 7 所示。

表 4 - 7　　　　　　　　　　　期望报酬和贝塔系数

证券	报酬率（%）	风险（贝塔系数）
高技术公司	17.4	1.29
市场	15.0	1.00
美国橡胶制造厂	13.8	0.68
短期政府债券	8.0	0.00
收款代理公司	1.7	(0.86)

请回答：（1）什么是贝塔系数？如何运用贝塔系数分析风险？（2）投资组合中各证券的期望报酬率是否和其市场风险相关？（3）基于到目前为止的信息，你是否可以在各种证券中进行选择？利用题目最初所给出的数据设计一个图表，表明短期政府债券、高技术公司和收款代理公司的贝塔系数是如何计算的。然后，讨论贝塔系数表明了什么，在风险分析上如何运用它。

9. （1）写出证券市场线（SML）的公式，并利用该公式计算每一种证券的要求报酬率，然后用图表示出期望报酬率和要求收益率的关系。（2）期望报酬率和要求报酬率相比有何不同？（3）收款代理公司的期望报酬率是否低于短期政府债券的期望报酬率？（4）市场风险是什么？持有 50% 的高技术公司的股票和 50% 的收款代理公司的股票的投资组合的要求报酬率是多少？如果是高技术公司和美国橡胶制造厂的组合，结果又将如何？

10. （1）假定投资者将通货膨胀率预期提高了 3 个百分点。我们现在的估计值是 8%，这是基于短期政府债券的估计值。较高的通货膨胀对证券市场线（SML）和高风险证券或是低风险证券的要求收益率各有什么影响？（2）假定投资者对风险的回避程度使得市场的风险溢价提高了 3 个百分点（通货膨胀率不变），这对证券市场线（SML）和高风险证券或是低风险证券的影响又将如何？

第五章
证 券 估 价 与 应 用

学 习 要 求

本章主要围绕债券和股票价值计量进行介绍。学习本章内容后，应该理解证券价值的内涵，掌握公司债券和股票价格的确定方法，并能够运用证券估价模型进行证券投资决策分析与应用。

本章学习重点：证券估价基本原理、债券估价、普通股估价。

本章学习难点：证券估价模型、债券到期收益率计算、固定增长及非固定增长股票估价。

本章学习指引：证券估价是财务管理的重点和难点内容之一，学习时要根据货币时间价值和风险与报酬的基本原理，理解其估价内涵，熟悉不同证券估价模型与方法，并运用估价模型对不同证券进行价值确定，在此基础上掌握证券估价在财务决策中的运用和评价。

学习思维导图

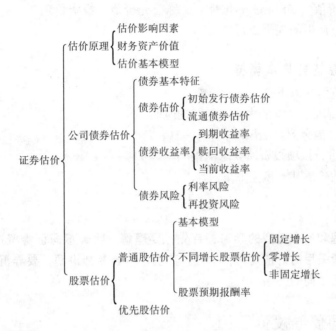

本章学习纲要

一、证券估价原理

（一）证券估价概述

1. 实物资产与证券资产。资产是指由企业拥有或控制的资源，该项资源预期会给企业带来一定的经济利益，包括各种财产、债权和其他权利。资产按其性质可分为实物资产和金融资产两大类。实物资产是指具有一定实体的财产，如土地、建筑物、机器设备等。金融资产是指资金供给者与资金需求者双方在进行资金融通过程中所形成的一种特殊资产。证券资产（Securities Asset）是金融资产的一种形式，一般包括企业债券、优先股和普通股等有价证券。

2. 证券资产的价值。包括：

（1）账面价值（Book Value），指按照会计核算原理和方法反映计量的价值。

（2）市场价值（Market Value），指一项资产在交易市场上的价格。

（3）持续经营价值（Going-concern Value），指在持续经营条件下企业的整体价值。

（4）清算价值（Liquidation Value），指一个企业撤销或解散时资产经过清算后的实际价值。

（5）内在价值（Intrinsic Value），又称公允价值、投资价值等，是指一家企业在持续经营条件下产生的现金折现值。

（二）证券估价基本模型

证券资产价值受以下三个因素影响：

1. 未来预期现金流量的大小与持续的时间；

2. 所有这些现金流量的风险；

3. 投资者进行该项投资所要求的报酬率。

证券资产估价的基本模型如下：

$$V = \sum_{i=1}^{n} \frac{CF_t}{(1+K)^t}$$

对估价原理和基本模型的学习，首先，要理解、明确不同证券资产价值的内涵，财务估价中一般采用的价值是内在价值。其次，结合老师讲解，要弄清楚基本模型中涉及的三个因素之间的关系。

二、公司债券投资估价

（一）公司债券基本特征

公司债券（Corporate Bonds）是发行者为筹集资金，按法定程序发行的约定在一定时期还本付息的有价证券。公司债券最重要的特征包括：

1. 对债券发行公司的收益和资产的追偿权；

2. 面值；

3. 票面利率；

4. 债券期限；

5. 债券契约；

6. 当前收益率；

7. 债券的信用评级。

（二）公司债券估价

1. 初始发行债券估价。债券估价的计算公式如下：

$$V_0 = \sum_{i=1}^{n} \frac{I_t}{(1+K)^t} + \frac{M}{(1+K)^t}$$

2. 债券价值与时间。债券发行之后其价值是随时间因素变化的，对流通中的债券估价时，应该只考虑自估价日起至到期日止的时间价值，其估价公式与相关因素同初始债券估价公式。

（三）债券收益率估计

1. 到期收益率（Yield to Maturity）。到期收益率是指债券在目前证券市场上自身价值所体现的报酬率，即内含报酬率，也就是现金流出量现值等于现金流入量现值时的报酬率。

2. 赎回收益率（Yield to call，YTC）。

3. 当前收益率（Current Yield）。

（四）债券风险的估计

1. 利率风险（Interest Rate Risk）。由于利率上升导致的债券价格的下降的风险称为利率风险。

2. 再投资风险（Reinvestment Rate Risk）。因利率下降而导致收入下降的风险称为再投资风险。

学习本部分内容时，要注意，债券的估价就是对未来现金流量进行折现，债券现金流量的基本形式有两种：利息和本金。但是利息的支付方式有多种、本金归还也有不同。不同的现金流量模式所计量的债券价值是不同的。到期收益率的计算采用的是试误法，需要计算债券现金流出量现值等于现金流入量现值时那一点的折现率。

三、股票投资估价

（一）普通股股票估价

1. 股票估价基本模型。普通股股票估价基本模型如下：

$$P_0 = \sum_{t=1}^{n} \frac{D_t}{(1+K)^t}$$

2. 不同增长模型的股票估价。类型包括：

（1）固定增长股票估价模型。其计算公式如下：

$$P_0 = \frac{D_0 \times (1+g)}{K-g} = \frac{D_1}{K-g}$$

（2）零增长股票估价模型。股票价值为：

$$P_0 = \frac{D}{K}$$

（3）非固定增长股票估价模型。分别按不同的增长率计算确定其股票价值。

（二）优先股股票估价模型

优先股股票是一种永续性证券，其股利是定期固定支付的。因此，一般把优先股股票视为一种承诺提供无确切到期日的固定现金流动的永续性证券。股票价值计算公式如下：

$$P_0 = \frac{D}{K}$$

（三）股票预期报酬率

股票预期报酬率由预期股利报酬率和预期增长率（资本利得报酬率）两部分构成。

1. 预期股利报酬率。计算公式如下：

$$K = \frac{D_1}{P_0} + g$$

2. 预期增长率。预期增长率可以解释为资本利得报酬率，也就是投资价值的增长率。

学习时注意：股票估价原理与债券估价是基本一样的，然而又与债券估价不同。主要区别在于：股票的未来现金流量与债券有所区别，股票的股利支付是不确定的。一是支付时间不确定；二是支付金额不确定。股票转让收入（即价格）也是不确定的。所以，对股票进行估价时必须清楚这一点。

练习与思考

客 观 题

一、单项选择题

1. 证券资产估价中常用的价值是（　　）。
  A. 账面价值 　　　　　　　　　　B. 市场价值
  C. 内在价值 　　　　　　　　　　D. 清算价值

2. 下列哪项因素不会影响债券的价值？（　　）
  A. 票面价值 　　　　　　　　　　B. 票面利率
  C. 市场利率 　　　　　　　　　　D. 购买价格

3. 海天公司购买一笔国债，期限 5 年，平价发行，票面利率为 12.22%，单利计息，到期一次还本付息。到期收益率为（　　）。
  A. 9% 　　　　　　　　　　　　　B. 10%
  C. 11% 　　　　　　　　　　　　 D. 12%

4. 当市场利率小于票面利率时，对于定期付息、到期一次还本的债券，随时间推移，债券价值将相应（　　）。
  A. 增加 　　　　　　　　　　　　B. 减少
  C. 不变 　　　　　　　　　　　　D. 不确定

5. 当市场利率上升时，长期固定利率债券价格的下降幅度（　　）短期债券的下降幅度。

A. 大于　　　　　　　　　　B. 小于

C. 等于　　　　　　　　　　D. 不确定

6. 某公司以平价购买刚发行的面值为 1 000 元的债券，期限 5 年，每半年支息 40 元，该债券按年计算的到期收益率是（　　　）。

A. 4%　　　　　　　　　　B. 7.84%

C. 8%　　　　　　　　　　D. 8.16%

7. 债券到期收益率计算的原理是（　　　）。

A. 到期收益率是购买债券后一直持有到期的内含报酬率

B. 到期收益率是能使债券每年利息收入的现值等于债券买入价格的折现率

C. 到期收益率是债券利息收益率与资本利得收益率之和

D. 到期收益率的计算要以债券每年末计算并支付利息、到期一次还本为前提

8. 某公司发行面值为 1 000 元的 5 年期债券，债券票面利率为 10%，半年付息一次，发行后在二级市场上流通，假设必要投资报酬率为 10%并保持不变，以下说法正确的是（　　　）。

A. 债券溢价发行，发行后债券价值随到期时间的缩短而逐渐下降，至到期日债券价值等于债券面值

B. 债券折价发行，发行后债券价值随到期时间的缩短而逐渐上升，至到期日债券价值等于债券面值

C. 债券按面值发行，发行后债券价值一直等于票面价值

D. 债券按面值发行，发行后债券价值在两个付息日之间呈周期波动

9. M 股票目前的市场价格是 40 元，每股股利 2 元，预期的股利增长率为 5%，则市场决定的预期报酬率为（　　　）。

A. 5%　　　　　　　　　　B. 5.5%

C. 10%　　　　　　　　　D. 10.25%

10. 某公司购买 M 公司股票 10 000 股，每股买价 8 元，持有一月后以每股 12 元价格出售，交易费用 400 元。则该笔证券交易的资本利得是（　　　）。

A. 39 600 元　　　　　　　B. 40 000 元

C. 40 400 元　　　　　　　D. 120 000 元

11. 估算股票价值时的折现率，不能使用（　　　）。

A. 股票市场的平均报酬率　　B. 债券报酬率加适当的风险报酬率

C. 国债的利息率　　　　　　D. 投资人要求的报酬率

12. 某只股票的未来股利不变，当股票市价低于股票价值时，则是预期报酬率（　　　）投资人要求的最低报酬率。

A. 高于　　　　　　　　　　B. 低于

C. 等于　　　　　　　　　　D. 不确定

二、多项选择题

1. 一项证券资产价值受（　　　）因素影响。

  A. 未来预期现金流量大小   B. 预期现金流量的风险

  C. 投资者要求的报酬率   D. 预期现金流量持续时间

2. 下列能够影响债券内在价值的因素有（ ）。

  A. 债券的价格   B. 债券的计息方式

  C. 票面利率   D. 债券的付息方式

3. 在复利计息，到期一次还本的条件下，债券票面利率与到期收益率不一致的情况有（ ）。

  A. 债券平价发行，每年付息一次

  B. 债券平价发行，每半年付息一次

  C. 债券溢价发行，每年付息一次

  D. 债券折价发行，每年付息一次

4. 某公司计划发行三年期的公司债券，每半年付息一次，票面利率6%，面值1 000元，平价发行。以下有关该债券说法正确的有（ ）。

  A. 该债券的实际周期利率为3%

  B. 该债券的实际必要报酬率为6.09%

  C. 该债券的名义利率是6%

  D. 由于平价发行，该债券的名义利率与名义报酬率相等

5. M债券和L债券是两只刚刚发行的平息债券，债券的面值和票面利率相同，票面利率均高于必要报酬率。以下说法正确的有（ ）。

  A. 如果两债券的必要报酬率和利息支付率相同，偿还期限长的债券价值低

  B. 如果两债券的必要报酬率和利息支付频率相同，偿还期限长的债券价值高

  C. 如果两债券的偿还期限和必要报酬率相同，利息支付频率高的债券价值低

  D. 如果两债券的偿还期限和利息支付频率相同，必要报酬率与票面利率差额大的债券价值高

6. 下列表述正确的有（ ）。

  A. 对于分期付息的债券，当期限接近到期日时，债券价值向面值回归

  B. 债券价值的高低受利息支付的方式影响

  C. 一般而言债券期限越长，其利率风险越小

  D. 当市场利率上升时，债券价值会下降

7. 下列关于平息债券价值表述正确的有（ ）。

  A. 平价债券，债券付息期长短对债券价值没有影响

  B. 折价债券，债券付息期越短，债券价值越高

  C. 在债券估价模型中，折现率实际就是必要报酬率，折现率越大，债券价值越低

  D. 随到期日的临近，必要报酬率的变动对债券价值的影响越来越小

8. 股票报酬包括（ ）。

  A. 股利报酬率   B. 股利增长率

  C. 资本利得报酬率   D. 资本利得增长率

9. 股票报酬率确定的方法主要包括（　　　）。

　　A. 根据股票历史平均报酬率确定

　　B. 根据债券报酬率，加上一定的风险报酬率确定

　　C. 直接采用市场利率确定

　　D. 根据公司必要报酬率确定

10. 与股票内在价值呈反方向变化的因素有（　　　）。

　　A. 年股利 　　　　　　　　　　　B. 股利年增长率

　　C. 报酬率 　　　　　　　　　　　D. 贝塔系数

11. 股票投资能够给投资者带来的现金流入量有（　　　）。

　　A. 资本利得 　　　　　　　　　　B. 股利

　　C. 出售价格 　　　　　　　　　　D. 利息

三、判断题

1. 如果债券不是分期付息，而是到期一次还本付息，那么即使是平价发行债券，其到期收益率与票面利率也有可能不同。 （　　　）

2. 当债券的票面利率大于市场利率时，债券发行时的价格低于其面值。 （　　　）

3. 一种 10 年期的债券，票面利率为 10%；另一种 5 年期的债券，票面利率也为 10%。假定其他方面两种债券条件一样，当市场利率急剧上升时，10 年期债券价格下跌得更多。 （　　　）

4. 股票的价值是指实际股利所得和资本利得所得形成的现金流入量的现值。 （　　　）

5. 投资者购进被低估的资产，会使资产价格上升，回归到资产的内在价值，市场越有效，市场价值向内在价值的回归越迅速。 （　　　）

6. 股本的必要报酬率是由股利增长率和资本利得报酬率两部分组成。 （　　　）

7. 投资者投资股票，其预期现金流量主要来自股利和资本利得。 （　　　）

8. 如果不考虑影响股价的其他因素，零成长股票的价值与市场利率成反比，与预期股利成正比。 （　　　）

思 考 题

一、一个公司的市场价值和它的清算价值或持续经营价值有关系吗？若有，请问它们有什么关系？

二、证券的内在价值与证券的市场价值有区别吗？若有，在什么情况下有区别？

三、公司债券和优先股在定价的处理上有哪些相同点？

四、股票要求的报酬率是什么？它是怎样衡量的？

五、给定相同的到期收益率变动，为什么期限长的债券的价格变动比期限短的债券的价格变动大？

六、一种 20 年期的债券的息票率为 8%，另一种同期限的债券的息票率为 15%，若这两种债券在其他方面没有区别，则在利息率急剧上涨时，哪种债券的价格下跌得

更多？为什么？

七、在其他条件相同时，下列变化对公司股票的市价有何影响？

1. 投资者对一般股票要求的收益率变高；

2. 公司的报酬率与市场的报酬率之间的协方差降低；

3. 公司股票报酬率的概率分布的标准差增大；

4. 市场预期公司的未来收益（股利）的增长率下降。

八、为什么股利是普通股定价的基础？

九、为什么公司的收益和股利的增长率在未来是逐步下降的？增长率能上升吗？若能，则对股份有何影响？

十、利用固定增长率股利折现模型，公司的价值增长率能达到每年 30%（扣除通货膨胀因素）吗？请解释。

十一、你的同学认为在用固定增长率股利折现模型解释股票的股价时，式子 (k - g) 代表预期的股息报酬率。她的看法是否正确？请说明理由。

计算分析题

练 习 一

〔**目的**〕练习财务估价的基本应用原理。

〔**资料与要求**〕

1. 德利公司 2022 年 1 月 1 日平价发行的面值为 1 000 元，年利率为 12%，期限为 30 年的公司债（每半年付息一次），则该债券的到期收益率为多少？

2. 新华公司 2022 年支付的每股股利是 3.56 元，预期股利将永久性地每年增长 5.5%。股票的贝塔值为 0.90，国债利率为 6.25%，市场的平均报酬率为 10%。请问：

（1）利用 Gordon 增长模式得出的每股价值是多少？

（2）如果股票的交易价格是每股 80 元，那么股利的增长率应为多少时才能认为此价格是合理的？

练 习 二

〔**目的**〕练习公司债券价格的计算。

〔**资料**〕远达公司于 2022 年 8 月 1 日以 850 元购买一张面值 1 000 元，票面利率为 8%，每年付息一次的债券，并于 2023 年 8 月 1 日以 900 元价格出售。

〔**要求**〕计算该债券的投资报酬率。

练 习 三

〔**目的**〕练习股票估价方法。

〔**资料**〕广深公司准备对一种股利固定增长的普通股股票进行长期投资，基年股利为 8 元，估计年股利增长率为 4%，该公司期望报酬率为 12%。

〔**要求**〕计算该股票的价值。

练 习 四

〔**目的**〕练习股票投资报酬率的计算。

〔**资料**〕万恒公司在 2020 年 5 月 1 日投资 600 万元购买 A 种股票 200 万股，在 2021 年、2022 年和 2023 年的 4 月 30 日每股各分得现金股利 0.3 元、0.5 元和 0.6 元，并于 2023 年 5 月 1 日以每股 4 元的价格将股票全部出售。

〔**要求**〕计算该项投资的投资报酬率。

练 习 五

〔**目的**〕练习证券投资组合报酬率的计算。

〔**资料**〕兴达公司持有 A、B、C 三种股票构成的证券组合，其 β 系数分别是 1.8、1.5 和 0.7，在证券组合中所占的比重分别为 50%、30% 和 20%，股票的市场报酬率为 15%，无风险报酬率为 12%。

〔**要求**〕计算该证券组合的预期报酬率。

练 习 六

〔**目的**〕练习债券价值的计算。

〔**资料**〕利克公司于 2000 年 1 月发行年利率为 10%，期限 30 年的债券，每年付息一次，在债券发行的若干年中，市场利率持续上升，债券价格下跌，15 年后的 2015 年 1 月，债券价格已由 1 000 元下跌到 650 元。

〔**要求**〕

1. 若公司每张债券开始以 1 000 元面值出售，则该债券的到期收益率是多少？

2. 计算 2015 年 1 月的到期收益率。

3. 若市场利率稳定在 2015 年的水平，并且该债券在剩余的有效期内保持该水平不变，计算该债券到期日还有 5 年时（即 2025 年 1 月）的价值。

4. 2030 年债券到期时，该债券的价值是多少？

练 习 七

〔**目的**〕练习股票价值的计算。

〔**资料**〕万达公司 2020 年 1 月 1 日开发出一种新产品，由此预计该公司股利年增长率为 30%，第五年后，因其他企业也会生产出这样产品，为此，万达公司股利增长率就会以 8% 的速度无限期缓慢发展，股票持有者对该公司股票要求的报酬率为 12%，万达公司刚刚支付的年股利为每股 1.50 元。

〔**要求**〕

1. 计算 2020～2024 年各年的预期股利。

2. 计算现在股票的价值。

3. 若该公司股利增长率在 5 年内仅为 15%，且公司正常的增长率为 6%，请计算公司股票的预期价值。

4. 若股东认为投资风险较大，要求的报酬率为 15%，此时，该公司股票的价格是多少？

练 习 八

〔目的〕练习股票价值的确定。

〔资料〕高盛公司 2020 年的每股收益为 2.1 元，支付的每股股利为 0.69 元。同时预期 2021~2025 年收益将每年增长 15%，在这期间股利支付率保持不变。2025 年以后的收益增长率预计会降至 6% 的稳定水平，但股利支付率会升至 65%。公司目前的贝塔系数是 1.40，2025 年以后预期的贝塔系数为 1.10，国债利率是 6.25%，市场的平均报酬率为 10%。

〔要求〕

1. 2025 年末股票的预期价格是多少？

2. 利用二阶段股利折现模型计算的股票价值。

练 习 九

〔目的〕练习债券价值与到期收益率的计算。

〔资料〕利达公司和宏业公司同时于 2020 年 1 月 1 日发行面值为 1 000 元、票面利率为 10% 的 5 年期债券，利达公司债券规定利随本清、不计复利；宏业公司债券规定每年 6 月末和 12 月末付息，到期还本。

〔要求〕

1. 若 2022 年 1 月 1 日的利达公司债券市场利率为 12%（复利按年计息），利达公司债券市场价格为 1 050 元，请问利达公司债券是否被市场高估？

2. 若 2022 年 1 月 1 日的宏业公司债券市场利率为 12%，宏业公司债券市场价格为 1 050 元，问该资本市场是否完全有效？

3. 若得远公司 2023 年 1 月 1 日能以 1 020 元购入利达公司债券，计算复利下的实际到期收益率。

4. 若得远公司 2023 年 1 月 1 日能以 1 020 元购入宏业公司债券，计算复利下的实际到期收益率。

练 习 十

〔目的〕练习债券价值和到期收益率的计算。

〔资料〕东方公司在 2022 年 1 月 1 日发行 5 年期债券，面值 1 000 元，票面利率 10%，于每年 12 月 31 日付息，到期时一次还本。

〔要求〕

1. 假定 2022 年 1 月 1 日金融市场上与该债券同类风险投资的利率是 9%，该债券的发行价应定为多少？

2. 假定 1 年后该债券的市场价格为 1 049.06 元，该债券于 2023 年 1 月 1 日的到期收益率是多少？

3. 该债券发行 4 年后该公司被揭露出会计账目有欺诈嫌疑，这一不利消息使得该债券价格在 2026 年 1 月 1 日由开盘的 1 018.52 元跌至收盘的 900 元。跌价后该债券的到期收益率是多少？（假设能够全部按时收回本息）

练习十一

〔**目的**〕练习股票和价值的确定。

〔**资料**〕利达公司目前持有 A、B、C 三种股票构成的证券组合，它们目前的市场价格分别是每股 20 元、6 元、4 元，其他系数分别是 2.1、1.0 和 0.5，它们在证券组合中的比例分别是 50%、40%、10%，上年支付的股利分别是每股 2 元、1 元和 0.5 元。预期持有 B、C 股票每年可获得稳定的股利，持有 A 股票每年获得的股利年增长率为 5%，假定目前的市场报酬率为 14%，无风险报酬率为 10%。

〔**要求**〕

1. 计算持有三种股票投资组合的风险报酬率。

2. 若投资总额为 30 万元，其风险报酬额是多少？

3. 分别计算投资三种股票的必要报酬率。

4. 计算投资组合的必要报酬率。

5. 分别计算三种股票的内在价值。

6. 判断公司是否应该出售三种股票。

练习十二

〔**目的**〕练习股票价值的应用分析。

〔**资料**〕假定你在考虑购买同一行业两家公司的股票，除了股利支付政策外其他均相同。两家公司期望年股利每股 6 元，但是，D 公司（代表"股利"）将其所有盈利用于发放股利，而 G 公司（代表"成长"）只用其 1/3 的盈余发放股利；即每股每年支付股利 2 元。D 公司股票市场价格为每股 40 元，两家公司的风险相同。

〔**要求**〕请判断，以下哪些最可能是正确的，并解释其原因。

1. G 公司的成长速度比 D 公司快，因此，其股票市场价格应该超过每股 40 元。

2. 虽然 G 公司的成长速度比 D 公司快，但 D 公司现在的股利比 G 公司高，因此，D 公司的股票市场价格应该比 G 公司高。

3. 投资于 D 公司可以较快地收回资本，因为 D 公司可以用更多的盈余发放股利。因此，D 公司股票更像是一种长期债券，而 G 公司股票更像是一种短期债券。如果经济波动导致期望报酬率和期望股利增长率上升，而两家公司的期望股利保持不变，两只股票都会下跌，但是，D 公司的股票跌得更多。

4. D 公司期望报酬率和必要报酬率都是 15%。G 公司期望报酬率会更高，因为其预期增长率较高。

5. 如果 G 公司股票市场价格也是每股 40 元，G 公司的增长率最合理的估计也是 10%。

练习十三

〔**目的**〕练习股票价值的应用分析。

〔**资料**〕假定 2022 年 1 月 1 日，新天地电子公司刚研制出一种新的太阳能板材，它比市场同期其他产品多提供 200% 的电力。因此，可以期望公司在未来 5 年的年增长率为 15%。5 年后其他公司开发了同类技术，其增长率将回落到 5%。股东的必要报酬率是 12%。上期刚刚支付了每股 1.75 元的股利。

〔**要求**〕请计算下列数据：

1. 分别计算公司 2022～2026 年每年预计的股利。

2. 计算今天的股票价值。

3. 分别计算 2022 年和 2027 年末期望股利报酬率、期望资本报酬率、期望报酬率（股利报酬率加资本利得报酬率）。

4. 投资者的纳税情况如何影响他们在购买快速成长的新兴公司和成熟型公司之间的选择？

5. 假设你的老板告诉你他确信本公司在未来 5 年的年增长率是 12%，而正常增长率为 4%。不用计算，这种改变对股票市场价格有何影响？

案　例

芝加哥保险公司共同基金：股票估值

罗伯特·巴里克（Robert Balik）和卡罗尔·基弗（Cmol Kiefer）都是芝加哥保险公司共同基金的副总裁。他们是公司养老金管理分部的合伙董事，罗伯特负责固定收益证券（主要是债券）的投资，而卡罗尔负责股票的投资。最近有一家新的大客户——加利福尼亚城市联盟要求芝加哥保险公司共同基金举办由各代表城市的市长参加的投资研讨会。罗伯特和卡罗尔都要做演讲，要求你提供相关的帮助。

为举例说明普通股票的估值过程，罗伯特和卡罗尔要求你分析 Bon Temps 公司的股票价值。这是一家提供员工服务的代理机构，为那些有临时需求的公司提供文字处理人员和程序设计人员。你需要回答下面的问题：

1. 简要叙述普通股股东的合法权利和特权。

2. （1）写出可以用于评估任何股票价值的公式，不论它的股利情况如何。（2）什么是稳定增长股票？应该如何评估其价值？（3）如果公司稳定的增长率 g 大于其要求收益率 k，情况会怎样？是否有很多公司短期中（即未来几年内）预期的 g 大于 k？在长期中 g 大于 k（即永远是 g 大于 k），情况又会怎样？

3. 假设 Bon Temps 公司的贝塔系数为 1.2，无风险利率（政府债券的收益率）为 7%，市场要求收益率为 12%，则公司股票的要求收益率为多少？

4. 假设 Bon Temps 公司是一个稳定增长的公司，它最近（昨天）刚刚支付的股利为 Do = 2.00 美元，期望稳定的股利增长率为 6%。

（1）未来 3 年中的期望股利流量为多少？

（2）公司当前的股票价格为多少？

（3）从现在起 1 年之后公司股票的期望价值为多少？

（4）公司在第 1 年的期望股利率、资本利得率以及总收益率各为多少？

5. 假设 Bon Temps 股票的现在价格为 30.29 美元，则股票的期望收益率是多少？

6. 如果预期的股利是零增长，那么股票价格为多少？

7. 现在假设 Bon Temps 公司在未来 3 年经历高速增长，每年增长率高达 30%，然后又回到长期稳定的增长状态，增长率为 6%。在这种假设条件下，股票的价值是多少？第 1 年和第 4 年的期望股利率和资本利得率各是多少？

8. 假设 Bon Temps 公司在未来 3 年内经历零增长阶段，然后在第 4 年又开始其稳定状态下的增长，增长率为 6%。股票的当前价格为多少？第 1 年和第 4 年的期望股利率和资本利得率各为多少？

9. 最后，假设 Bon Temps 公司的收益和股利每年以 6% 的速度稳定下降，即其 g = −6%。那么为什么会有投资者购买这样的股票，这些股票将以什么价格卖出？每年的股利率和资本利得率各是多少？

10. Bon Temps 公司开始进行扩张，而扩张需要资本。管理层决定借款 4 000 万美元，而且要停止支付股利，从而增加留存收益。在随后的 3 年中，预计的现金流量为 −500 万美元、1 000 万美元、2 000 万美元。第 3 年之后，预期的净现金流量按照 6% 的速度稳定增长。所有资本的成本为 10%。Bon Temps 公司的总价值为多少？如果公司拥有 1 000 万股股票和 4 000 万美元的债务，则每股的价格为多少？

11. 市场均衡意味着什么？

12. 如果市场不是处于均衡状态，均衡状态实现的过程是怎样的？

（资料来源：［美］尤金・F. 布里格姆等著：《财务管理基础》，中信出版社 2004 年版）

第六章

资 本 成 本

学 习 要 求

市场条件下，企业无论采取何种融资方式和融资渠道，其资本都是需要代价的，这一代价便构成资本成本。通过本章内容学习，学生要了解资本成本对于企业财务决策的重要性，熟悉资本成本的影响因素，熟练掌握个别资本成本和加权资本成本的计算，以及在财务决策中的应用，为后续章节学习做好准备。

本章学习重点：资本成本的影响因素、个别资本成本的计算、加权平均资本成本的计算、边际资本成本的计算。

本章学习难点：个别资本成本折现模式的应用、留存收益资本成本的计算、边际资本成本的计算、资本成本的风险调整。

本章学习指引：资本成本的概念广泛运用于企业财务管理的方方面面，在财务管理中起着举足轻重的作用。本章学习时应注意理解资本成本的含义，熟练掌握各种资本成本（重点是个别资本成本和边际资本成本）的计算方法，并且能够运用资本成本解决企业实际财务问题。

学习思维导图

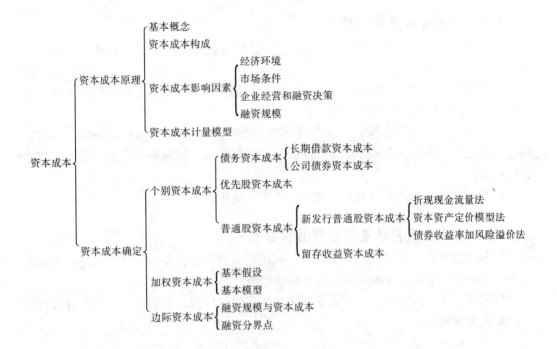

本章学习纲要

一、资本成本概述

(一) 资本成本的概念

资本成本 (Cost of Capital) 是企业为筹集和使用资本而付出的代价。本书采用的是狭义资本成本的概念，即筹集和使用长期资本的成本。

学习时要正确理解资本成本的含义。**资本成本并不一定是企业实际付出的代价，有时是一种机会成本。**

(二) 资本成本的构成

资本成本按其成本发生的阶段，分为资本筹集费和资本占用费。

资本筹集费是指企业在筹措资本过程中发生的各种费用，如向银行支付的借款手续费，发行股票、债券所支付的发行费等，在计算资本成本时一般作为融资额的一项扣除。

资本占用费是指企业在资本使用过程中所支付的费用，如向银行等债权人支付的利息，向股东发放的股利等，是资本成本的主要内容。

应注意区分这两种类型的成本，其发生的时间、目的和特点各不相同。

（三）资本成本的影响因素

1. 总体经济环境。总体经济环境决定了资本的供给和需求以及预期通货膨胀水平，而这个经济变量反映在无风险报酬率上。

2. 市场条件。投资风险的大小以及证券市场的流动性状况会影响到投资者要求的报酬率，进而影响到企业的资本成本。

3. 企业经营和融资决策。企业经营和融资决策分别影响其经营风险和财务风险，随着企业经营风险和财务风险增加或降低，投资者要求的报酬率及企业的资本成本也会同向变动。

4. 融资规模。当企业融资需求增加时，资本成本会上升。

（四）资本成本的计量方法和计算模式

1. 资本成本的计量方法。资本成本一般用相对数计量，即用年资本占用费占实际所融资本额的比率计量资本成本，通常按年计算。

2. 资本成本的计算模式。根据是否考虑货币时间价值，个别资本成本的计算分为一般模式和折现模式。

一般模式未考虑货币的时间价值，一般模式的计算公式如下：

$$资本成本 = \frac{年资本占用费}{融资净额} = \frac{年资本占用费}{融资总额 - 资本筹集费}$$

$$= \frac{年资本占用费}{融资总额 \times (1 - 融资费用率)}$$

3. 折现模式。折现模式考虑了货币的时间价值。资本成本为使负债的未来还本付息支出或股权的未来股利支出的现值与目前融资净额相等的折现率。即：

由：　　　　　　　未来还本付息额或股利的现值 = 融资净额现值

得：　　　　　　　　　　　资本成本 = 折现率

学习时要注意：如果融资的期限比较短，可以不考虑时间价值，但如果是长期融资，一般应考虑时间价值，采用折现模式计算资本成本。

二、资本成本的确定

（一）个别资本成本的计算

个别资本成本是指各种长期资金的成本，包括长期借款资本成本、公司债券资本成本、优先股资本成本、普通股资本成本和留存收益资本成本等。

1. 长期借款资本成本（Cost of Long-term Loan）。长期借款资本成本包括借款手续费和借款利息。由于利息支出在税前支付，具有抵减所得税的作用，计算借款的资本成本必须是其税后成本。

（1）一般模式。长期借款资本成本按一般模式计算如下：

$$K_L = \frac{I \times (1-T)}{L \times (1-F)} \times 100\% = \frac{i \times (1-T)}{1-F} \times 100\%$$

如果长期借款的融资费比较低，可以忽略不计的话，公式可以简化为：

$$K_L = i \times (1-T)$$

即长期借款资本成本为税后借款利率。

（2）折现模式。如果考虑时间价值，长期借款资本成本计算公式如下：

$$L \times (1-F) = I \times (1-T) \times (P/A, K_L, n) + L \times (P/F, K_L, n)$$

2. 公司债券资本成本（Cost of Corporate Bond）。公司债券资本成本包括债券的发行费用和债券利息。应该按照债券的实际发行价格确定其融资额。

（1）一般模式。公司债券资本成本按一般模式计算如下：

$$K_B = \frac{I \times (1-T)}{B \times (1-F)} \times 100\%$$

（2）折现模式。公司债券资本成本按折现模式计算如下：

$$B \times (1-F) = I \times (1-T) \times (P/A, K_B, n) + B \times (P/F, K_B, n)$$

公司债券资本成本的计算方法与长期借款资本成本的计算方法基本相同，只是由于公司债券的发行价格存在溢价、平价、折价三种情况，融资额应该按照实际发行价格确定。

3. 优先股资本成本（Cost of Preferred Stock）。优先股资本成本包括股票的发行费用和企业向股东定期支付的固定股利。由于股利是在税后支付，不能抵减所得税。结合优先股的估价模型并考虑融资费用，优先股资本成本的计算公式如下：

$$K_p = \frac{D_P}{P_0 \times (1-F)} \times 100\%$$

4. 普通股资本成本（Cost of Common Equity）。普通股资本成本包括股票的发行费用和企业向股东发放的股利，且股利在税后支付，不能抵减所得税。假定企业的股利以固定的年增长率递增，普通股资本成本的计算公式如下：

$$K_e = \frac{D_1}{P_0 \times (1-F)} + g$$

5. 留存收益资本成本（Cost of Retained Earnings）。留存收益资本成本是股东再投资的机会成本。其计算方法有三种：

（1）折现现金流量法。留存收益资本成本的计算与新发行普通股类似，只是不考虑发行费用。假定企业发放的股利以固定的年增长率递增，留存收益资本成本的计算公式如下：

$$K_s = \frac{D_1}{P_0} + g$$

（2）资本资产定价模型法。可以利用资本资产定价模型公式计算留存收益资本成本，计算公式如下：

$$K_s = R_s = R_F + \beta \times (R_M - R_F)$$

（3）债券收益率加风险溢价法。普通股股东要求的最低报酬率应该是在债券报酬率（税后债务资本成本）的基础上要求一定的风险溢价。所以，留存收益资本成本可以计算如下：

$$K_s = 税后债务资本成本 + 风险溢价$$

公式中的风险溢价一般根据市场风险程度主观确定（3% ~ 5%）。

需要注意的是：权益融资的资本成本一般高于负债融资，原因之一是负债的利息可以税前扣除，而股票的股利是在税后支付。

由于不考虑发行成本，留存收益的成本应低于新发行普通股的成本。

学习时要注意各种个别资本成本计算上的差异，特别注意哪些个别资本成本可以抵税，哪些不能抵税，要能区分影响个别资本成本的因素，掌握其计算技巧与应用。

（二）加权平均资本成本

1. 加权平均资本成本（Weighted Average Cost of Capital）计算模型的假设。主要包括：

假设一：新项目与企业当前的资产具有相同的经营风险；

假设二：新项目的融资结构（债务与股权资本组合）与企业当前的资本结构相同，也就是说新项目的实施不会改变企业当前的财务风险；

假设三：企业的股利支付率保持不变。

2. 加权平均资本成本的确定。加权平均资本成本是全部资金来源的综合资本成本，其计算公式如下：

$$K_W = \sum_{i=1}^{n} W_i \times K_i$$

特别说明的是：计算加权平均资本成本时，负债的资本成本采用的是税后资本成本。

3. 权重的确定。一般而言，计算加权平均资本成本时权重的确定有三种方法：账面价值法、市场价值法和目标价值法。

（三）边际资本成本

1. 融资规模与资本成本。企业无法以某一固定的资本成本来筹措无限的资金，当其筹集的资金超过一定限度时，原来的资本成本就会增加。所以，企业在追加融资时，需要知道在什么数额上融资额会引起资本成本的变化，其变化幅度又是怎样的。

2. 边际资本成本（Marginal Cost of Capital）。边际资本成本是指资金每增加一个单位而增加的成本。边际资本成本也是按加权平均法计算的，是追加融资时所使用的加权平均成本。

学习时要注意理解边际资本成本的含义，其本质是在目前基础上增加融资的资本成本，而不是新增全部资金的实际成本。

边际资本成本的计算步骤可总结如下：

（1）计算确定个别资本成本。

（2）确定每项资金来源的权重。

（3）计算融资分界点。融资分界点是指在保持某一特定资本成本不变的条件下可以筹集到的最大融资额。融资分界点的计算公式如下：

$$融资分界点 = \frac{可按某一特定资本成本筹集的最大资本额}{该种资本在融资总额中的比重}$$

这里介绍的融资分界点是用融资总额表示的，而不是用每一种融资方式的个别融资额表示。

（4）计算边际资本成本。

（5）绘制投资项目与融资规模分析图。

三、资本成本风险调整

（一）风险与资本成本

如前所述，资本成本是企业融资决策、投资决策的一个关键因素。只有当且仅当项目的估计报酬率超过估计资本成本时，项目才可能被接受。所以，正是由于这个原因，资本成本有时被称作"门槛比率"（Threshold Ratio）——项目的报酬率必须"跨越门槛"，项目才会被接受。

众所周知，投资者投资时面临的风险不同，其要求的报酬率也不同。投资者对高风险的投资往往要求较高的回报率。因此，一个投资高风险项目的企业筹集资本的资本成本，一般要比投资于较低风险项目企业的资本成本更高。

（二）资本成本风险调整：资本资产定价模型

为了更加准确地计量资本成本，一般可采用资本资产定价模型来估计风险调整的资本成本。

利用资本资产定价模型调整资本成本风险的关键在于如何确定各个项目的贝塔系数，在前述章节，我们讨论了股票贝塔系数的估计方法，并且指出了估计贝塔系数时所面临的困难。对于项目贝塔系数的估计更加困难，因为不同项目的不确定性是不同的。一般而言，可以采用两种方法估计贝塔系数——单一业务法和会计贝塔法。

1. 单一业务法（Pure Play Method）。先找出若干个与所计算项目属于同一行业领域的几家单一产品的厂商，然后将这些厂商的贝塔系数进行平均，以确定项目的资本成本。

2. 会计贝塔法（Accounting Beta Method）。贝塔系数可以通过特定企业股票报酬率对股票市场指数报酬率的回归来求解，也可以通过企业资产的会计报酬率与大样本企业资产平均报酬率的回归来求解。用这种方法确定的贝塔系数称为会计贝塔系数（即用会计数据而不是股票市场数据求得的贝塔系数）。

　　资本成本风险调整是本章的难点，学习时要结合前述章节有关风险与报酬基本原理等内容，根据教师讲课内容、结合教材案例分析理解后掌握。

练习与思考

客 观 题

一、单项选择题

1. 从资本成本的计算与应用价值角度看，资本成本属于（　　　）。

　　A. 实际成本　　　　　　　　　　B. 标准成本

　　C. 沉没成本　　　　　　　　　　D. 机会成本

2. 下列关于资本成本的概念，表述错误的是（　　　）。

　　A. 资本成本是一种机会成本

　　B. 资本成本是指可以从现有资产获得的，符合投资者期望的最低报酬率

　　C. 任何投资项目的投资报酬率必须高于其资本成本

　　D. 在数量上资本成本等于企业为筹集和使用资金所付出的代价

3. 某公司希望在筹资计划中确定期望的加权平均资本成本，为此需要计算个别资本所占的比重。此时比较适宜的计算基础是（　　　）。

　　A. 目前账面价值　　　　　　　　B. 目标市场价值

　　C. 目前市场价值　　　　　　　　D. 预计账面价值

4. 某公司经批准平价发行优先股股票，筹资费用率和年股息率分别为5%和9%，则优先股资本成本为（　　　）。

　　A. 9.47%　　　　　　　　　　　　B. 5.71%

　　C. 5.49%　　　　　　　　　　　　D. 5.26%

5. 某公司增发的普通股市价为每股12元，本年发放每股股利0.6元，同类股票的预计报酬率为11%，则维持此股价需要的股利年增长率为（　　　）。

　　A. 5%　　　　　　　　　　　　　B. 5.71%

　　C. 6.79%　　　　　　　　　　　　D. 10.34%

6. 某企业的税前债务资本成本为10%，所得税税率为25%，股东比债权人承担更大风险所要求的风险溢价为5%，则该企业的权益资本成本为（　　　）。

　　A. 10%　　　　　　　　　　　　　B. 7.5%

　　C. 12.5%　　　　　　　　　　　　D. 15%

7. 在个别资本成本计算中，不用考虑资本筹集费影响因素的是（　　　）。

　　A. 长期借款资本成本　　　　　　B. 公司债券资本成本

　　C. 留存收益资本成本　　　　　　D. 普通股资本成本

8. 某公司拟增发普通股，发行价为每股6元，公司上年的股利为每股0.84元，预

计股利每年增长 5%，所得税税率 25%，则该普通股的资本成本为（　　）。

    A. 9.87%　　　　　　　　　　B. 14.74%

    C. 16.84%　　　　　　　　　　D. 19.70%

9. 某公司负债市场价值为 35 000 万元（与账面价值一致），股东权益市场价值为 65 000 万元。债务平均利率为 8%，所得税税率为 25%，国债利率为 3%，β 系数为 1.41，市场风险溢价 9.2%，则加权平均资本成本为（　　）。

    A. 10.46%　　　　　　　　　　B. 11.84%

    C. 12.48%　　　　　　　　　　D. 14.48%

10. 一般而言，企业资本成本最高的融资方式是（　　）。

    A. 公司债券　　　　　　　　　　B. 长期借款

    C. 普通股　　　　　　　　　　D. 优先股

11. 某公司发行票面总价值为 1 000 万元，票面利率为 10%，期限为 4 年的公司债券。债券预计融资总额为 991.02 万元，发行费用率为 4%，所得税税率为 25%，则按折现模式计算的债券资本成本为（　　）。

    A. 9.97%　　　　　　　　　　B. 9%

    C. 8.74%　　　　　　　　　　D. 8%

12. 某公司发行债券，债券面值为 100 元，票面利率 6%，每年付息一次，到期还本，债券发行价 101 元，筹资费为发行价的 2%，公司所得税税率为 25%，则按一般模式计算的债券资本成本为（　　）。

    A. 4.06%　　　　　　　　　　B. 4.25%

    C. 4.55%　　　　　　　　　　D. 4.12%

13. 企业债务成本过高时，下列方式中不利于降低债务成本的是（　　）。

    A. 偿还长期债务，发行新股　　　B. 进行股票回购

    C. 利用留存收益偿还债务　　　　D. 将可转换债券转换为普通股

14. 下列各项中，通常不会导致企业资本成本增加的是（　　）。

    A. 通货膨胀加剧　　　　　　　　B. 投资风险上升

    C. 经济持续过热　　　　　　　　D. 证券市场流动性增强

15. 对于已经上市的债券来说，到期日相同的债券其到期收益率的不同是由于（　　）。

    A. 风险不同引起的

    B. 无风险利率不同引起的

    C. 风险不同和无风险利率不同共同引起的

    D. 票面利率不同引起的

二、多项选择题

1. 下列关于资本成本的说法中正确的有（　　）。

    A. 资本成本是企业为筹集和使用资金而付出的代价

    B. 资本成本是企业投资者对所投入资本的最低要求报酬率

    C. 资本成本的计算主要以年度的相对比率为计量单位

D. 资本成本可视为项目投资或者使用资金的机会成本

2. 在市场经济环境中，决定资本成本高低的因素有（　　）。

    A. 证券市场的流动性和价格波动性

    B. 资本市场上资本的供给与需求

    C. 预期通货膨胀水平

    D. 企业的融资规模

3. 影响企业加权平均资本成本的直接因素有（　　）。

    A. 资本结构　　　　　　　　B. 个别资本成本的高低

    C. 融资总额　　　　　　　　D. 融资期限

4. 资本成本的作用有（　　）。

    A. 选择资金来源、确定融资方案的依据

    B. 评价投资项目、决定投资取舍的标准

    C. 衡量企业经营成果的尺度

    D. 确定产品价格的依据

5. 企业在计算个别资本成本时，需要考虑所得税抵减作用的融资方式有（　　）。

    A. 银行借款　　　　　　　　B. 公司债券

    C. 优先股　　　　　　　　　D. 普通股

6. 在计算加权平均资本成本时，个别资本占全部资本的比重可以根据资本的（　　）确定。

    A. 账面价值　　　　　　　　B. 市场价值

    C. 内在价值　　　　　　　　D. 目标价值

7. 以下事项中，会导致公司加权平均资本成本降低的有（　　）。

    A. 因总体经济环境变化，导致无风险报酬率降低

    B. 公司固定成本占全部成本的比重降低

    C. 公司股票上市交易，改善了股票的市场流动性

    D. 发行公司债券，增加了长期负债占全部资本的比重

8. 以下说法中正确的有（　　）。

    A. 边际资本成本是追加筹资时所使用的加权平均资本成本

    B. 当企业筹集的各种长期资金同比例增加时，资本成本应保持不变

    C. 当企业缩小其资本规模时，无须考虑边际资本成本

    D. 企业无法以某一固定的资本成本来筹集无限的资金

9. 以下关于留存收益资本成本的说法中正确的有（　　）。

    A. 留存收益不存在资本成本问题

    B. 留存收益的资本成本是一种机会成本

    C. 留存收益资本成本的计算不考虑资本筹集费

    D. 留存收益资本成本相当于股东投资于某种股票所要求的必要报酬率

三、判断题

1. 资本成本的计算正确与否，通常会影响企业的融资决策，而不会影响投资决策。

（　　）

2. 资本成本是投资者对投入企业的资本所要求的最低报酬率，也可以作为判断投资项目是否可行的取舍率。

（　　）

3. 发行普通股没有固定的利息负担，所以，其资本成本较低。　　　　（　　）

4. 长期借款由于借款期限长、风险大，因此借款资本成本也较高。　（　　）

5. 在计算加权平均资本成本时，可以按照债券、股票的市场价格确定其所占全部资金的比重。

（　　）

6. 假定某种证券的流动性差或者市场价格波动大，对筹资者而言就要付出较高的融资代价。

（　　）

7. 如果考虑货币的时间价值，长期借款的税前资本成本是使借款未来还本付息支出与目前融资净额相等的折现率。

（　　）

8. 边际资本成本是企业在追加筹资时使用的加权平均资本成本。　（　　）

9. 可转换债券转换成普通股后，公司不再支付债券利息，因此加权平均资本成本将下降。

（　　）

10. 若债券利息率、筹资费率和所得税税率均已确定，则公司的债务资本成本与发行债券的价格无关。

（　　）

思　考　题

一、什么是资本成本？资本成本在财务决策中的作用如何？

二、结合当前资本市场，讨论分析影响资本成本的相关因素。

三、为什么说留存收益是存在资本成本的？举例说明。

四、为什么在计算加权平均资本时运用边际权重很重要？

五、在什么情况下采用加权平均资本成本作为接受标准是合适的？

六、如何应用边际资本成本？

七、对资本成本的风险如何进行调整？在实务中怎样运用单一业务法和会计贝塔法估计贝塔系数。

计算分析题

练　习　一

〔**目的**〕练习个别资本成本计算的基本原理。

〔**资料**〕

1. 宏达公司溢价发行期限为 5 年、票面利率为 10%、面值为 100 元的债券 1 000 万元，实际发行价格为 110 元，筹资费用率为 5%，公司所得税税率为 25%。债券每年末支付当年利息。

2. 得利公司向银行借入 5 年期借款 800 万元，借款年利率为 12%，借款手续费率为 0.2%，公司所得税税率为 25%。

3. 远达公司按面值发行 1 000 万元优先股，筹资费用率为 3%，年股利率为 11%，公司所得税税率为 25%。

4. 新利公司发行普通股股票 2 000 万元，筹资费用率为 6%，第一年股利率预计为 12%，同时预计股利每年增长 2%，公司所得税税率为 25%。

5. 月新公司留存收益为 100 万元，上一年公司对外发行普通股的股利为 12%，预计股利每年增长率为 3%。

〔要求〕

1. 计算宏达公司债券资本成本；
2. 计算得利公司银行借款资本成本；
3. 计算远达公司优先股资本成本；
4. 计算新利公司普通股资本成本；
5. 计算月新公司留存收益资本成本。

练 习 二

〔目的〕练习个别资本成本和加权平均资本成本的计算。

〔资料〕新元公司拟融资 5 000 万元，其中按面值发行债券 2 000 万元，票面利率为 10%，筹资费用率 2%；平价发行优先股 800 万元，年股利率为 12%，筹资费用率为 3%；发行普通股 2 200 万元，筹资费用率为 5%，预计第一年股利率为 12%，以后每年按 4% 递增，公司所得税税率为 25%。

〔要求〕

1. 计算债券资本成本；
2. 计算优先股资本成本；
3. 计算普通股资本成本；
4. 计算加权平均资本成本。

练 习 三

〔目的〕练习权益资本成本的计算。

〔资料〕森达公司预期本年度的现金股利为每股 2.16 元，股利的年增长率预计为 8%，目前其普通股每股市价为 40 元。如果森达公司目前发行新普通股，每发行 1 股新股，仅能收到 38 元。

〔要求〕

1. 计算森达公司的发行成本率。
2. 计算森达公司新发行普通股的资本成本。

练 习 四

〔目的〕练习边际资本成本的计算。

〔资料〕森达公司预期下一年度可以实现 2 500 万元的净利润，其股利支付率为 40%，资产负债率为 50%。此外，公司未发行任何优先股。

〔要求〕

1. 试问，森达公司下一年度的预期留存收益为多少？

2. 假定森达公司因规模扩张需要进行融资，试问，当森达公司的融资总额等于多少时，在它的边际资本成本表中会出现第一个融资分界点？

3 如果森达公司的借款额不超过 1 000 万元，其借款利率为 8%，超过 1 000 万元而不超过 2 000 万元的部分，借款利率为 9%，借款额超过 2 000 万元时，超过部分的借款利率为 10%。试问，在负债成本变动的影响下，森达公司的边际资本成本表中会产生多少个负债融资分界点，而这些分界点所代表的融资总额又分别是多少？

练 习 五

〔目的〕练习加权平均资本成本的计算。

〔资料〕新好公司目前资本结构中负债、优先股和普通股的比例分别为 35%、15% 和 50%，该资本结构下的负债税后资本成本为 7%，优先股的资本成本为 10%，普通股的资本成本为 13%。公司的财务顾问建议将负债、优先股和普通股的比例变更为 60%、5% 和 35%，在此新的条件下，负债的税后资本成本为 8.8%，优先股的资本成本为 10.5%，普通股的资本成本为 15.5%。

〔要求〕分别计算新好公司资本结构变更前后的加权平均资本成本。

练 习 六

〔目的〕练习加权平均资本成本的计算。

〔资料〕中远公司资本结构如下：

负债	35%
优先股	10%
普通股	55%

其他资料

公司债券票面利率	11%
市场利率	13%
普通股预期今年每股股利	3 元
优先股股利	10 元
普通股每股市价	50 元
优先股每股市价	98 元
普通股股利年增长率	8%
公司所得税税率	25%

〔要求〕根据上述资料，计算该公司加权平均资本成本。

练 习 七

〔目的〕练习个别资本成本和加权平均资本成本的计算。

〔资料〕东方公司正在研究一项生产能力扩张计划的可行性，需要对资本成本进行估计。估计资本成本的有关资料如下：

1. 公司现有长期负债：面值 100 元，票面利率 12%，每半年付息的不可赎回债券；该债券还有 5 年到期，当前市价 105.12 元；假设新发行长期债券时采用私募方式，不用考虑发行成本。

2. 公司现有优先股：面值 100 元，股息率 10%，每年付息的永久性优先股。其当前市价 116.79 元。如果新发行优先股，需要承担每股 2 元的发行成本。

3. 公司现有普通股：当前市价 50 元，最近一次支付的股利为 4.19 元/股，预期股利的永续增长率为 5%，该股票的贝塔系数为 1.2。公司不准备发行新的普通股。

4. 资本市场：国债收益率为 7%；市场平均风险溢价估计为 6%。

5. 公司所得税税率：25%。

〔要求〕

1. 使用折现模式计算公司债券的税后实际资本成本；

2. 计算优先股资本成本；

3. 运用资本资产定价模型法和折现现金流量法两种方法分别计算普通股资本成本，并以两者的平均值作为普通股资本成本；

4. 假设目标资本结构是 30% 的公司债券、10% 的优先股、60% 的普通股，根据以上计算得出的公司债券资本成本、优先股资本成本和普通股资本成本估计公司的加权平均资本成本。

练 习 八

〔目的〕练习个别资本成本和加权平均资本成本的计算与应用。

〔资料〕新远公司正在着手编制明年的融资计划，公司财务主管请你协助计算其加权平均资本成本。有关信息如下：

1. 银行借款利率现在为 9%，明年预计下降为 8.93%；

2. 公司债券面值 1 元，票面利率为 8%，期限为 10 年，按年付息，当前市价为 0.85 元，如果按债券当前市价发行新的债券，发行成本为市价的 4%；

3. 公司普通股面值 1 元，当前每股市价为 5.5 元，本年派发现金股利 0.35 元，预计每股收益年增长率维持在 7%，并保持 25% 的股利支付率；

4. 公司当前（本年）的资本结构为：银行借款 150 万元，长期债券 650 万元，普通股 400 万元，留存收益 420 万元；

5. 公司所得税税率为 25%；

6. 公司普通股的 β 值为 1.1；

7. 当前国债的利率为 5.5%，市场上普通股平均收益率为 13.5%。

〔**要求**〕

1. 计算银行借款的税后资本成本；

2. 计算债券的税后资本成本；

3. 分别使用折现现金流量法和资本资产定价模型法估计股权资本成本，并计算两种结果的平均值作为股权资本成本；

4. 如果仅靠内部融资，明年不增加外部融资规模，计算其加权平均资本成本。

案　例

案　例一

海天电脑公司目前的资本总额为 1 600 万元，其中，公司债券和普通股各为 800 万元。公司债券的年利率为 10%。普通股每股面值为 1 元，共发行了 80 万股，发行价格为 10 元，目前市场价格亦为 10 元，今年期望股利为每股 1 元，预计股利以后每年增加 5%。公司适用的所得税税率为 25%。

为适应高科技市场发展的需要，急需筹措资金 400 万元以开发新的软件，满足电脑网络发展的要求。公司总经理李总责成财务部门拿出筹资方案，以供董事会研究讨论，做出决定。

财务处沈处长马上召开全体财务人员工作会议，要大家根据公司现有的资金结构状况进行讨论，制订一套最佳筹资方案。

资历较深的财务主管张经济师说："目前我国金融市场发展很快，企业筹资渠道很多，像发行股票、债券等，因此我们的选择余地很大，但我们要考虑的应该是哪种筹资方式最便宜，为我们企业节约资金。"

刚大学毕业参加工作不长时间的小高接着说："张经济师说得对，哪种筹资方式最便宜，就是哪种筹资的资本成本最低，企业的资本结构最佳。在理论上，企业有其最佳的资本结构，许多著名的资本结构理论如美国著名的财务管理学家莫迪格莱尼和米勒创建的 MM 理论，已证实了这一点。我们可以理论联系实际，尽可能地制订多种筹资方案，然后比较各种方案的加权平均资本成本，成本低的方案肯定就是最好的。"

沈处长总结说："大家就按这样的思路先制订几套方案以供选择。"

于是大家根据企业目前资本结构状况和对市场的分析预测提供如下三种方案：

甲方案：发行债券 400 万元，因负债增加，投资者风险加大，债券利率应增至 12% 才能发行，预计普通股股利不变，但由于风险加大，普通股市价会降至每股 8 元。

乙方案：发行债券 200 万元，年利率 10%；发行股票 20 万股，每股发行价为 10 元，预计普通股股利不变。

丙方案：发行普通股股票 36.36 万股。

（资料来源：http：//www.manaren.com）

讨论：

根据上述资料，请你就海天公司资本成本问题进行分析，并指出确定资本成本时需要考虑哪些因素。

案例二
科勒曼技术公司：资本成本分析

科勒曼（Coleman）技术公司正考虑一个由公司的信息技术小组建议的重要扩张项目。在进行扩张之前，公司需要估计它的资本成本。假设你是公司财务副总裁杰瑞·里曼（Jerry Lehman）的助手，你的首要任务是估计 Coleman 技术公司的资本成本。Lehman 给你提供了他认为与你的任务有关的下列数据：

1. 公司的税率为 40%。

2. 科勒曼技术公司的利率为 12%，每半年支付的不可提前偿还的债券还有 15 年到期，现行市价为 1 153.72 美元。科勒曼技术公司没有使用永久的短期付息债券。新的债券可以私下筹集，没有发行成本。

3. 公司发行的利率为 10%、按季度支付股利、面值为 100 美元的永久优先股的现行市价为 111.10 美元。

4. 科勒曼技术公司的普通股的现行市价为每股 50 美元。它最近的股利为 4.19 美元/股，在可以预见的未来股利预期以 5% 的固定比率增长。科勒曼技术公司的贝塔系数值是 1.2，国库券利率为 7%，市场的风险溢价估计是 6%。在债券收益率加风险溢价法中，公司使用 4% 的风险溢价。

5. 科勒曼技术公司目标资本结构为 30% 的长期债务、10% 优先股和 60% 的普通股。

为了完成任务，里曼向你提出下列问题：

（1）①你在估计科勒曼技术公司的加权平均资本成本时应该考虑哪些资本来源？
②各要素的资本成本应该在税前还是在税后计算？
③成本应该是历史（固有的）成本还是新（边际）成本？

（2）科勒曼技术公司债务的市场利率和债务要素资本成本分别是多少？

（3）①科勒曼技术公司的优先股资本成本是多少？
②科勒曼技术公司的优先股对于投资者来说风险要高于其债务，但优先股的收益率低于债务的收益率。这是否意味着出现了错误？（提示：考虑税收。）

（4）①这里是否有与留存收益相关的资本成本？
②科勒曼技术公司用资本资产定价模型法估计的普通股权益资本成本是多少？

（5）利用贴现现金流量法估计的普通股权益资本成本是多少？

（6）利用债券收益率加风险溢价法估计的科勒曼技术公司普通股权益资本成本是多少？

（7）留存收益资本成本的估计值是多少？

（8）用文字说明为什么新的普通股资本成本高于留存收益的资本成本。

（9）①有哪两种方法可用于说明发行成本？

②科勒曼技术公司估计如果发行新的普通股，发行成本将为15%。考虑发行成本，新发行普通股的资本成本是多少？

（10）如果忽略发行成本，科勒曼技术公司加权平均资本成本是多少？

（11）什么因素会影响科勒曼技术公司的加权平均资本成本？

（12）公司应该以加权平均资本成本作为每一个项目的最低报酬率吗？

（13）三种类型的项目风险是什么？如何利用每一种类型的风险？

（14）有什么方法可用于确定特定项目或部门的风险调整后的资本成本？有什么方法用于测量项目的贝塔系数值？

（15）科勒曼技术公司有兴趣建立一个新的分部，主要关注一个新的互联网项目。在确定这个新分部的资本成本时，你发现经营同样项目的独立企业一般具有以下特点：

①它们的资本结构为40%的负债和60%的普通股权益。

②它们的债务资本成本一般为12%。

③贝塔系数值为1.7。

根据这些信息，你可以估计新分部的资本成本吗？

（资料来源：［美］尤金·F. 布瑞翰、乔尔·F. 休斯顿：《财务管理基础》，东北财经大学出版社2004年版）

第三篇

战略投资决策

第七章

资本投资决策：现金流量估算

学 习 要 求

现金流量是进行资本投资决策的重要依据，任何项目决策的评价均离不开现金流量的评估与计算。通过本章学习，理解现金流量对资本预算决策的意义，熟悉现金流量的内容与构成，并能够根据项目相关数据资料进行现金流量的估算。

本章学习重点：现金流量含义与构成、确定现金流量考虑的因素、项目现金流量的计算。

本章学习难点：现金流量的构成、项目现金流量的估算。

本章学习指引：对于项目现金流量的掌握，关键要理解现金流量内涵与构成，同时要明确为什么项目投资决策的计算依据是现金流量而非会计利润。在此基础上掌握项目现金流量的估算方法。

学习思维导图

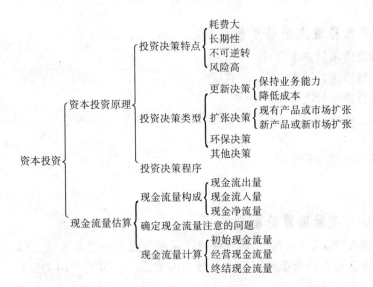

本章学习纲要

一、现金流量与资本投资决策

（一）资本投资决策内涵

资本投资决策（Capital Investment Decision）是一个评估和选择为实现企业价值最大化目标的投资过程，包括制订计划、设定目标和优先顺序、安排资金以及按照某种标准选择欲投资的长期资产。

与其他投资决策相比，资本投资决策具备如下特点：

1. 耗费大。
2. 长期性。
3. 不可逆转性。
4. 风险高。

（二）资本投资决策的分类

1. 更新决策：保持业务能力。
2. 更新决策：降低成本。
3. 扩张决策：现有产品或市场扩张。
4. 扩张决策：新产品或新市场的扩张。
5. 环保决策：安全以及环境项目。
6. 其他决策项目。

（三）资本投资决策基本程序

1. 资本投资项目方案设计。
2. 资本投资项目评价。
3. 资本投资项目决策选择。
4. 资本投资项目方案实施。

二、现金流量估算

（一）现金流量估算的重要性

进行资本投资决策的前提是估算项目预期现金流量，现金流量（Cash Flow）的估计是资本投资决策中最为重要同时也是最为困难的一件事情。因为投资的支出以及在项目运营期间每年的净现金流量，其中涉及许多变量，企业中的许多人和部门需要参与这个估算的过程。

（二）现金流量估算

1. 现金流量的构成。所谓现金流量，在投资决策中是指一个项目引起的企业现金流出和现金流入的数量。这里的"现金"是广义的现金，它不仅包括各种货币资金，还包括项目需要投入的非货币资源的变现价值。

（1）现金流出量（Cash Outflow）。现金流出量是指一项资本投资所引起的整个寿命期内所发生的现金支出的增加量。现金流出量具体包括：

①建设投资支出。主要包括固定资产的购入、建造、运输、安装、试运行等所需的现金支出，以及其他有关支出。

②净经营性营运资本投资。投资形成的生产经营能力投入使用时所发生的营运资本净额。

③所得税支出。

（2）现金流入量（Cash Inflow）。现金流入量是指一项投资引起的整个寿命期内所发生的现金收入的增加量。项目投资的现金流入量主要包括：

①经营现金流量（Operating Cash Flow）。经营现金流量是指项目投入使用后每年的营业收入扣除付现成本后所引起的现金增加量。

②固定资产残值净收入。残值净收入（Residual Value of Net Income）是指固定资产出售或报废时残值变价收入扣除清理费用后的净收入。

③垫支净经营性营运资本收回。

（3）现金净流量。现金净流量是指一定期间内现金流入量与现金流出量的差额。净现金流量可以按一年计算，也可以按整个项目的持续寿命来计算。当现金流入量大于现金流出量时，净现金流量为正值；反之，为负值。

现金流量估算是本章学习的重点和难点，阅读时要着重加强对项目投资现金流量构成内容的理解，而不能机械地记忆，要结合相关概念灵活运用，理解不同的投资决策方案其现金流量具体构成内容是不一样的。

2. 现金流量是资本投资决策的重要依据。理由：

（1）项目投资期内，现金净流量等于利润总额。在资本投资的整个投资期中，现金净流量总额等于利润总额。因此，现金净流量可以代替利润来评价投资项目。

（2）运用现金流量评价投资项目客观、公平。利润在各年的分布受折旧方法等人为因素的影响，而现金流量的分布不受这些人为因素的影响，可以保证评价的客观性。

（3）现金流量考虑了时间价值要求。现金流量能体现投资收入和支出的时间性，在资本预算决策分析中，使得应用货币时间价值进行动态的投资效果的综合评价成为可能。

3. 现金流量确定时注意的问题。主要包括：

（1）应当剔除沉没成本。

（2）不能忽视机会成本。

（3）要考虑项目的连带影响。

（4）要考虑对净营运资本的影响。

（5）项目现金流量不包含利息支出。

（6）现金流量的发生时间。

（三）资本投资项目现金流量确定

投资项目经营现金流量计算公式如下：

公式一：　　年经营现金流量＝营业现金收入－付现成本－所得税

公式二：　　　　年经营现金流量＝税后利润＋折旧

＝税前利润＋折旧－所得税

公式三：　　年经营现金流量＝营业现金收入×（1－税率）－付现成本

×（1－税率）＋折旧×税率

＝（营业现金收入－付现成本）×（1－税率）

＋折旧×税率

学习时要重点分析与评价影响项目现金流量的相关因素，在此基础上熟练掌握项目现金流量的计算公式和原理以及注意的相关问题，并且能够根据不同投资项目案例资料进行分析确定。

练习与思考

客　观　题

一、单项选择题

1. 某设备原值 60 000 元，税法规定残值率为 10%，最终报废残值 5 000 元，公司所得税税率 25%，则该设备最终报废由于残值带来的现金流入量是（　　）。

A. 5 000 元 　　　　　　　　　　B. 5 250 元

C. 5 450 元 　　　　　　　　　　D. 6 000 元

2. 某公司于 2022 年拟投资一项目，经专家论证总投资需要 500 万元，并已经支付咨询费 50 000 元，后因费用紧张项目未如期实施，2015 年拟重新上马，那么已经发生的咨询费从性质上属于（　　）。

A. 相关成本 　　　　　　　　　　B. 重置成本

C. 沉没成本 　　　　　　　　　　D. 特定成本

3. 一个公司"当期的营业性现金净流入量等于当期的净利润加折旧之和"，则意味着（　　）。

A. 该公司不会发生偿债危机

B. 该公司当期没有分配股利

C. 该公司当期的收入全部为现金收入

D. 该公司当期的营业成本与费用除折旧外都是付现费用

4. 某公司现有一栋厂房，账面原值 500 万元，已经计提折旧 180 万元，目前市场价值 400 万元，如果利用该厂房兴建安装一条生产线，应（　　　）。

　　A. 以 500 万元作为投资分析的机会成本考虑

　　B. 以 320 万元作为投资分析的机会成本考虑

　　C. 以 400 万元作为投资分析的机会成本考虑

　　D. 以 180 万元作为投资分析的沉没成本考虑

5. 计算投资项目现金流量时，一般不考虑的因素是（　　　）。

　　A. 可能的未来成本　　　　　　　　B. 各项目的差额成本

　　C. 有关的重置成本　　　　　　　　D. 动用现有资产的实际成本

6. 在进行投资项目评价时，投资者要求的风险报酬率取决于该项目的（　　　）。

　　A. 系统风险　　　　　　　　　　　B. 特有风险

　　C. 经营风险　　　　　　　　　　　D. 财务风险

7. 某公司已经投资 50 万元用于一设备制造，但它不能使用；又决定再投资 50 万元，但仍然不能使用。如果决定再投资 60 万元，应该有成功的把握，并且取得现金流入至少为（　　　）。

　　A. 60 万元　　　　　　　　　　　　B. 100 万元

　　C. 160 万元　　　　　　　　　　　　D. 40 万元

8. 某公司拟新建一车间用以生产甲产品，预计甲产品投产后每年可创造 100 万元的收入。但公司原生产的 M 产品因此会受到影响，使其年收入由原来的 200 万元，降低到 180 万元。则与新建车间相关的现金流量是（　　　）。

　　A. 20 万元　　　　　　　　　　　　B. 80 万元

　　C. 100 万元　　　　　　　　　　　　D. 120 万元

9. 某投资方案年营业现金收入 10 万元，年营业总成本 6 万元，其中年折旧 1 万元，所得税税率 25%，该方案每年营业现金净流量是（　　　）。

　　A. 37 500 元　　　　　　　　　　　B. 40 000 元

　　C. 57 500 元　　　　　　　　　　　D. 60 000 元

10. 某公司现有一台设备账面价值为 50 000 元，变现价值 55 000 元，公司拟继续使用该设备，但由于物价上涨，估计需要增加经营性流动资产 8 000 元，同时增加经营性负债 5 000 元，公司所得税税率 25%，则继续使用该设备的初始现金流出量是（　　　）。

　　A. 55 000 元　　　　　　　　　　　B. 56 750 元

　　C. 57 250 元　　　　　　　　　　　D. 58 000 元

11. 某公司年末正在考虑出售一台闲置设备。该设备于 8 年前以 40 000 元购入，税法规定折旧年限 10 年，直线法折旧，预计净残值率 10%，已提折旧28 800 元。目前变现价值 10 000 元，公司所得税税率 25%，则出售该设备对本期现金流量的影响是（　　　）。

A. 增加 10 300 元   B. 增加 11 200 元

C. 减少 12 000 元   D. 减少 300 元

12. 在计算投资项目的未来现金流量时，报废设备的预计净残值为 12 000 元，按税法规定计算的净残值为 14 000 元，所得税税率 25%，则设备报废引起的预计现金流入量为（　　）。

A. 12 500 元   B. 9 000 元

C. 10 500 元   D. 14 500 元

13. 在计算项目现金流量时，若某年取得的净残值收入大于税法规定的净残值时，正确的处理方法是（　　）。

A. 只将两者差额作为现金流量

B. 仍按预计的净残值作为现金流量

C. 按实际净残值减去两者差额部分所补缴的所得税差额作为现金流量

D. 按实际净残值加上两者差额部分所补缴的所得税差额作为现金流量

二、多项选择题

1. 某公司拟于 2023 年初新建一生产车间用于某新产品的开发，则与该投资项目有关的现金流量有（　　）。

A. 需要购置新生产线价值 200 万元，同时垫付 50 万元流动资金

B. 利用现有的库存材料，该材料目前市场价格为 20 万元

C. 车间建在距离总厂 20 公里外的 5 年前已经购买的土地上，该土地若不使用可以以 500 万元价值出售

D. 4 年前公司曾经支付 10 万元咨询费邀请专家论证过该项目

2. 关于投资项目评价说法中正确的有（　　）。

A. 项目投资决策应该首先估计现金流量

B. 与项目投资相关的现金流量必须是能使企业总现金流量变动的部分

C. 在投资有效期内，现金净流量可以取代利润作为评价净收益的指标

D. 投资分析中现金流动状况与盈亏状况同等重要

3. 在计算投资项目增量现金流量时，所谓应该考虑净营运资金的需要不是指（　　）。

A. 流动资产与流动负债之差

B. 增加的流动资产与增加的流动负债之差

C. 减少的流动资产与减少的流动负债之差

D. 增加的流动负债与增加的流动资产之差

4. 在考虑所得税因素后，有关计算营业现金流量的公式有（　　）。

A. 营业现金流量 = 营业现金收入 − 付现成本 − 所得税

B. 营业现金流量 = 税后现金收入 − 税后付现成本 + 折旧节税

C. 营业现金流量 = 税后净利 + 折旧

D. 营业现金流量 =（营业现金收入 − 付现成本）×（1 − 税率）+ 折旧 × 税率

5. 项目投资下列说法中不正确的有（　　）。

A. 项目投资决策应重点估计利润

B. 与项目投资相关的现金流量必须是企业的现金流量总额

C. 在投资有效期内，现金净流量可以取代利润作为评价净收益的指标

D. 投资分析中现金流动状况与盈亏状况同等重要

6. 在以实体现金流量为基础计算项目评价指标时，下列各项中不属于项目投资需考虑的现金流出量的有（   ）。

A. 利息

B. 垫支流动资金

C. 经营成本

D. 归还借款的本金

7. 与财务会计使用的现金流量表中的现金流量相比，项目投资决策所使用的现金流量的特点有（   ）。

A. 只反映特定投资项目的现金流量

B. 只反映某一会计年度的现金流量

C. 只反映经营活动的现金流量

D. 所依据的数据是预计信息

8. 下列关于相关成本的论述，正确的有（   ）。

A. 相关成本是指与特定决策有关，在分析评价时必须加以考虑的成本

B. 预计成本、重置成本、机会成本等都属于相关成本

C. M 设备可按 3 200 元出售，也可对外出租且未来 3 年内可获租金 3 500 元，该设备是 3 年前以 5 000 元购置的，故出售决策的相关成本为5 000 元

D. 如果将非相关成本纳入投资方案的总成本，则一个有利（或较好）的方案可能因此变得不利（或较差），从而造成失误

9. 某公司正在开会讨论是否投产一种新产品，对以下收支发生争论，该公司以企业实体为背景确定项目对企业现金流量的影响，你认为不应列入该项目评价的现金流量有（   ）。

A. 新产品投产需要占用营运资金80 万元，它们可在公司现有周转资金中解决，不需要另外筹集

B. 该项目利用现有未充分利用的厂房和设备，如将该设备出租可获收益200 万元，但公司规定不得将生产设备出租，以防止对本公司产品形成竞争

C. 新产品销售会使本公司同类产品减少收益100 万元，如果本公司不经营此产品，竞争对手也会推出此新产品

D. 拟采用借债方式为本项目筹资，新债务的利息支出每年 50 万元

三、判断题

1. 投资项目决策评价中的现金流量，实际上就是指各种货币资金。（   ）

2. 对于投资项目而言，只有增量现金流量才是相关的现金流量。（   ）

3. 折旧之所以对投资决策产生影响，是因为折旧是一种非付现成本。（   ）

4. 项目投资的资金如果来源于负债资本，其支付的利息属于项目的现金流量。

（   ）

思 考 题

一、判断下列现金流量哪些是应在资本预算中考虑的现金流量？哪些应在预测机器的折旧基数时考虑？

1. 旧机器的市场价值是 4 000 元，仍在使用期限内，该投资决策是一项更新决策；

2. 需要在存货中额外投入 16 000 元；

3. 把新机器运回工厂需要 1 600 元运输费；

4. 新机器建筑水泥基座需要 2 000 元；

5. 训练机器操作人员需要 2 400 元。

二、在确定新投资项目的预期现金流量时，为什么过去的沉没成本应该被忽略？

三、某一微机制造商正在计算一新生产线的净现值，公司已向一家咨询公司支付了 80 000 元的市场测试分析费用，这项支出是去年发生的，它与当前管理层面临的资本预算决策是否相关？同时公司在 A 地有一处闲置房屋，公司打算将这种新型微机推向 A 地市场，并使用该房屋，那么该房屋和土地的成本是否应包含在新产品推向市场的成本中？

四、在估计现金流量时应考虑哪些关键性问题？

五、如何在投资决策中区别机会成本、沉没成本？

六、投资决策中每年产生现金流量的项目有哪些？

七、为什么营运资本被看作是项目投资的现金流出？

计 算 分 析 题

练 习 一

〔目的〕练习投资项目现金流量的计算。

〔资料〕东远公司拟进行一项目投资，该投资项目的相关资料如下：

1. 项目原始投资 650 万元，其中：固定资产投资 500 万元，流动资金投资 100 万元，其余为无形资产投资。全部投资的来源均为自有资金。

2. 该项目建设期为 2 年，经营期为 10 年。除流动资金投资在项目完工时（第 2 年年末）投入外，其余投资均于建设起点一次投入。

3. 固定资产的寿命期为 10 年，按直线法计提折旧，期满有 40 万元的净残值；无形资产从完工之日起分 10 年摊销完毕；流动资金于终结点一次收回。

4. 预计项目投产后，每年发生的相关营业收入（不含增值税）和经营成本分别为 380 万元和 129 万元，所得税税率为 25%；该项目不享受减免所得税的待遇。

〔要求〕

1. 计算该项目的下列指标：

①项目计算期；

②固定资产原值；

③固定资产年折旧；

④无形资产投资额；

⑤无形资产年摊销额；

⑥经营期每年总成本；

⑦经营期每年营业利润；

⑧经营期每年净利润。

2. 计算该项目的下列净现金流量指标：

①建设期各年的净现金流量；

②投产后 1～10 年每年的经营净现金流量；

③项目计算期期末回收额；

④终结点净现金流量。

练　习　二

〔目的〕练习投资项目现金流量计算。

〔资料〕远达公司投资 31 000 元购入一台设备，该设备预计无残值，可使用 3 年。税法规定按直线法折旧，折旧年限为 4 年，预计残值为 1 000 元。设备投产后每年销售收入增加额分别是 20 000 元、40 000 元、30 000 元，付现成本分别增加 8 000 元、24 000 元、10 000 元。公司所得税税率 25%，要求的最低报酬率 10%。目前公司年净利润为 40 000 元。

〔要求〕

1. 假设公司经营无其他变化，预测未来 3 年每年的净利润；

2. 计算该投资项目每年现金净流量。

练　习　三

〔目的〕练习投资项目现金流量计算。

〔资料〕大业公司正在评价一个新项目。该项目需要初始投资 2 100 万元，建成后可以运行 10 年，但公司可以在 7 年内按直线法提取全部折旧，预计期末没有残值。

项目开始前，公司已经投入调查研究费 100 万元。当项目进行初始投资时，需要花费 1 300 万元（税后）的市场推广费用，还需要投入营运资金 1 000 万元（其中 500 万元在第 4 年收回，剩余 500 万元在第 10 年收回）。项目建成后，可实现收入第 1 年为 1 400 万元，第 2 年为 1 700 万元，第 3～10 年每年为 1 900 万元，付现成本第 1 年为 800 万元，第 2～10 年每年为 400 万元。

本项目需要利用公司现有部分生产设施。如果这些设施出租，每年可以取得租金收入 100 万元（税前）。公司所得税税率为 25%。

〔要求〕

1. 计算项目初始现金流量；

2. 计算经营期内每年的现金流量；

3. 计算终结点的现金流量。

案　例

长发公司现金流量评估及资本预算案例

1999 年 1 月 10 日下午 2 点，长发股份有限公司董事长王强胜召开了公司投资委员会会议，会议的议题是关于是否生产一种新的电子产品——D 型产品。

长发股份有限公司是一家以生产电视机为主的电子企业，至 1999 年，公司的销售额比 1989 年提高 8 倍。在激烈的市场竞争和快速的技术更新面前，长发股份有限公司在过去的两年内投入资金开发了一种新的电子产品——B 型产品。B 型产品比公司现有的同类产品有明显的优点：

1. B 型产品存储能力强，容量可达 500 个；

2. B 型产品可与计算机相连，操作方便；

3. B 型产品外形流畅，时代感强。

参加会议的除董事长王强胜外，还有公司董事程树庭、张光塘，独立董事黄伟，负责新产品开发的总工程师成平，财务经理金耀和财务人员吴晓梅等人。

王强胜简短说明了会议议题后，便由总工程师成平介绍 B 型产品的开发和生产销售的预期状况。成平首先分析了新产品的成本和现金流（见表 7 - 1 和表 7 - 2），随后解释了这些数据的计算依据。

表 7 - 1　　　　**B 型产品项目现金流（不考虑对公司现有产品销售的影响）**　　　金额单位：元

年数	现金流量
1 ~ 5	300 000/年
6 ~ 10	400 000/年
11 ~ 15	450 000/年
16 ~ 20	350 000/年

表 7 - 2　　　　**B 型产品项目现金流（考虑对公司现有产品销售的影响）**　　　金额单位：元

年数	现金流量
1 ~ 5	250 000/年
6 ~ 10	300 000/年
11 ~ 12	350 000/年
13 ~ 15	250 000/年
16 ~ 20	300 000/年

B 型产品的初始成本包括 40 000 元的市场测试费用，这项活动是在南京地区进行的，已于去年 6 月结束。初始成本还包括 300 万元的专用设备和包装设备购置费。这些设备的预计使用寿命为 20 年，使用寿命期末没有残值。20 年的预计使用寿命假设符合公司制定的不考虑未来超过 20 年的现金流的投资原则，因为公司认为超过 20 年的预测"并不比瞎猜好多少"。财务经理金耀提醒说，不能直接采用表 7-1 和表 7-2 的现金流量数值，因为这些现金流入的一部分是挤占了公司现有主要产品——A 型产品的销售而获得的。金耀为此给出了调整后整个公司的增量现金流。公司独立董事黄伟发表意见，他认为公司生产 B 型产品是合适的，符合公司的发展战略，公司资金的机会成本为 10%。财务人员吴晓梅提出为什么在资本预算中没有考虑厂房设备成本，这是生产新产品必不可少的成本。成平回答说，因为 A 型产品的生产能力目前只利用了 65%，而这些设备也适合生产 B 型产品，因此，除了前面提到的专用设备和包装设备外，生产 B 型产品不必新建厂房和添置其他设备。据估计，生产 B 型产品只占公司现有生产能力的 15%。董事程树庭认为，这个项目利用了公司现有未充分利用的厂房和设备，相应应付出一些代价。他的理由是，如果把这部分闲置的厂房和设备租给外面的公司，公司将获得 200 万元的收益。另外，由于新产品与公司现有产品构成了竞争，应该将其视作外部项目。但他同时又承认，公司是严禁将生产设备出租的。董事张光塘指出，如果不对闲置设备收费，则公司可能会接受在通常状况下应拒绝的项目。财务经理金耀还询问新投资项目的运作是否考虑了营运资金的增加。成平回答说这个项目需要追加 220 000 元的营运资金，但是这些资金一直会在公司内部流动，因此没有包括在计算中。

讨论继续进行，问题主要集中在如何处理市场测试费和营运资金等方面。

（资料来源：吴应宇、陈良华主编：《公司财务管理》，石油工业出版社 2003 年版）

讨论：

1. 如果你处在财务人员的位置，你会把市场测试费包括在 B 型产品项目的现金流量中吗？

2. 你认为应如何处理营运资金？

3. 你认为使用公司现有闲置生产设备和厂房应交费吗？

4. 你会建议将挤占公司现有产品的市场和销售额包括在 B 型产品项目的现金流中吗？如果即使长发公司不推出 B 型产品，竞争对手也会推出相似的产品，会影响你的回答吗？

5. 如果采用借债方式为 B 型产品项目融资，该债务的利息支出应包括在现金流中吗？

第八章

资本投资决策：方法与应用

学 习 要 求

资本投资决策是企业财务管理中的重要内容之一。通过本章学习，熟悉并掌握净现值方法的计算原理与应用，熟悉并掌握内含报酬率方法的计算原理与应用，理解并掌握净现值与内含报酬率的比较分析，理解并掌握投资回收期、会计收益率等方法的计算原理，熟练运用相关评价指标进行投资项目决策案例分析与评价，为下章学习资本投资决策风险分析做好准备。

本章学习重点：资本投资决策各种评价方法的原理与应用；运用资本投资决策各种评价方法进行投资项目决策的评价；结合资本投资决策的现金流量分析进行投资项目扩张和更新决策的评价。

本章学习难点：净现值法、内含报酬率法的计算原理和比较；投资项目扩张决策分析；投资项目更新决策分析；平均年成本的计算与应用。

本章学习指引：资本投资决策方法与应用是本章学习的难点和重点。学习时，要结合老师的讲解，理解和掌握资本投资决策的各种评价方法的基本原理，尤其要注重对净现值法基本原理的理解，这是理解和掌握内含报酬率等其他方法的基础。在理解资本投资决策方法的基础上，进行投资项目的现金流量分析，结合企业资本投资实践做出投资项目扩张和更新决策。

学习思维导图

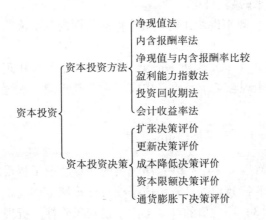

本章学习纲要

一、资本投资决策：原理与方法

（一）净现值

1. 基本原理。净现值（Net Present Value ，NPV）是指投资方案在项目有效期内，其未来的期望现金流量，按一定的折现率折算的现金流入现值减去全部现金流出现值后的差额。净现值的计算步骤如下：

（1）确定投资项目每年的现金流量，包括现金流入量和现金流出量。

（2）对项目的现金流量进行折现，计算净现值。

（3）如果净现值为正数，该投资项目的报酬率大于预定的折现率，项目可以接受；如果净现值为负数，该投资项目的报酬率小于预定的折现率，项目应被否决；如果两个有正净现值的项目是互斥的，则选择净现值高的项目。净现值（NPV）计算公式如下：

$$NPV = \sum_{t=0}^{n} \frac{CF_t}{(1+i)^t}$$

运用净现值评价和分析投资方案时要注意以下两点：第一，合理确定投资的必要报酬率；第二，要正确理解净现值的含义。净现值实际上是一项投资在实现其必要报酬率后多得报酬的现值，也可以看作是一项投资较要求所节省的投资资金额。

利用净现值进行投资决策时，对于独立方案，当投资方案的净现值为正时才能接受，反之则应拒绝；对于多个互斥方案，则应该选择净现值最大且为正的方案。如果一个项目的净现值等于0，说明该项目的现金流入现值恰恰回收了投资的成本现值，并提供了与企业要求的报酬率相等的报酬水平。如果净现值大于0，正的净现值所反映的是项目投资所带来的超额利润。

2. 复杂现金流。一般来讲，在整个资本投资周期内现金流往往是不均匀的，而且支出也可能不止一期。

3. 永续现金流（Perpetual Cash Flow）。有些投资不但每年现金流不相等，而且可能在时间上是连续产生现金流，实质上构成了永续现金流。永续年现金流净现值计算公式如下：

$$NPV = \frac{CF_i}{k - g} - I_0$$

净现值法主要具有以下优点：（1）净现值的计算考虑了货币时间价值，增强了投资经济性的评价。（2）净现值的计算考虑了项目计算期全部的现金流量，体现了流动性和收益性的统一。（3）净现值的计算考虑了投资风险性。折现率的大小和风险的大小有关，风险越大，折现率就越高，反之亦然。（4）净现值能明确地反映出从事一项投资会使企业增值（或减值）数额大小，正的净现值即表示企业价值的增加值。因此，净现值是一个广为推崇的投资评价指标。

净现值的计算虽然较简单，但学习时一定要真正理解净现值概念的内涵，特别要清楚计算净现值时选用的折现率不同（必要报酬率或资本成本），其财务决策的判别标准是不一样的。

（二）内含报酬率

1. 内含报酬率原理。内含报酬率（Internal Rate of Return，IRR）亦称内部收益率，是指能够使项目预期的现金流入量总现值等于项目投资成本（总现金流出）现值的折现率，或者说是使投资方案净现值为零的折现率。其计算公式如下：

$$NPV = \sum_{t=0}^{n} \frac{CF_t}{(1 + IRR)^t} = 0$$

根据投资的现金流入和现金流出的不同模式，内含报酬率的测算有两种方法：

（1）年金插补法。如果每期的现金流量相等，则投资的内含报酬率可以采用插值法计算。计算程序如下：

首先，计算投资寿命期内的年金现值系数：

$$年金现值系数（PV_{i,n}）= \frac{现金流出现值}{每年的现金净流量}$$

其次，根据求得的年金现值系数，查年金现值系数表，找出在相同期限内与所求年金现值系数相等或相近的系数值。若找到相等的年金现值系数，所对应的报酬率即为内含报酬率；若无恰好相等系数，则找出与所求年金现值系数相近的较大和较小的两个系数值。

最后，根据上述两个相近的系数值对应的折现率和已求得的年金现值系数，采用插值法计算出该投资方案的内含报酬率。

（2）逐次测试法。如果每期的现金净流量不相等，投资的内含报酬率就需要采用逐次测试法计算。计算程序如下：

首先，先预估一个报酬率，并按此报酬率计算投资的净现值。如果计算出的净现值为零，则此时所采用的折现率即为该项目的内含报酬率；如果计算出的净现值为正数，则表示估计的折现率小于该项目的实际内含报酬率，这时，应该提高折现率再进行测算；如果计算出的净现值为负数，则表明预估的折现率大于该方案的实际内含报酬率，应该降低折现率再进行测算。经过反复地测算，直到求出使净现值由正变负的两年相邻的折现率。

其次，根据上述邻近的两个折现率再采用插值法计算出该投资方案的内含报酬率。

应用内含报酬率法进行决策时，对于独立方案，当内含报酬率高于企业的投资必要报酬率时，则可接受该方案，否则就应拒绝该投资方案；对于多个可行的互斥方案进行决策时，应该选择内含报酬率最大的方案。

内含报酬率法的优点在于：①内含报酬率的计算考虑了货币时间价值，能从动态的角度直接反映投资项目的实际收益水平。②内含报酬率表示投资项目内在报酬率，所以能在一定程度上反映投资效率的高低，比较客观，易于理解。内含报酬率法的缺点主要表现在：①内含报酬率法的计算比较复杂，特别是投资项目每年现金流量不相等的情况下，需要经过多次测算才能求得。②当经营期内大量追加投资，项目的现金流量出现正负交替的时候，可能导致出现多个 IRR，从而使其缺乏实际意义。

内含报酬率是所有方法中比较难以理解的，学习时要结合老师的讲解，弄清楚为什么净现值等于零时的折现率称为内含报酬率。内含报酬率实际上就是指决策时在已知数据资料不变时项目投资所能给投资者带来的最低报酬率。理解内含报酬率与前面章节所学到的期望报酬率与必要报酬率之间的关系。

2. 修正的内含报酬率（MIRR）。根据内含报酬率的定义，现金流出与现金流入的关系可用下式表示：

$$现金流出现值 = 现金流入终值的现值$$

即：
$$\sum_{t=0}^{n} \frac{COF_t}{(1+K)^t} = \frac{\sum_{t=0}^{n} CIF(1+K)^{n-t}}{(1+MIRR)^n}$$

修正的内含报酬率与传统的内含报酬率相比，有一个显著的优点。传统的内含报酬率假定投资项目产生的现金流量按项目的内含报酬率再投资，而修正的内含报酬率假定项目所产生的现金流量按照资本成本率再投资。由于以资本成本率再投资假设更加合理，所以修正的内含报酬率是反映项目真实盈利能力的较好指标。

作为一个判断项目的"真实的"回报率或者"预期的长期回报率"的指标，修正的内含报酬率要优于传统的内含报酬率，但是在互斥项目间进行决策时，净现值法仍然是最好的方法，因为它最准确地计算出每个项目究竟能够增加多少企业价值。

学习时应思考为什么要对内含报酬率进行"修正"？在对内含报酬率修正后，其与内含报酬率之间的差异是什么？修正的内含报酬率是否能用于非常规项目的评价？

（三）净现值与内含报酬率比较

1. 净现值曲线。当企业分析和评价一个单一的、独立的及常规性投资方案的投资效益时，运用净现值法与内含报酬率法所得出的结论是一致的。这主要取决于以下三个假设：

第一，企业在进行投资决策分析与评价时，投资方案必须是单一型决策，或者采纳，或者拒绝，二者只能选其一。

第二，投资方案必须是独立的，即该方案的实施与否不影响其他投资方案。

第三，投资方案必须是常规性投资。也就是说，一项投资在一期或数期现金流出之后随之是数期现金流入（或者是先有现金流出后有现金流入）。

净现值曲线（Net Present Value Profile），是指反映投资项目不同资本成本（折现率）与净现值变化关系的曲线。

2. NPV 排序取决于资本成本。

3. 项目性质。项目性质是指投资项目属于独立项目还是互斥项目。

（1）独立项目。如果评估独立项目，那么 NPV 法和 IRR 法通常会得出相同的接受或者拒绝的决策：如果根据 NPV 标准是可以接受的，那么根据 IRR 标准也是可以接受的。

（2）互斥项目。假设项目甲和项目乙是相互排斥的，而不是相互独立的。也就是说，我们可以选择项目甲，或者项目乙，或者我们可以拒绝两个项目，但是我们不能同时接受两个项目。

有两个基本条件会造成 NPV 曲线相交，从而使得 NPV 方法和 IRR 方法的结论相冲突：①当存在项目大小（或规模）上的差别时，也就是一个项目的成本大于另一个项目的成本时；②当存在时间上的差异时，也就是从两个项目所获得的现金流量的时间不同，从而一个项目的现金流量更多地发生在早期年份，而另一个项目的现金流量更多地发生在晚期年份时。

NPV 方法的假定是：获得的现金流量将按照资本成本再投资，而 IRR 方法的假定是：公司可以按照内含报酬率再投资。最好的假定是项目的现金流量可以按照资本成本再投资。因此，我们的结论是：最好的再投资报酬率假定是再投资报酬率等于资本成本，这是与 NPV 方法相一致的。这反过来又告诉我们应该选择 NPV 方法，至少对于能够按照接近于目前资本成本获得资本的公司来讲应该如此。

我们需要重申，当项目独立的时候，NPV 方法和 IRR 方法会得出完全相同的接受或否定的结论。然而，在评估互斥项目时，特别是当这些项目在规模和时间上有差异时，应该采用净现值方法。

学习时要思考为什么运用净现值法与内含报酬率法对单一、独立及常规性投资方案所得出的结论是一致的，以及净现值法与内含报酬率法对互斥项目产生冲突的条件和原因。净现值曲线是解答这些问题的有益工具。

（四）盈利能力指数

盈利能力指数（Profitability Index，PI），亦称为现值比率、获利指数等，现值指数的计算公式如下：

$$PI = \frac{\sum\limits_{t=1}^{n} \dfrac{CF_t}{(1 + i)^t}}{CF_0}$$

运用盈利能力指数法进行经济决策时，一项资本投资的现值指数小于1，表明投资效益不能达到必要的报酬率水平；若等于1，表明其效益等于必要报酬率水平；盈利能力指数大于1，表明投资的效益高于投资的必要报酬率水平。运用盈利能力指数法选择投资方案的标准是，对于独立方案，投资的盈利能力指数大于等于1；对于互斥方案，应该选择盈利能力指数最大的方案。

（五）投资回收期

投资回收期（Pay-back Period，PP），是指一项投资的现金流入逐步累计至相等于现金流出总额，即收回全部原始投资所需要的时间。

一般来说，投资回收期越短，收回投资的速度越快，投资方案承担的风险越小；反之，投资回收期越长，收回投资的速度越慢，投资方案所承担的风险越大。根据年现金净流量是否相等，计算投资项目方案的回收期有两种计算方法：

（1）每年现金净流量相等。在资本预算中，如果项目每年的现金净流量相等，投资回收期的计算公式如下：

$$投资回收期（PP） = \frac{原始投资额}{每年的现金净流量}$$

（2）每年现金净流量不相等。如果资本预算项目每年的现金净流量不相等，投资回收期可按逐期累计现金净流量计算，当累计现金净流量与原始投资达到相等时所需的时间，即为投资回收期。

利用回收期法进行投资决策时，首先要确定一个回收期标准，当投资方案回收期不超过此标准时则可接受该方案；当投资方案回收期超过此标准时，则拒绝该方案。对多个互斥方案进行选择时，应该选择回收期最短的方案。

尽管回收期法作为项目选择方法存在一些重大的缺陷，即没有考虑货币的时间价值和忽略了回收期以后的现金流量，但这一方法有其独特的优势。优点是能够直观地反映原始总投资的返本期限，计算简单，便于理解，通俗易懂，可以简略地判断一个投资项目的风险和流动性。现金流入的时间越早，速度越快，说明项目的流动性越强，风险也越小。对于那些小型企业中的投资规模较小的项目，回收期法不失为一种简单适用的评价方法。但对于大型企业或大型投资项目而言，投资回收期通常不能作为资本预算决策的主要指标，而只能作为辅助决策指标。

投资回收期没有考虑时间价值和风险，但投资回收期可以衡量投资项目的相对风险，即在其他条件一致时，投资回收期越短的项目相对风险越小。

（六）会计收益率

会计收益率（Accounting Rate of Return，ARR）是指一项投资方案的平均每年获得的收益与其账面投资额之比，是一项反映投资获利能力的相对数指标。

利用会计收益率进行决策，其方法与回收期法类似。首先需要确定一个会计收益率标准，当投资方案会计收益率高于此标准则接受该投资方案，否则拒绝该方案。对多个互斥方案进行选择时，应该选择会计收益率最高的方案。会计收益率有两种不同的计算方法。

（1）以原始投资额为基础计算会计收益率。计算公式如下：

$$会计收益率 = \frac{投资获得的年平均净利}{初始投资额} \times 100\%$$

（2）以平均投资额为基础计算会计收益率。依此计算出的收益率称为平均收益率，它是一项投资在整个寿命期内年平均净利与平均资金占用额之比。其计算公式如下：

$$会计收益率 = \frac{投资获得的年平均净利}{（初始投资额 + 残值）\div 2} \times 100\%$$

会计收益率在计算时使用会计的收益和成本观念，数据易从会计账目中获得，计算简便，容易理解。这种方法与回收期法相比，虽然考虑了回收期后的收益，但它仍然忽略了货币的时间价值；其次，这种方法使用会计上成本与收益的观点，与现金流量相比容易受人为因素的影响；而且这种方法只考虑了投资所得，未考虑投资的回收；最后，该种方法也未能提出如何才能确定一个合理的目标收益率。

学习时要注意，在资本投资决策方法中，只有会计收益率的计算基础是会计利润，其他方法的计算基础都是依据项目现金流量。

二、资本投资决策：应用与评价

（一）投资项目扩张决策分析

学习时要理解投资项目现金流量的内容和含义，根据资本投资决策方法原理，掌握投资项目扩张决策分析的应用评价，投资项目扩张分析时应把投资项目各时点的现金流量表示在时间轴上以帮助分析。

（二）投资项目更新决策分析

投资项目应否更新的决策，是企业投资决策中一个常见的问题。决策分析的关键是比较项目更新前后，企业所能获得收益的大小。若项目更新后给企业带来的经济效益大于更新前给企业带来的经济效益，则方案是可取的；否则，方案是不可取的。

投资项目更新决策较投资项目扩张决策复杂，分析时要注意新旧项目是否为互斥项目。应掌握投资项目更新决策分析的两种方法，重点理解继续使用旧设备而放弃的

旧设备的变现价值是机会成本，因此旧设备变现损失抵税是继续使用旧设备的现金流出，而旧设备变现收益纳税是继续使用旧设备的现金流入。

（三）降低成本项目更新决策分析

降低成本项目更新决策一般不涉及产品的产销，与销售收入等无关，只是对设备使用成本的变化进行分析。在这种情况下，一般使用平均年成本法做出是否更新设备的决策。平均年成本法（Average Annual Cost Method）是通过比较新旧设备的年使用成本的高低，来决定是否更新设备的方法。

运用平均年成本法时需要注意的问题：

第一，平均年成本法是将继续使用旧设备与购置新设备看成是两个相对独立的互斥决策，而非一个更新设备的特定方案。因此，不能将旧设备的可变现净值作为购置新设备的一项现金流入处理。

第二，平均年成本法的假设前提是将来设备再更新时，依然可以按原来的平均年成本寻找到可代替的设备。

学习时要理解降低成本项目更新决策与投资项目更新决策的相同点和不同点，即平均年成本法适用的条件，以及如何运用平均年成本法做出投资项目更新决策。

（四）资本限额下的项目投资决策

理论上，只要存在净现值大于零的投资机会企业就不应该放弃，然而企业不能无限额的筹资，其所控制的资金是有限的。

一般来说，资本限额（Capital Rationing）分为外部资本限额和内部资本限额。外部资本限额（External Capital Rationing）是指由于企业借入资金的利率和投资报酬率的冲突而造成的资金限制。内部资本限额（Internal Capital Rationing）是指投资项目的报酬率小于企业的必要报酬率或投资项目的投资额大于企业规定的最大投资额。

注意资本限额含义的理解，即从外部资本限额和内部资本限额两个方面来理解资本限额产生的原因，以及运用净现值法进行资本限额决策的原因。

（五）通货膨胀下的项目投资决策

1. 通货膨胀与投资决策。通货膨胀（Inflation）是指在一定时期内，物价水平持续上涨的经济现象。由于通货膨胀的影响，投资项目未来现金流量的实际购买力会下降，从而影响项目的投资价值。

通货膨胀对投资决策的影响。主要考虑以下几点：

（1）由于物价上涨，投资所需资金的数量常常会超过决策时按不变价格估算的数值。这时，若不能及时获得足够的追加资金，就可能造成施工中断、工程拖期、被迫接受条件苛刻的贷款条件，结果都导致投资效益的下降。

（2）固定资产折旧是投资现金流入的重要来源，由于企业计算固定资产折旧时的依据是固定资产的原始成本，而不是重置成本，因此，在通货膨胀条件下，折旧的回收将随着货币的贬值而贬值，达不到收回原投资的目的；再者，还会虚增企业的利润，多缴纳税金，于企业不利。

（3）在物价稳定的条件下，如果某一项投资能满足企业投资必要报酬率水平要求的话，那么在通货膨胀的条件下，一部分盈利就可能被物价上涨因素所抵销，使投资的效益受到影响。

2. 通货膨胀导致决策分析的偏差。在不考虑通货膨胀的时候，实际利率就等于名义利率。此外，实际的和名义的预期净现金流量（RCF_t 和 NCF_t）也是相等的。实际利率中没有包含通货膨胀的因素，而名义利率和名义现金流量则反映了通货膨胀的影响。特别地，所有的名义市场利率中都包括了通货膨胀溢价（IP）。不考虑通货膨胀时，净现值（NPV）可以通过以下两种方法中的任意一种来计算：

$$\text{NPV（无通货膨胀因素）} = \sum_{t=1}^{n} \frac{RCF_t}{(1+k_r)^t} = \sum_{t=1}^{n} \frac{NCF_t}{(1+k_n)^t}$$

如果净现金流以每年 i 的速率增长，同时融入在企业资本成本中的通货膨胀溢价同样也是 i，则净现值可通过如下公式计算：

$$\text{NPV（含通货膨胀因素）} = \sum_{t=1}^{n} \frac{NCF_t}{(1+k_n)^t}$$

$$= \sum_{t=1}^{n} \frac{RCF_t \cdot (1+i)^t}{(1+k_r)^t \cdot (1+i)^t}$$

由于分子分母上相同的 $(1+i)^t$ 可以抵销，我们得到了与前面相同的公式：

$$\text{NPV（无通货膨胀因素）} = \sum_{t=1}^{n} \frac{RCF_t}{(1+k_r)^t}$$

3. 对通货膨胀做调整。在投资项目决策中有两种方法可以对通货膨胀因素进行调整。

（1）第一种方法是所有的现金流都使用实际（未经调整的）数额，不考虑通货膨胀，同时剔除资本成本中的通货膨胀溢价，将其调整为实际利率。这种方法在理论上是很简单的，但是要想得到一个没有偏差的净现值，要求：①所有预期的现金流，包括折旧，受通货膨胀的影响程度都是一样的；②现金流的增长率和融入在投资者要求的回报率中的通货膨胀率是一样的。由于在现实中这些假设条件很难满足，这一方法也就很少被采用。

（2）第二种方法是保留资本成本的名义数值，同时调整每一笔现金流量以反映预期的通货膨胀。

现在，我们将关于通货膨胀的调整总结如下：第一，通货膨胀因素是非常重要的，它对企业的业务有着重大的影响，因此必须确认这一因素并对其进行相应处理。第二，在资本投资决策分析过程中调整通货膨胀因素的最有效的方法是根据可获得的最准确的信息对每一笔现金流进行调整。第三，由于我们不可能很精确地估计未来的通货膨胀率，一定范围内的预测错误是难免的，因此通货膨胀不但增加了资金预算的复杂程度，也增加了其不确定性，或者说风险。

学习时要特别注意理解发生通货膨胀对投资决策的影响，特别是通货膨胀发生后对现金流量和折现率的影响，理解通货膨胀调整的两种方法。

练习与思考

客 观 题

一、单项选择题

1. 对投资项目的内含报酬率指标大小不产生影响的因素是（　　）。
　　A. 投资项目的原始投资　　　　　B. 投资项目的现金流量
　　C. 投资项目的有效年限　　　　　D. 投资项目设定的折现率

2. 下列说法中不正确的是（　　）。
　　A. 内含报酬率是能够使未来现金流入量现值等于未来现金流出量现值的折现率
　　B. 内含报酬率是方案本身的投资报酬率
　　C. 内含报酬率是使方案净现值等于零的报酬率
　　D. 内含报酬率是使方案现值指数等于零的折现率

3. 某投资项目，当折现率16%时，其净现值为338元；当折现率18%时，其净现值为 −22 元。该项目的内含报酬率是（　　）。
　　A. 15.88%　　　　　　　　　　　B. 16.12%
　　C. 17.88%　　　　　　　　　　　D. 18.14%

4. 下列关于评价投资项目回收期法说法中，不正确的是（　　）。
　　A. 它未考虑货币时间价值
　　B. 它不能测量项目的营利性
　　C. 它不能测量项目的流动性
　　D. 它需要一个主观上确定的最长的可接受回收期作为评价依据

5. 某公司投资 18.9 万元购入设备一台，预计使用年限 10 年，预计净残值 0.9 万元，直线法折旧。设备投产后预计每年可获净利 1.2 万元。则项目投资回收期为（　　）年。
　　A. 3.56　　　　　　　　　　　　B. 4.09
　　C. 5.62　　　　　　　　　　　　D. 6.30

6. 两个投资项目为独立项目，若资本限额，应当优先选择（　　）。
　　A. 净现值大的项目　　　　　　　B. 盈利指数大的项目
　　C. 项目周期短的　　　　　　　　D. 投资额小的项目

7. 某公司正讨论更新现有生产线，有两个备选方案：甲方案净现值400万元，内含报酬率10%；乙方案净现值300万元，内含报酬率15%，若两方案有效年限相同，则（　　）。
　　A. 甲方案较好　　　　　　　　　B. 乙方案较好

     C. 两方案一样好   D. 需要采用等额年金法计算确定

8. 对于多个投资组合方案，当资金总量受限时，应在资金总量范围内选择（　　）。

    A. 累计净现值最大的方案组合

    B. 累计会计收益率最大的方案组合

    C. 累计盈利能力指数最大的方案组合

    D. 累计内含报酬率最大的方案组合

二、多项选择题

1. 若一个独立投资方案的净现值大于零，则可以说明（　　）。

    A. 该方案折现后的现金流入大于折现后的现金流出

    B. 该方案的内含报酬率大于预定的折现率

    C. 该方案的现值指数一定大于1

    D. 该方案可以接受，应该投资

2. 在单一投资项目决策中，与净现值评价结论可能发生矛盾的评价指标有（　　）。

    A. 投资回收期   B. 会计收益率

    C. 盈利能力指数   D. 内含报酬率

3. 采用净现值法评价投资项目可行性时，所采用的折现率通常有（　　）。

    A. 投资项目的资本成本   B. 投资的机会成本

    C. 企业要求的最低报酬率   D. 投资项目的内含报酬率

4. 若净现值为负数，表明该投资项目（　　）。

    A. 各年利润小于零，不可行

    B. 它的投资报酬率小于零，不可行

    C. 它的投资报酬率未达到预定的折现率，不可行

    D. 它的投资报酬率不一定小于零

5. 内含报酬率是指（　　）。

    A. 投资报酬与总投资的比率

    B. 能使未来现金流入量现值与未来现金流出量现值相等的折现率

    C. 投资报酬现值与总投资现值的比率

    D. 使投资方案净现值为零的折现率

6. 如果其他因素不变，一旦折现率提高，则下列指标中其数值将会变小的有（　　）。

    A. 投资回收期   B. 净现值

    C. 内含报酬率   D. 盈利能力指数

7. 甲方案净现值为8 600元，内含报酬率为10%；乙方案净现值为6 800元，内含报酬率为15%。则下列说法正确的有（　　）。

    A. 甲方案优于乙方案   B. 乙方案优于甲方案

    C. 若两个方案互斥，甲优于乙   D. 若两个方案独立，甲、乙都可行

8. 评价投资方案的回收期法主要缺点有（　　　）。

    A. 不能测定投资方案的流动性

    B. 没有考虑货币时间价值

    C. 没有考虑回收期后的现金流量

    D. 不能衡量投资方案投资报酬率的高低

9. 确定一个投资方案可行的必要条件有（　　　）。

    A. 回收期小于一年　　　　　　　　B. 净现值大于零

    C. 内含报酬率大于 1　　　　　　　D. 盈利能力指数大于 1

10. 对于同一个投资项目，下列表述正确的有（　　　）。

    A. 资本成本越高，净现值越大

    B. 资本成本越低，净现值越大

    C. 资本成本与内含报酬率相等时，净现值为零

    D. 资本成本高于内含报酬率，净现值为负数

11. 下列有关固定资产平均年成本表述正确的有（　　　）。

    A. 固定资产平均年成本是指该资产引起的现金流出超过现金流入的年平均值

    B. 固定资产平均年成本是指该资产引起的现金流出年平均值

    C. 平均年成本法是把继续使用旧设备和购置新设备视为两个互斥方案

    D. 平均年成本法的假设前提是将来设备再更新时，可以按照原来的平均年成本找到可替代设备

12. 采用固定资产平均年成本法进行设备更新决策时主要是因为（　　　）。

    A. 使用新旧设备给企业带来的年收入不同

    B. 使用新旧设备给企业带来的年收入相同

    C. 使用新旧设备给企业带来的年成本不同

    D. 新旧设备使用年限不同

三、判断题

1. 投资回收期虽然没有考虑货币时间价值，但是它考虑了投资回收期后的现金流量状况。　　　　　　　　　　　　　　　　　　　　　　　　　　　　　（　　）

2. 投资项目评价的盈利能力指数法和内含报酬率法都是根据相对比率来评价投资方案，因此，都可以用于独立投资方案获利能力的比较，两种方法的评价结论也是相同的。　　　　　　　　　　　　　　　　　　　　　　　　　　　　（　　）

3. 某公司正在讨论更新现有的生产线，现有两个备选方案：甲方案净现值 400 万元，内含报酬率 10%；乙方案净现值 300 万元，内含报酬率 15%。据此可以认定甲方案较好。　　　　　　　　　　　　　　　　　　　　　　　　　　　　（　　）

4. 在资本限额条件下，利用盈利能力指数排定两个独立投资项目的优先次序时，折现率的高低还会影响项目的优先次序。　　　　　　　　　　　　　　　　（　　）

5. 若 A、B、C 三个投资方案是独立的，那么资本限额条件下，采用内含报酬率可以作出优先次序的排列。　　　　　　　　　　　　　　　　　　　　　　（　　）

6. 某一个投资方案，其内含报酬率大于资本成本，则其净现值必然大于零。

（　　）

7. 盈利能力指数是相对数指标，反映投资的效益，但不适合用于独立投资项目获利能力的比较。

（　　）

8. 利用内含报酬率评价投资项目时，计算出的内含报酬率是方案本身的投资报酬率，因此，不再需要估计投资项目的资本成本或者最低报酬率。

（　　）

9. 采用固定资产平均年成本法进行固定资产更新决策时，残值收入是作为现金流入来考虑的。

（　　）

10. 在内部资本限额条件下，要以内含报酬率排序且最大净现值的投资项目组合为标准。

（　　）

思 考 题

一、走访一家企业，结合其投资决策情况，谈谈资本投资决策的重要性。

二、尽管回收期法在理论上是不健全的，但它还是在商业活动中普遍被用作一个确定投资项目的标准，为什么？

三、内含报酬率法内在的假定是：早期获得的现金流量能按内含报酬率用于再投资，在什么情况下这个假定可能导致对项目测试的严重失真？

四、根据你的理解，分析比较净现值与内含报酬率的特点，以及在决策分析中如何应用。

五、在投资决策分析中如何运用修正的内含报酬率法进行决策？

六、资本投资决策与设备更新决策之间的区别是什么？

七、资金限额会对资本投资决策带来什么影响？

八、分析比较通货膨胀条件下现金流量是如何变化的。

计算分析题

练 习 一

〔**目的**〕练习资本投资决策方法。

〔**资料**〕某固定资产投资项目的有关资料如表 8-1 所示。

表 8-1　　　　　　　　　　固定资产投资项目的有关资料　　　　　　　　金额单位：万元

项目	年数						合计
	0	1	2	3	4	5	
净现金流量	-500	200	100	100	200	100	200
复利现值系数	1	0.893	0.798	0.712	0.636	0.567	

续表

项目	年数						合计
	0	1	2	3	4	5	
累计净现金流量							
折现净现金流量							

〔**要求**〕

1. 将表 8 - 1 的空白处填上数字（保留全部小数）。

2. 计算该项目的投资回收期。

3. 列出该项目的下列指标：

（1）原始投资额；

（2）项目计算期；

（3）净现值。

4. 根据净现值指标评价该项目的财务可行性（说明理由）。

练 习 二

〔**目的**〕练习资本投资决策方法。

〔**资料**〕东方公司拟进行一项项目投资，该长期投资项目建设期净现金流量为：$NCF_0 = -500$ 万元，$NCF_1 = -500$ 万元，$NCF_2 = 0$；第 3 ~ 12 年的每年经营净现金流量 $NCF = 200$ 万元，第 12 年年末的回收额为 100 万元，行业基准折现率为 10%。

〔**要求**〕计算该项目的下列指标：

1. 原始投资额。

2. 终结点净现金流量。

3. 投资回收期：

（1）不包括建设期的回收期；

（2）包括建设期的回收期。

4. 净现值（NPV）。

5. 内含报酬率。

练 习 三

〔**目的**〕练习资本投资决策分析方法的应用。

〔**资料**〕假设你是浪潮电子公司的财务分析人员。资本投资项目经理让你分析两个可选的投资项目：X 项目和 Y 项目。每个项目的投资成本都是 10 000 元，资本成本都是 12%。项目预期净现金流量如表 8 - 2 所示。

表 8 – 2		项目预期净现金流量	金额单位：元
年数		X 项目	Y 项目
0		10 000	10 000
1		6 500	3 500
2		3 000	3 500
3		3 000	3 500
4		1 000	3 500

〔**要求**〕

1. 分别计算两个项目的投资回收期、净现值、内含报酬率和修正内含报酬率。

2. 如果两个项目是独立项目，哪个项目是可接受的？

3. 如果两个项目是互斥项目，应选择哪个项目？

4. 资本成本的改变如何影响净现值法和内含报酬率法对两个项目的排序？如果资本成本为5%，两种方法的排序是否不同？（提示：利用净现值曲线）

5. 为什么两种方法的排序会有不同？

练 习 四

〔**目的**〕练习投资项目现金流量与决策方法的应用。

〔**资料**〕李先生拟开设一家彩扩店，通过调查研究现提出以下方案：

1. 设备投资：冲扩设备购价20万元，预计可使用5年，报废时无残值收入；按税法要求该设备折旧年限为4年，使用直线法折旧，残值率为10%；计划在2022年7月1日购进并立即投入使用。

2. 门店装修：装修费用预计4万元，在装修完工的2022年7月1日支付。预计在2.5年后还要进行一次同样的装修。

3. 收入与成本预计：预计2022年7月1日开业，前6个月每月收入3万元（已扣除营业税，下同），以后每月收入4万元；耗用相纸和冲扩液等成本为收入的60%；人工费、水电费和房租等费用每月0.8万元（不含设备折旧、装修费摊销）。

4. 营运资金：开业时垫支1万元。

5. 所得税税率为25%。

6. 业主要求的投资报酬率最低为10%。

〔**要求**〕假定李先生征求你的意见，请你采用净现值法评价该项目经济上是否可行。

练 习 五

〔**目的**〕练习资本投资决策分析方法的应用。

〔**资料**〕达远矿业公司在太行山脉发现金矿后，必须决定是否开采这个矿床。开采金矿的方法中最节约成本的是硫黄酸提取法，但利用这种方法会破坏环境。为了提取金矿，公司必须花 900 000 元购买新的采矿设备，还要支付安装费165 000元。预期金矿的开采期为 5 年，每年的现金流量为 350 000 元。公司的资本成本是 14%，假设每年的现金流入都发生在年末。

〔要求〕

1. 计算项目的净现值和内含报酬率？

2. 是否应该接受这个项目，而不顾环境问题？

3. 在评估项目时应该如何考虑环境影响？这些影响可能使你的决策产生什么改变？

练 习 六

〔目的〕练习资本投资决策分析方法的应用。

〔资料〕东方电气公司正在考虑一项初始成本（t = 0）为 1.5 亿元的投资，预计项目在第 1 年年末和第 2 年年末将分别产生现金流入 8 亿元和 1.75 亿元。公司预计在项目结束后（t = 3）需支付 9 亿元用于清理项目占用的土地。

〔要求〕

1. 画出项目的净现值曲线。（提示：先计算资本成本分别为 0、3%、5%、6%、10%、100%、400%、430%和450%时的净现值）

2. 利用净现值曲线估计项目的两个内含报酬率。

3. 当资本成本分别为 5% 和 10% 时，这个项目能否接受？请解释你的理由。

练 习 七

〔目的〕练习资本投资决策分析方法的应用。

〔资料〕玲珑金矿公司正在考虑是否开采一个净成本为 200 万元的露天矿，预计这个项目能产生 1 300 万元的净现金流入量，且都发生在第 1 年年末。开采后，公司必须将土地恢复到自然状态，为此在第 2 年年末需支付 1 200 万元。

〔要求〕

1. 画出项目的净收益曲线。（提示：先计算资本成本分别为 0、10%、80%、450%等的净现值）

2. 当资本成本分别为 10% 和 20% 时，这个项目能否接受？请解释你的理由。

3. 你能否另外想一个这样的资本投资情形：在项目寿命期内或期末，出现现金流出量，导致项目存在多重内含报酬率。

4. 当资本成本分别为 10% 和 20% 时，项目的修正的内含报酬率是多少？就这个项目而言，运用修正的内含报酬率法和净现值法得出的结论是否相同？修正的内含报酬率法和净现值法是否总是导致相同的决策？（提示：考虑规模不同的互斥项目）

练 习 八

〔目的〕练习资本投资决策方法的应用。

〔资料〕东方公司正在考虑用一种新的更有效的机器更换两台已经使用了三年的

旧设备，这两台旧设备在当前的二手市场上出售，售价 56 万元；如果保持它们到使用期末，将没有任何最终残值。其原始折旧基数为 240 万元，还剩 8 年使用时间，税法确认的折旧残值为 69.12 万元。用直线法计提折旧，税法规定的折旧期为 5 年（不含已使用年数）。新机器的购买和安装需资金 384 万元，使用期为 8 年，使用期末有残值 32 万元，税法规定的折旧期也为 5 年。新机器预期每年能为公司节约付现成本 80 万元。设公司的所得税税率为 25%，并且假定公司在任何年份发生的损失，都可以抵免公司的应税收入，公司要求的最低报酬率（折现率）为 10%。

〔**要求**〕运用净现值法，分析判断项目是否可以更新？

练 习 九

〔**目的**〕练习资本投资决策方法的应用。

〔**资料**〕东方公司拟采用新设备取代已使用 3 年的旧设备，旧设备原价 59 800 元，当前估计还可以再使用 5 年，每年营运成本 8 600 元。预计最终残值 7 000 元，目前重置价值 34 000 元，购置新设备需花费 55 000 元，预计可使用 6 年，每年运行成本 3 400 元，预计最终残值 10 000 元。该公司预期报酬率为 12%，所得税税率为 30%，税法规定该类设备应采用直线法折旧，折旧年限 6 年，残值是原值的 10%。

〔**要求**〕进行是否应该更换设备的分析决策。

练 习 十

〔**目的**〕练习资本投资决策方法的应用。

〔**资料**〕某公司正考虑用一台效率更高的新机器取代现有的旧机器。旧机器的账面折余价值为 12 万元，在二手市场上卖掉可以得到 7 万元；预计尚可使用 5 年，预计 5 年后清理的净残值为 0；税法规定的折旧年限尚有 5 年，税法规定的残值可以忽略。购买和安装新机器需要 48 万元，预计可以使用 5 年，预计清理净残值为 1.2 万元。新机器属于新型环保设备，按税法规定可分 4 年折旧并采用双倍余额递减法计算应纳税所得额，法定残值为原值的 1/12。由于该机器效率很高，可以节约付现成本每年 14 万元。公司的所得税税率为 30%。

〔**要求**〕假设公司投资本项目的必要报酬率为 10%，计算上述机器更新方案的净现值。

案 例

案 例 一
资本投资方法问题：净现值，内部收益率，道德

蓝山学校所在教育局正考虑购买几辆小巴士用来接送学生。校区巴士路线中有 5

条路线学生较少，因此这些路线上的大巴士不能得到充分利用。经过仔细研究后，教育局认为这些巴士线会使得学生到校的时间超过市政府规定的最长到校时间45分钟。

教育局考虑的计划是将5辆大巴士置换成8辆小巴士，每辆小巴士行走的路线比大巴士的路线短一些。该区的巴士司机是兼职的，每位司机年薪为18 000美元。除了司机的工薪外，每辆大巴士的年营运和维修成本为50 000美元。相应地，教育局预计每辆小巴士的年营运与维修成本为20 000美元。小巴士司机的工薪与大巴士司机一样。教育局主计长估计为设计巴士路线、通知群众、在危险地区安装警示牌以及重新培训司机需要在开始支出15 250美元。

一台小巴士价格为17 000美元，大巴士价格为90 000美元。校区采用直线法对所有的长期资产计提折旧。教育局对这5辆大巴士的处理有两种选择。一种是以每台15 000美元销售出去。另一种选择是留下来用作郊游、郊外运动会以及当巴士报废时作为后备交通工具。目前教育局对以上用途是采用临时租用当地私人公司车的方式。年租车成本总计为30 000美元。主计长估计如果5辆大巴士无论作为接送学生的车还是作为后备车，其剩余使用年限均为5年。小巴士的有效使用年限预计也是5年。

蓝山学校对所有资本项目都采用12%的目标收益率。

讨论：

1. 想一想教育局面临的决策问题。该局的两个主要选择是什么？

2. 这两个主要选择中有一种还是有两种选择，这两种选择是什么？

3. 假设教育局选择购买小巴士，请对5台大巴士的两种处理选择进行净现值分析。这些大巴士应该卖掉还是应该保留？

4. 根据要求3的答案，你已知道如果购买小巴士，对5辆大巴士处理的最好方式。现在你可以考虑另一个选择，对教育局的以上两个主要选择方案进行净现值分析：（1）继续在原来的路线上使用大巴士；（2）购买小巴士。应该购买小巴士吗？

5. 计算购买小巴士方案的内含报酬率。

6. 本案例中所给的资料哪些与教育局的决策问题无关？并作出解释。

7. 不考虑1~6题的答案，假定净现值分析表明应继续使用大巴士接送学生。蓝山学校的商业经理米切尔·杰佛瑞准备建议教育局不要购买小巴士。然而，在这样做之前，杰佛瑞将老朋友彼得·瑞劳德请到了棒球俱乐部。彼得是当地汽车销售公司的副总裁，如果购买小巴士，可以从他这购买。两人谈论了一会儿有关教育局购买小巴士的问题。最后，瑞劳德说："米切尔，你我已交往很长时间了。我知道你在校区的收入不太好，我们的总财务师明年就要退休了，你愿意来我公司工作吗？"

"那再好不过了，彼得，我考虑考虑。"杰佛瑞回答说。

"好，米切尔，随时欢迎你。同时，能否考虑一下购买小巴士的决策？这对你不是很大问题，我却可得到这笔业务。"

"但是，彼得，我告诉过你分析结果表明不应购买。"

"别逗了，米切尔，我们是老朋友。"

讨论这种情况的道德问题。米切尔应该怎样做？

（资料来源：[美] 罗纳德·W. 希尔顿著：《管理会计》，机械工业出版社 2000 年版）

案 例 二
联 合 配 件 公 司 ： 资 本 投 资 决 策

假设你到联合配件公司工作，这家公司专门为戴姆勒—克莱斯勒公司、福特公司和其他汽车制造商的产品提供修理用的配件。一天，公司首席财务官交给你两个项目的预计现金流量。其中，项目 L 包括再点火系统生产线增加了一个新项目，开发这种产品的市场需要一段时间，因此，现金流量将随时间推移而增加。项目 S 主要是在现有生产线上增加一个附件，它的现金流量将逐年减少。两个项目的寿命期都是 3 年。

表 8 - 3 是两个项目的净现金流量。

表 8 - 3　　　　　　　　　　　　　　预期净现金流量　　　　　　　　金额单位：万美元

年数	项目 L	项目 S
0	10	10
1	1	7
2	6	5
3	8	2

折旧、残值、经营营运净资本的需求和税收影响都已包括在这些现金流量中。

首席财务官对两个项目都进行主观的风险评估。他认为两个项目的风险都与公司的平均风险相似。公司加权平均资本成本为 10%，现在你必须确定是否两个项目都应该接受。

根据相关知识，请你就下列问题进行讨论：

1. 何谓资本投资？公司资本投资决策与个人投资决策是否有相似之处？

2. 独立项目与互斥项目之间有何不同？常规现金流量项目与非常规现金流量项目之间有何不同？

3. （1）何谓投资回收期？分别求出项目 L 和项目 S 的投资回收期。

（2）投资回收期法的合理性何在？如果公司可接受的投资回收期最长为两年，当两个项目是独立项目时，哪个项目可以接受？如果两个项目是互斥项目，应选择哪个项目？

（3）普通投资回收期与折现投资回收期有何不同？折现投资回收期的主要缺点是什么？在资本预算决策中这种方法有实际用途吗？

4. （1）写出净现值的定义，并求出两个项目的净现值。

（2）净现值法的合理性何在？根据净现值法，当两个项目是独立项目时，哪个项目可以接受？如果两个项目是互斥项目，应选择哪个项目？

（3）资本成本改变是否会引起净现值的变化？

5.（1）写出内含报酬率的定义，并求出两个项目的内含报酬率。

（2）项目的内含报酬率与债券的到期收益率有何关系？

（3）内含报酬率法的合理性何在？根据内含报酬率法，当两个项目是独立项目时，哪个项目可以接受？如果两个项目是互斥项目，应选择哪个项目？

（4）资本成本改变是否会引起内含报酬率的变化？

6.（1）画出两个项目的净现值曲线，并求出交叉点利率。

（2）根据净现值曲线，而不考虑实际的净现值和内含报酬率，如果两个项目是独立项目，哪个项目可以接受？如果两个项目是互斥项目，应选择哪个项目？请做出解释。当资本成本低于 23.6% 时，你的答案是否正确？

7.（1）何种原因导致净现值法与内含报酬率法的结论发生冲突？

（2）何谓再投资报酬率假设？它对净现值法与内含报酬率法之间的冲突有何影响？

（3）哪种方法最好？为什么？

8.（1）写出修正的内含报酬率的定义，并求出两个项目的修正的内含报酬率。

（2）与普通内含报酬率法相比，修正的内含报酬率法的优点和缺点各是什么？与净现值法相比，修正的内含报酬率法的优点和缺点又是什么？

9. 公司正考虑在即将到来的世界交易会上办一个展览馆（项目 P）。展览馆的成本是 80 万美元，预计在一年的经营期内，可以创造 500 万美元的现金流入量。但是，公司还要花一年时间拆除场地，恢复原样，成本是 500 万美元。因此，项目 P 的预计净现金流量如表 8-4 所示。

表 8-4　　　　　　　　　**项目 P 的预计净现金流量**　　　　　金额单位：万美元

年数	净现金流量
0	80
1	500
2	-500

这个项目具有平均风险，所以它的资本成本是 10%。

（1）项目 P 的净现值、内含报酬率和修正的内含报酬率分别是多少？

（2）画出项目 P 的净现值曲线。项目 P 是常规现金流量还是非常规现金流量项目？是否应该采纳项目 P？

（资料来源：[美] 尤金·F. 布瑞翰、乔尔·F. 休斯顿著：《财务管理基础》，东北财经大学出版社 2004 年版）

第九章

资本投资决策：风险分析

学 习 要 求

通过本章学习，能够理解掌握项目投资风险的内涵与构成；理解项目投资决策的行为分析；理解掌握项目投资风险分析的基本方法；熟练运用基本方法进行资本投资项目的风险分析与评价。

本章学习重点：理解资本投资决策风险的不同分类；识别资本投资决策中的各种风险；掌握投资项目风险评估决策的基本方法。

本章学习难点：投资项目风险三个层次的理解与把握；风险调整折现率法与风险调整现金流量法的基本原理和比较；运用投资项目风险评估方法进行投资项目的风险分析与评价。

本章学习指引：本章学习时，应结合前面章节所学的风险概念来理解和掌握投资项目风险的内涵与构成，在理解和掌握资本决策投资项目风险分析基本方法的基础上，厘清不同投资项目风险分析方法的异同和适用情况，能够根据不同的投资项目选择适合的投资项目风险分析方法进行财务决策。

学 习 思 维 导 图

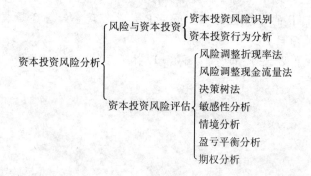

本章学习纲要

一、风险与资本投资决策

（一）资本投资风险的识别

在对资本投资项目风险分析中，项目的风险可以从三个层次来考察：

第一层次：从项目角度来看，即项目自身特有的风险。项目自身特有的风险不宜作为项目资本投资风险的度量。

第二层次：从企业角度来看，考虑到新项目自身特有的风险可以通过与企业其他项目和资产的组合而分散掉一部分，因此应着重考虑对企业现有项目组合的整体风险（Overall Risk）可能产生的增量。

第三层次：从股东的角度来看，要进一步考虑到在余下的项目风险中，有一部分能被企业股东的资产多样化组合而分散掉，从而只剩下任何多元化组合都不能分散掉的系统风险。系统风险（System Risk）用项目对公司贝塔系数的影响来测量。企业可以通过构造一个证券组合，来消除单个证券的大部分风险，所以，唯一影响股东预期收益的是系统风险。

项目的单一风险、企业风险和系统风险通常是高度相关的，一个具有高度单一风险的项目通常也具有高度的市场风险和企业风险，因此，管理者可以通过项目的单一风险来进行大多数项目的相关风险的预测。

学习时要理解投资项目风险识别的三个层次的划分标准，以及投资项目风险的三个层次与投资决策之间的关系，即进行投资决策时应选择哪个层次的风险作为投资项目的风险。

（二）资本投资中的行为分析

1. 项目投资过程中的行为影响。
2. 资本投资中的道德行为。

投资者的行为活动对投资项目决策有重要影响，因此，阅读这部分内容时应结合具体案例分析理解企业实施资本投资决策时管理层的行为和动机。

二、资本投资风险评估与应用

（一）风险调整折现率法

风险调整折现率法（Risk-adjusted Discount Rate Method）是一种常用的风险处置方

法。这种方法将企业因承担风险而要求的与投资项目的风险程度相适应的风险报酬，计入必要报酬率，构成按风险调整的折现率，并依其进行投资决策分析的方法。这种方法的基本思路是对高风险的项目，应当采用较高的折现率计算净现值，即风险性越大，投资者要求得到的投资报酬率越高。由于冒风险投资所得的，超过货币时间的额外报酬就是投资的风险报酬，这部分超额报酬与投资的百分比通常称为风险报酬率。

如何确定风险调整折现率？具体来说，主要有以下几种方法：

1. 根据项目风险程度确定。根据投资项目的风险程度和近似的市场报酬率主观确定。其计算公式如下：

$$风险折现率 = 无风险报酬率 + 主观要求的风险报酬率$$

2. 用风险报酬率模型来调整折现率。即以企业设定的风险斜率和变化系数来确定风险报酬率，以此调整投资的风险折现率。计算公式如下：

$$K = r + Q$$
$$Q = b \cdot c$$

变化系数（Coefficient of Variation）是指一项投资现金流量的变异程度，即指一项投资的现金流量的标准离差与其期望值之比。变化系数越大，表示该投资方案的风险越大。投资的风险斜率（Risk of Slope）可以参照以往中等风险程度的同类投资项目的历史资料，计算公式如下：

$$b = \frac{K - r}{c}$$

一般而言，敢于承担风险的企业，可把 b 定得低一些；比较稳健的企业，则把 b 定得高一些。

这种方法根据风险程度确定风险折现率，对风险大的方案采用较高的折现率；对风险较小的投资方案采用较低的折现率，简单明确，易于掌握，因此，它普遍用于风险投资决策中。但是，确定风险报酬率是比较困难的，无论采用哪种方法总是含有一定的假定性和局限性。它把投资的时间价值（即无风险报酬率）和风险价值（风险报酬率）混合在一起折现，这意味着风险随时间的拖延而被人为地逐渐加大，这常常与实际相悖。

学习时要理解风险调整折现率法的基本原理和计算方法，尤其是对风险调整折现率是如何进行调整的，确定风险调整折现率时要注意什么问题。

（二）风险调整现金流量法

风险调整现金流量法（Risk-adjusted Cash Flow Method）是把不确定的现金流量调整为确定的现金流量，然后用无风险的报酬率作为折现率计算净现值的决策方法。

$$年肯定的现金流量 = 年现金流量的期望值 \times d_t$$

$$风险调整后的净现值 = \sum_{t=0}^{n} \frac{年肯定的现金流量}{(1 + 无风险报酬率)^t}$$

其中：d_t 是 t 年现金流量的肯定当量系数，它在 0~1 之间。

肯定当量系数（Certainty Equivalent Coefficient）是肯定的现金流量与其对应的不

肯定期望现金流量的比值。

采用风险调整现金流量法对现金流量进行调整，克服了调整折现率法夸大远期风险的缺点，但如何准确地确定约当系数却是十分困难的问题。

学习时要掌握风险调整现金流量法的基本原理，重点理解和掌握肯定当量系数的估算，比较风险调整折现率法与风险调整现金流量法的差异。

（三）决策树法

决策树（Decision Tree）可以用来分析多阶段或者连续决策，每条斜线代表决策树的分支，每个分支上的点称为决策节点。决策树法就是用于识别净现值分析中的系列决策。

学会根据投资项目绘制决策树，结合投资项目实例运用决策树法做出投资决策分析与评价。

（四）敏感性分析、情境分析与盈亏平衡分析

1. 敏感性分析（Sensitivity Analysis）与情境分析（Scenario Analysis）。敏感性分析是指从众多不确定性因素中找出对投资项目效益指标有重要影响的敏感性因素，并分析、测算其对项目效益指标的影响程度和敏感性程度。敏感性分析是投资决策中一种重要的常用分析方法。它是用来衡量当投资方案中某个因素发生变化时，对该方案预期结果的影响程度。如果某因素在较小范围内发生了变动，就会影响原定方案的经济效果，即表明该因素的敏感性强；如果某因素在较大范围内变动才会影响原定方案的经济后果，即表示该因素的敏感性弱。

首先，整体而言，敏感性分析可检验净现值分析法的可靠性。换言之，它减少了之前所说的"安全错觉"。其次，敏感性分析可以指出在哪些方面还需要收集更多的信息。然而，敏感性分析法也存在一些缺陷。最后，敏感性分析孤立地考察每个变量，但事实上不同变量之间可能具有相关性。

为了尽可能避免敏感性分析缺陷引发的估计偏差，经理人在实务中大量采用一种特殊的敏感性分析方法——情境分析方法。在情境分析中，决策者需根据许多不同的情境做出估算，每种情境集合了各种可能出现的因素。

2. 盈亏平衡分析。盈亏平衡分析法（Break-even Analysis）揭示了错误预测的严重性，与敏感性分析方法相辅相成。为什么会计盈亏平衡点并不同于财务盈亏平衡点呢？会计盈亏平衡的计算基础是扣除了折旧费用的会计利润。折旧低估了初始投资用于再投资产生的真实成本，因而忽略了初始投资的机会成本，仅从会计角度计算得到的盈亏平衡点进行决策可能会令项目蚀本。

学习时要理解敏感性分析的含义，即敏感性分析是投资方案中某个因素发生变化时，对该方案预期结果的影响程度，该影响程度越大，说明此因素的敏感程度越强。

（五）蒙特卡罗模拟

敏感性分析和情境分析方法都试图回答的问题是："假使……将会怎么样？"然而，虽然两种分析法在实务中都得到广泛应用，但是每种方法都有其局限性。敏感性分析方法每次只能改变一个变量的值。但实际上，很多变量可能是同时变化的。与之相比，情境分析针对特定的情境，如通货膨胀、政府管制或竞争者数目发生变化。情境分析是相当实用的方法，但其无法一一列举所有因素的变化。事实上，即使在一种经济情境下，项目也可能会出现多种变化。

蒙特卡罗模拟（Monte Carlo Simulation）方法试图模拟现实世界中的不确定性。与敏感性分析和情境分析方法相比，蒙特卡罗模拟方法精准量化了不同变量的交互关系，是一种更为精细的分析方法。因此，至少从理论上讲，这种方法提供了更完整的分析，这就需要构建精确的模型以强化预测者对于项目的理解。

蒙特卡罗模拟方法至少走过了近四十年的发展历程，你或许认为它现在已经运用广泛。但令人惊讶的是，事实并非如此。对每个变量的分布及变量间的相关性建模是很困难的，并且计算机程序是没有经济意识的。这些致使管理人员在实务中对此大多持怀疑态度。因此，虽然蒙特卡罗模拟方法在某些情况下得以运用，但不太可能成为未来主流的分析方法。

学习时要理解蒙特卡罗模拟与敏感分析和情景分析的差异，了解蒙特卡罗模拟的基本分析步骤。

（六）实物期权

1. 实物期权的内涵。资本投资决策更像纸牌游戏而非有轨迹线的车轮，因为：（1）运气在项目寿命过程中持续起作用；（2）经理人可以对变化的市场环境和竞争对手的行为做出反应。反映变化环境的机会称为管理期权（Managerial Options），因为其给予经理人影响项目结果的机会。这些机会也称为战略期权（Strategic Options），因为其经常与规模较大的战略性项目有关而不是日常的维护项目。上述期权统称为实物期权（Real Options），与金融期权不同，它们涉及实物资产而非金融资产。

传统的净现值分析暗含假设——项目将被接受或拒绝，这意味着项目要么现在接受要么永远不接受。但是现实世界中，企业有时还有第三种选择——延迟决策直至获得更多信息。此类投资时机选择权对项目的期望盈利能力和风险影响很大。

2. 增长期权。

3. 放弃期权。

4. 择时期权。

学习时要理解实物期权对投资项目的影响，并学会运用决策树法对投资项目的增长期权、放弃期权和择时期权进行评价。

练习与思考

客 观 题

一、单项选择题

1. 在进行投资项目评价时，投资者要求的风险报酬率取决于该项目的 （   ）。

    A. 系统风险   B. 特有风险

    C. 经营风险   D. 财务风险

2. 不考虑与公司其他项目的组合风险效应，单纯反映特定项目未来收益可能结果相对于预期值的离散程度的风险是 （   ）。

    A. 市场风险   B. 项目风险

    C. 公司风险   D. 系统风险

3. 风险报酬率的大小取决于 （   ）。

    A. 标准差   B. 投资者对待风险的态度

    C. 期望报酬率   D. 投资项目

4. 风险调整折现率法对风险大的项目采用 （   ）。

    A. 较高的折现率   B. 较低的折现率

    C. 银行借款利率   D. 市场利率

5. 下列属于风险调整折现率优点的是 （   ）。

    A. 符合风险调整逻辑关系且应用较为普遍

    B. 现金流量容易确定

    C. 同时完成时间调整和风险调整

    D. 能够合理估计远期现金流量的风险

6. 采用风险调整现金流量法进行投资项目风险分析时，需要调整的项目是 （   ）。

    A. 无风险的折现率   B. 有风险的折现率

    C. 无风险的现金净流量   D. 有风险的现金净流量

7. 东方公司的资本由债务资本和股权资本构成，资产负债率为40%。已知股票的 β 系数为1.5，无风险报酬率为4%，市场投资组合报酬率为9%，负债的利率为6%，公司的所得税税率为25%。现在公司拟投资一新的项目，如果以公司的加权资本成本作为决策依据，则该投资项目的内含报酬率至少应该超过 （   ）。

    A. 6.7%   B. 7.3%

    C. 8.7%   D. 9.3%

8. 假设某公司资本全部由股东权益构成，目前该公司股权资本成本为12%，无风险报酬率为6%，市场风险报酬率为4%，若该公司正在考虑一个比现有公司资产的 β

系数高出 50% 的新项目。新项目的期望内含报酬率为 14%。如果 β 系数是一个合适的风险衡量指标，则该项目（　　）。

    A. 应该接受，因为其内含报酬率高于公司目前的资本成本

    B. 不应该接受，因为项目风险调整折现率高出其内含报酬率一个百分点

    C. 不应该接受，因为项目风险调整折现率高出其内含报酬率两个百分点

    D. 不应该接受，因为 β 系数增大了 50%，导致风险调整折现率达到了 18%

9. 可以根据各年不同的风险程度对方案进行评价的方法是（　　）。

    A. 风险调整折现率法　　　　　　B. 风险调整现金流量法

    C. 内含报酬率法　　　　　　　　D. 现值指数法

10. 某公司现有一笔资金，如果将它存入银行，一年后可得到 4 800 万元，如果利用这笔资金进行一项目投资，一年后在市场有利和不利的情况下分别会得到现金流量 8 000 万元和 3 000 万元，并且预测未来市场出现有利和不利情况的概率分别为 60% 和 40%，如果公司认为这两种方式一年后所得到的现金流量对其效用是相同的，那么肯定当量系数 α 为（　　）。

    A. 0.60　　　　　　　　　　　　B. 0.80

    C. 1.25　　　　　　　　　　　　D. 1.60

11. 敏感性分析是衡量（　　）。

    A. 全部因素的变化对项目评价标准（如 NPV、IRR）的影响程度

    B. 确定性因素的变化对项目评价标准（如 NPV、IRR）的影响程度

    C. 不确定性因素的变化对项目评价标准（如 NPV、IRR）的影响程度

    D. 不确定性因素的变化对项目净收益的影响程度

12. 可以用来识别项目成功的关键因素是（　　）。

    A. 敏感性分析　　　　　　　　　B. 会计盈亏分析

    C. 净现值盈亏分析　　　　　　　D. 决策树分析

13. 会计盈亏平衡分析是确定某一产品或公司的销售量使（　　）。

    A. 净现值为零　　　　　　　　　B. 净收益为零

    C. 内含报酬率为零　　　　　　　D. 总成本最小

14. 如果某项目的净现值盈亏平衡点是销售量为 1 000，则销售量为 1 200 时，净现值为（　　）。

    A. 正　　　　　　　　　　　　　B. 零

    C. 负　　　　　　　　　　　　　D. 不能确定

15. 如果公司拥有实物期权，并可以投资于能够获利的新项目，那么有公司（　　）。

    A. 市场价值 > 实体资产价值　　　B. 市场价值 < 实体资产价值

    C. 市场价值 = 实体资产价值　　　D. A、B、C 都有可能

16. 可以用来帮助实物期权的认定与描述的不确定性分析是（　　）。

    A. 敏感性分析　　　　　　　　　B. 会计盈亏平衡分析

    C. 净现值盈亏平衡分析　　　　　D. 决策树分析

17. 以下说法正确的是（　　）。

A. 只要项目的净现值大于 0，企业就应该立即进行投资

B. 敏感性分析考虑了多个变量的变动

C. 与会计盈亏均衡分析相比，净现值盈亏均衡分析下盈亏平衡时的销售量较高

D. 实物期权不存在于资产负债表中

二、多项选择题

1. 在风险调整现金流量法下，有关变化系数与肯定当量系数的关系不正确的表述有（　　）。

A. 变化系数越大，肯定当量系数越大

B. 变化系数越小，肯定当量系数越小

C. 变化系数越小，肯定当量系数越大

D. 变化系数与肯定当量系数同方向变化

2. 与确定风险调整折现率有关的因素有（　　）。

A. 现金流量的预期值　　　　B. 现金流量的标准差

C. 风险报酬斜率　　　　　　D. 无风险折现率

3. 下列表述正确的有（　　）。

A. 风险调整折现率法将投资的时间价值和风险价值混在一起，并据此对现金流量进行折现

B. 风险调整折现率法人为地夸大远期风险

C. 风险调整现金流量法对现金流量折现时采用的是无风险报酬率

D. 风险调整现金流量法克服了夸大远期风险的缺陷

4. 通常采用概率的方法来衡量项目的风险，主要衡量标准有项目的（　　）。

A. 期望值　　　　　　　　　B. 方差

C. 标准差　　　　　　　　　D. 标准离差率

5. 下列各项中，符合对肯定当量系数特征的表述有（　　）。

A. 它是指不确定的现金流量相当于使投资者满意的确定现金流量的系数

B. 它可以将不确定的现金流量调整为确定的现金流量

C. 它的取值范围在 0~1 之间

D. 它可以根据投资项目现金流量标准离差确定，标准离差越大，其值越小

6. 投资项目风险分析的方法主要有（　　）。

A. 敏感性分析　　　　　　　B. 内含报酬率分析

C. 决策树分析　　　　　　　D. 模拟分析

7. 提高某一投资项目净现值的途径有（　　）。

A. 提高产品的销售单价　　　B. 降低产品的单位变动成本

C. 增加固定成本　　　　　　D. 降低所采用的折现率

8. 关于决策树分析错误的有（　　）。

A. 决策树分析把项目分成明确界定的几个阶段

B. 并不要求每一阶段的结果相互独立

C. 决策树分析告诉我们应该如何针对风险的变化采用不同的折现率

D. 决策树分析不能明确项目的现金流量与风险

9. 以下说法正确的有（　　　）。

A. 如果只有一个不确定变量，敏感性分析给出了项目现金流及其净现值的"悲观"和"乐观"取值

B. 增长期权增加了项目净现值

C. 放弃期权越大，净现值越小

D. 净现值盈亏平衡分析忽略了初始投资的机会成本

10. 以下说法正确的有（　　　）。

A. 敏感性分析只有一个假设变动，其他保持不变

B. 场景分析可以考察多个变量变动的不同组合情况

C. 净现值盈亏平衡点的计算公式为 $\dfrac{(\text{固定成本}+\text{折旧})(1-T)}{(\text{销售单价}-\text{单位变动成本})(1-T)}$

D. 盈亏平衡分析能最终确定项目的可行性

11. 下列属于蒙特卡罗模拟分析优点的有（　　　）。

A. 该方法将敏感性分析和不确定因素的概率分布结合起来衡量投资项目风险

B. 通过模拟计算，有助于理解项目现金流量出现各种可能结果的概率

C. 通过计算可以得到概率分布的标准偏差，便于进行风险—收益比较分析

D. 通过模拟分析可以具体考察不同变量之间的相互关系

三、判断题

1. 项目自身的特有风险不宜作为项目资本投资的风险度量。　　　　　（　　）

2. 风险项目可以通过用风险调整折现率对项目期望现金流量折现的方法进行评价。　　　　　　　　　　　　　　　　　　　　　　　　　　　　　（　　）

3. 风险调整折现率法与调整现金流量法一样，均对远期现金流量予以较大的调整，区别仅在前者调整净现值公式的分母，后者调整其分子。　　　　　（　　）

4. 某公司拟投资开发一片山林地，用于种植果树。由于投资存在一定风险，因此，投资者准备采用风险调整折现率法评价项目的可行性。　　　　　　（　　）

5. 若一个风险投资项目的内含报酬率大于风险报酬率，则该方案可行。　　（　　）

6. 某投资项目现金流量与公司其他项目现金流量的相关性越低，该项目对降低公司资产组合风险贡献就越大。　　　　　　　　　　　　　　　　　（　　）

7. 在公司众多的投资项目中，如果其中的一个项目的收益具有高度的不确定性，那么这个公司的总风险必定很高。　　　　　　　　　　　　　　　　（　　）

8. 对投资决策进行敏感性分析时，如果项目的敏感性越强，说明项目的适应性越高。　　　　　　　　　　　　　　　　　　　　　　　　　　　　（　　）

9. 在敏感性分析中，如果某一因素在较大范围内发生变动，才会影响原定项目的盈利能力，那么表明该因素的敏感性较强。　　　　　　　　　　　　（　　）

10. 敏感性分析通常要对全部可能出现的不确定因素逐个分析。　　　　（　　）

11. 决策树分析适用于在项目周期内进行多次决策的情况，使得投资决策具有一

定的灵活性。　　　　　　　　　　　　　　　　　　　　　　　　（　　）

12. 蒙特卡罗模拟方法的缺陷在于没有给出明确的应采纳还是接受的决策。

　　　　　　　　　　　　　　　　　　　　　　　　　　　　　（　　）

思 考 题

一、为什么在资本投资决策中要考虑风险因素？

二、与投资项目相关的风险包括哪些？分别如何来衡量？

三、投资项目风险分析主要有哪些方法？

四、资本投资决策中可以通过分析可能的收益的概率分布来判断风险。对于一个收益绝对确定的安全项目你认为其分布图是什么形状的？对于一个风险非常大的项目呢？

五、项目 A 净现值的期望值是 1 600 元，标准差是 3 200 元，项目 B 净现值的期望值是 1 120 元，标准差是 2 400 元，请问项目 A 的风险比项目 B 大吗？为什么？

六、利用风险调整折现率法调整项目风险时，风险调整折现率通常如何确定？

七、区分资本投资中的项目市场风险、公司风险和单一风险，你认为在进行资本预算时哪一种需要给予最多考虑？

八、在评估资本投资的风险时，为什么应该用无风险利率来把现金流量折现为现值？

九、比较分析风险调整折现率法与风险调整现金流量法在资本投资决策中的差异？

十、敏感性分析的局限性有哪些？

十一、实物期权是什么？除增长期权、放弃期权、延期期权外你还能再举一个实物期权的例子吗？

十二、与敏感性分析相比，场景分析有哪些长处？

十三、会计盈亏平衡和净现值盈亏平衡的区别是什么？

十四、决策树分析的具体步骤有哪些，运用决策树分析要注意哪些方面？

计算分析题

练 习 一

〔目的〕练习资本投资风险分析。

〔资料〕可达玩具公司拟开发一条新产品生产线——卡通玩具生产线。该生产线可能的净现值的概率分布的期望值和标准差分别是 12 000 元和 9 000 元，公司现存的生产线包括电动玩具、毛绒玩具和拼板玩具生产线，这些生产线的净现值的期望值和标准差如表 9－1 所示。

表 9-1 可达公司生产线的净现值的期望值和标准差　　　　金额单位：元

项目	净现值的期望值	净现值的标准差
电动玩具	16 000	8 000
毛绒玩具	20 000	7 000
拼板玩具	10 000	4 000

这些产品之间的相关系数如表 9-2 所示。

表 9-2 可达公司 4 种产品之间的相关系数

项目	电动玩具	毛绒玩具	拼板玩具	卡通玩具
电动玩具	1.00			
毛绒玩具	0.90	1.00		
拼板玩具	0.80	0.84	1.00	
卡通玩具	0.40	0.20	0.30	1.00

〔要求〕

1. 对于现存三种产品的组合，计算其可能净现值概率分布的期望值和标准差。

2. 计算现存产品加上卡通玩具所构成的新产品组合的净现值的期望值与标准差，与第一问的结果比较，你认为该卡通玩具生产线是否可行？

练 习 二

〔目的〕练习资本投资风险分析。

〔资料〕巴特公司必须对两个互斥项目做出决定。每一个项目的成本为 6 750 元，预期的经济寿命为 3 年。第一年进行初始投资后，每一年的净现金流量的概率分布如表 9-3 所示。

表 9-3 每年的净现金流量的概率分布　　　　金额单位：元

项目 A		项目 B	
概率	净现金流量	概率	净现金流量
0.2	6 000	0.2	0
0.6	6 750	0.6	6 750
0.2	7 500	0.2	18 000

巴特公司决定用 12% 的比率评估风险高的项目，用 10% 的比率评估风险低的项目。

〔要求〕请回答下列问题：

1. 每一个项目的年度净现金流量的期望值是多少？变化系数（CV）是多少？

2. 每个项目风险调整后的净现值是多少？

3. 如果知道项目 B 的现金流量与公司其他的现金流量呈负相关，而项目 A 的现金流量与公司其他的现金流量呈正相关，这将对决策有什么影响？如果项目 B 的现金流量与国内生产总值（GDP）呈负相关，是否会影响到你对它的风险评价。

练 习 三

〔目的〕练习资本投资的风险分析。

〔资料〕若你是一饮料公司的预算负责人，要决定是否生产一种新型软饮料，公司采用风险调整现金流量法进行该项决策，该项目的现金流量和肯定当量如表 9 - 4 所示。

表9-4　　　　　　　　　　该项目的现金流量和肯定当量　　　　　　　金额单位：元

年数	现金流量	肯定当量
0	- 20 000	- 20 000
1	5 000	4 500
2	5 000	4 500
3	5 000	4 500
4	15 000	10 500

〔要求〕

1. 设无风险报酬率为 4%，使用风险调整现金流量法判断项目的 NPV 是多少？

2. 如果该项目风险等于公司的平均项目风险，公司的平均资本成本为 12%，则使用风险调整折现率法项目的 NPV 是多少？

练 习 四

〔目的〕练习资本投资决策风险分析。

〔资料〕宏利公司拟购置一新设备，成本为 6 500 元，工程师估计使用年限为 5 年，每年增加的现金流入如表 9 - 5 所示。

表9-5　　　　　　　　　　　　每年增加的现金流入　　　　　　　　　金额单位：元

增加的现金流入	概率
1 428	0.30
2 000	0.40
2 572	0.30

〔**要求**〕考虑风险因素，以 10% 为无风险折现率，计算现金流量的标准差和风险程度，并以 0.5 为风险报酬率计算风险调整净现值。

练 习 五

〔**目的**〕练习资本投资风险分析。

〔**资料**〕富士通公司正在研究一个投资项目的取舍。该项目现金流量的概率分布以及公司按离散程度规定的肯定当量系数如表 9-6 所示。

表 9-6　　　　　　　　　　公司按离散程度规定的肯定当量系数　　　　　　金额单位：万元

年数	现金流量	概率	肯定当量系数
0	-210	1.0	1.0
1	60	0.3	0.9
	80	0.4	
	100	0.3	
2	80	0.3	0.95
	90	0.4	
	100	0.3	
3	90	0.5	0.98
	100	0.5	
4	80	0.5	0.98
	90	0.5	

〔**要求**〕假设无风险折现率为 10%，请用风险调整现金流量法评价该项目的净现值。

练 习 六

〔**目的**〕练习资本投资风险分析。

〔**资料**〕利克制品公司正考虑购买一个净成本为 36 000 元的牵引机，并将在考虑折旧影响之前，每年增加 12 000 元的税前经营现金流量，该机器按直线法分 5 年进行折旧，从第一年开始每年计提折旧 7 200 元（年度的现金流量为税前 12 000 元，加上 7 200 元折旧所产生的税收节约）。董事会对牵引机能否使用 5 年展开了激烈的争论：特别是副经理李莉莎坚持知道一些牵引机只能使用 4 年；分管技术的王普不同意李莉莎的意见，他认为大多数的牵引机可以使用 5 年；而财务老总王文思则说她知道一些牵引机可以使用 8 年。

〔**要求**〕根据这个讨论，董事会要求你准备一个情景分析，以确定牵引机经济寿命的不确定是否重要。假设公司所得税税率为 40%，残值为 0，资本成本为 10%。

练 习 七

〔**目的**〕练习资本投资风险的敏感性分析。

〔**资料**〕开达公司正在评估一投资项目，购置生产设备需 720 000 元，使用年限为 8 年，采用直线法计提折旧，期满无残值。每年产品销售量为 120 000 件，单价 18 元，单位变动成本为 12 元，年固定成本（不包括折旧）为 500 000 元，所得税税率为 25%，该项目投资必要报酬率为 10%。

〔**要求**〕

1. 计算该投资项目的现金净流量和净现值；（计算结果保留整数）

2. 当销售量减少 1 000 件时，求净现值相对于销售量变化的敏感程度。（计算结果保留两位小数）

练 习 八

〔**目的**〕练习资本投资风险的决策树分析。

〔**资料**〕远华公司拟投资建设一个新工厂，财务部提出三个方案：

Ⅰ方案：新建大厂，需投资 300 万元。估计销路好时每年获利 100 万元，销路不好时每年亏 20 万元，经营期限 10 年。

Ⅱ方案：新建小厂，需投资 140 万元。销路好时每年可获利 40 万元，销路不好时每年仍可获利 30 万元。

Ⅲ方案：先建小厂，三年后销路好时再扩建，投资 200 万元，经营期限 7 年，每年可获利 95 万元。

市场销售形势预测是销路好的概率为 0.7，销路不好的概率为 0.3。销路情况 10 年内保持一致。

〔**要求**〕根据上述情况，作出决策。

练 习 九

〔**目的**〕练习资本投资风险的决策树分析。

〔**资料**〕华达公司从事石油钻探工作。公司准备与某石油公司签订合同，钻探一片可能产油的勘探点。该公司可供选择的方案有两种：一是先做地震实验，看实验结果如何，再决定是否要钻井；二是不做地震实验，只凭经验决定是否要钻井。做试验要花 3 000 元，钻井要花 10 000 元。如钻出石油可获得 50 000 元；若钻不出石油，则企业没有收入。

根据历史资料的分析估计：做地震试验其结果良好的概率为 0.6，不好的概率为 0.4；经地震试验为良好时，钻出石油的概率为 0.85；经地震试验为不好时，钻出石油的概率为 0.1；不经地震试验而钻井时，出油概率为 0.55，不出油的概率为 0.45。

〔**要求**〕以期望收益值为准则，试用决策树法为该公司确定出最优方案。

案　　例

石药集团投资案例

石药集团有限公司是全国医药行业首家以强强联合方式组建的特大型制药企业。石药集团拥有原料药、成药和医药商业三大业务板块，和维生药业、中诺药业、欧意药业、恩必普药业、银湖制药等三十余家下属公司，分别位于冀、津、吉、晋、辽、鲁、苏、内蒙古和香港等地，其中设在香港的控股子公司——香港石药集团有限公司是中国医药行业首家境外上市公司，是目前香港最大的制药上市公司之一，同时也是香港恒生红筹股指数成份股之一，连续两次被世界著名的《福布斯》杂志评为全球亚洲区营业额 10 亿美元以下的 100 家优秀上市公司之一。

石药集团主要从事医药产品的开发、生产和销售。产品主要包括抗生素、维生素、心脑血管、解热镇痛、消化系统用药、抗肿瘤用药和中成药七大系列近千个品种，有 30 个产品单品种销售过亿元，产品销售遍及全国和世界六十多个国家和地区。

石药集团拥有"石药""欧意""果维康""恩必普"四个中国驰名商标；经全球五大品牌价值评估机构之一的世界品牌实验室测评，"石药"品牌 2005 年以来连续五度入选"中国 500 最具价值品牌"，石药集团连续三次跻身中国企业 500 强。

展望未来，石药人将继续秉承"做好药，为中国"的企业理念，致力于人类的健康事业，以更多、更新、更好的药品奉献社会，为把石药集团建设成为国内一流、全球药业 30 强的现代大型制药企业而努力奋斗。

2011 年，石药集团在现有产品 P-I 的基础上成功研制出第二代产品 P-II。如果第二代产品投产，需要新购置成本为 1 200 000 元的设备一台，税法规定该设备使用期为 5 年，采用直线法计提折旧，预计残值率为 5%，第 5 年年末，该设备预计市场价值为 100 000 元（假定第 5 年年末 P-II 停产）。财务部门估计每年固定成本为 60 000 元（不含折旧费和利息费用），变动成本为 60 元/盒。另外，新设备投产初期需要投入营运资金 200 000 元。营运资金于第 5 年年末全额收回。

新产品 P-II 投产后，预计年销售量为 8 000 盒，销售价格为 120 元/盒。同时，由于产品 P-I 与新产品 P-II 存在竞争关系，新产品 P-II 投产后会使产品 P-I 的每年营业现金净流量减少 45 000 元。

新产品 P-II 项目的 β 系数为 1.5，石药集团的债务权益比为 1∶1（假设资本结构保持不变），债务融资成本为 8%（税前）。石药集团适用的公司所得税税率为 25%，资本市场中的无风险利率为 5%，市场组合的预期报酬率为 11%，假定营业现金流入在每年年末取得。

要求：

（1）简要说明常用的投资项目的评价方法。

（2）计算产品 P－Ⅱ投资的初始现金流量、第 5 年年末现金流量净额。

（3）假设折现率为 10%，计算产品 P－Ⅱ投资的净现值、现值指数。

（4）计算该项目的非折现回收期，并说明该方法的优缺点。

（5）如果上述项目数据的估计，且这些数据的发生概率发生变化，说明项目存在一定的风险，说明一下衡量项目风险的方法，并进一步说明如何处理高风险项目中的风险。

第四篇

战略融资决策

第十章

资 本 结 构 决 策： 数 量 分 析

学 习 要 求

　　资本结构是财务管理的核心内容之一，资本结构决策更是被人们称为"资本结构之谜"。通过本章学习，理解资本结构的内涵，掌握经营杠杆与经营风险、财务杠杆与财务风险、总风险与杠杆之间的关系与应用，在此基础上重点掌握资本结构决策方法与分析，最后熟悉资本结构理论原理。

　　本章学习重点：资本结构内涵、经营杠杆与经营风险、财务杠杆与财务风险、联合杠杆与总风险、资本结构决策方法。

　　本章学习难点：经营杠杆系数与经营风险关系、财务杠杆系数与财务风险关系、EBIT – EPS 分析法、公司价值确定法。

　　本章学习指引：学习本章内容时，要注意理解和把握杠杆效应对风险的影响；经营杠杆形成的原因，经营杠杆与经营风险之间的内在联系；财务杠杆与财务风险的关系；两种杠杆之间的内在关系与功效。理解、掌握最优资本结构标准和最优资本结构的确定方法与应用决策，并对资本结构理论原理有初步的认识。

学习思维导图

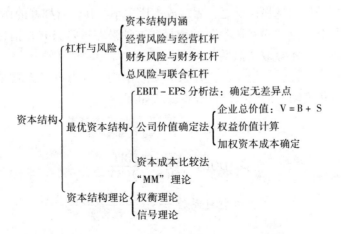

本章学习纲要

一、杠杆与风险

（一）资本结构与融资决策

资本结构（Capital Structure）从广义上讲是指企业不同资金来源的比例及相互关系。从狭义上讲，是指企业长期债务资本与权益资本之间的比例关系。资本结构是企业融资决策的核心问题之一。

（二）经营风险与经营杠杆

1. 经营风险（Business Risk）。经营风险是企业由于收入、成本、费用等因素变动而引起的息税前利润变动的不确定性。经营风险是决定企业资本结构的一个重要因素。

影响经营风险的因素有许多，一般包括下列因素：

（1）市场需求的变化；

（2）产品价格的波动；

（3）投入成本的变化；

（4）随投入成本变动调整产品价格的能力；

（5）及时高效地开发新产品的能力；

（6）国外风险；

（7）企业经营成本中固定成本比重的变化。

2. 经营杠杆（Operating Leverage）。经营杠杆是企业在生产经营过程中由于存在固定成本而使利润（EBIT）变动率大于产销量变动率的规律。

经营杠杆的高低与企业的成本结构有很大关系：企业成本总额中，固定成本比重越大，经营杠杆的作用越强；反之，固定成本比重小，其经营杠杆的作用就会减弱。

经营杠杆是对企业"潜在风险"的衡量。这种潜在风险只有在销售和生产成本的变动性存在的条件下才会被"激活"。

经营杠杆作用的强弱是用经营杠杆系数来表示的。经营杠杆系数是指息税前利润变动率相当于销售变动率的倍数。其计算公式如下：

公式一： $$经营杠杆系数 = \frac{息税前利润变动率}{销售变动率}$$

即： $$DOL = \frac{\Delta EBIT/EBIT}{\Delta Q(S)/Q(S)}$$

公式二： $$经营杠杆系数 = \frac{边际贡献总额}{息税前利润}$$

即：

$$DOL = \frac{S - VC}{S - VC - F}$$

对经营杠杆的认识和理解，关键是要分析经营杠杆是如何形成的，它又是怎样衡量企业经营风险的，并且能够运用经营杠杆系数进行风险计量与评价。

（三）财务风险与财务杠杆

财务风险（Financial Risk）是指企业由于使用债务融资而对股东收益所产生的影响。

财务杠杆（Financial Leverage）是指企业由于固定债务利息和优先股股利的存在而导致普通股每股利润变动幅度大于息税前利润变动幅度的现象。

财务杠杆的有利性（即被称为举债经营）是通过对普通股股东的每股收益（EPS）影响来判断的。这种影响是通过两步利润放大的过程来实现的。第一步，经营杠杆放大了销售变动对息税前利润的影响；第二步，财务经理可以选择利用财务杠杆将前一步导致的息税前利润变动对每股收益变动的影响进一步放大。

财务杠杆系数（Degree of Financial Leverage）是指企业普通股每股收益变动率相对于息税前利润变动率的倍数。或者说，是企业负债时对普通股股东收益的影响程度。其计算公式如下：

公式一：　　　　$$财务杠杆系数 = \frac{每股收益变动率}{息税前利润变动率}$$

即：　　　　$$DFL = \frac{\dfrac{\Delta EPS}{EPS}}{\dfrac{\Delta EBIT}{EBIT}}$$

公式二：　　　　$$财务杠杆系数 = \frac{息税前利润}{息税前利润 - 利息}$$

即：　　　　$$DFL = \frac{EBIT}{EBIT - I}$$

若存在优先股，则：

$$DFL = \frac{EBIT}{EBIT - I - \dfrac{PD}{1 - T}}$$

对于财务杠杆的理解，要注意：只有负债条件下企业才会存在财务杠杆，财务杠杆主要是由于利息费用的存在而导致的。

（四）总风险与联合杠杆

企业的总风险等于其经营风险与财务风险之和，即企业销售变化对普通股股东收益的影响程度。

联合杠杆（Combined Leverage）是指企业由于固定成本和固定财务费用的存在而导致的普通股每股利润变动率大于产销量变动率的杠杆效应。经营杠杆决定着企业的息税前利润，而财务杠杆决定着企业收益如何以每股收益的形式分配给股东。其计算公式如下：

$$联合杠杆系数 = 经营杠杆系数 \times 财务杠杆系数$$

即：
$$DCL = DOL \times DFL$$

$$联合杠杆系数 = \frac{销售收入 - 变动成本}{销售收入 - 变动成本 - 固定成本 - 利息 - \dfrac{优先股股利}{1 - 税率}}$$

即：
$$DCL = \frac{S - VC}{S - VC - F - I - \dfrac{PD}{1 - T}}$$

对联合杠杆的理解，要关注经营杠杆与财务杠杆的内在联系，它们之间是如何影响企业风险的；企业在财务决策中应该如何配置经营杠杆和财务杠杆。

二、资本结构决策

（一）确定资本结构应考虑的因素

最优资本结构（Optimal Capital Structure）指一定时期内企业资本成本最低，同时企业价值最大的资本结构。企业确定最优资本结构时，通常会考虑分析以下因素：

1. 企业成长性与稳定性；
2. 资产结构与抵押价值；
3. 经营杠杆；
4. 盈利能力；
5. 税收和利率水平；
6. 控制权；
7. 管理层的态度；
8. 债权人的态度；
9. 市场条件；
10. 企业的内部条件；
11. 财务灵活性。

（二）最优资本结构决策

1. EBIT – EPS 分析法。每股收益的无差分析是利用每股收益的无差别点进行的。所谓每股收益的无差别点，是指每股收益不受融资方式影响的收益水平。每股收益（EPS）无差别点的计算公式如下：

$$\frac{(EBIT - I) \cdot (1 - T)}{N_1} = \frac{(EBIT - I) \cdot (1 - T)}{N_2}$$

2. 公司价值确定法。企业的市场总价值应当是其股票的总价值与负债价值之和。

企业最佳资本结构应当是可使公司的总价值最高，而不一定是每股收益最大的资本结构。同时，在这样的资本结构下公司的加权资本成本也是最低的。

企业的市场总价值应当是其股票的总价值与负债价值之和。即：

$$V = S + B$$

股票的市场价值计算公式如下：

$$S = \frac{(EBIT - I) \cdot (1 - T)}{K_s}$$

企业的加权资本成本计算公式如下：

$$K_W = K_b \cdot (1 - T) \cdot \frac{B}{V} + K_s \cdot \frac{S}{V}$$

3. 比较资本成本法。比较资本成本法是指计算不同的资本结构的加权平均资本成本，并以此为标准进行比较资本结构优劣的决策方法。

学习时需要注意：三种确定最优资本结构方法的标准是不一样的，每股收益无差别法是根据各种融资方式的每股收益高低选择的；公司价值确定法是根据企业价值最大、同时加权平均资本成本最低来选择的；比较资本成本法的确定依据是不同融资方式下资本成本最低的资本结构。

三、资本结构理论：基本原理

（一）"MM" 理论主要内容

1. 无企业税的 MM 模型。无企业税的 MM 模型有两个命题：

命题 I：用一个适用于企业风险等级的固定比率把企业的 EBIT 转化为资本，据此可以确定企业价值。计算公式如下：

$$V_L = V_U = \frac{EBIT}{K} = \frac{EBIT}{K_U}$$

命题 II：负债企业的股本资本成本等于同风险企业的无负债企业的股本资本成本加风险报酬，该风险报酬的大小取决于无负债企业的股本资本成本、债务资本成本以及负债与股本的数量之比。

$$K_s = K_U + RP = K_U + \frac{B}{S_L}(K_U - K_b)$$

2. 有企业税的 MM 模型。包括两个命题：

命题 I：负债企业的价值等于相同风险等级的无负债企业的价值加上税负节约价值（又称税盾效应）。

$$V_L = V_U + TB$$

命题 II：在考虑企业所得税的情况下，负债企业的股本资本成本等于同风险等级无负债企业的股本资本成本加风险溢价。该风险溢价取决于无杠杆企业的股本资本成本和债务资本成本的差异、财务杠杆的情况和所得税税率。

$$K_s = K_U + (K_U - K_b) \cdot (1 - T) \cdot \frac{B}{S_L}$$

3. 个人所得税模型：米勒模型。米勒模型的计算公式如下：

$$V_L = V_U + \left(1 - \frac{(1 - T_C) \cdot (1 - T_s)}{1 - T_b}\right) \cdot B$$

（二）权衡理论

1. 财务拮据成本。财务拮据的直接成本包括清算和重组的法律成本及管理成本，与此相对应的经营方面受到的影响则为间接成本。财务拮据成本是由负债造成的，财务拮据成本会降低企业价值。

2. 代理成本。代理成本的存在会提高负债成本而同时降低负债利益。

权衡理论基本模型如下：

$$V_L = V_U + TB - FPV - TPV$$

关于资本结构理论的把握，需要注意两点：一是熟悉相关资本结构理论的原理；二是理解不同资本结构理论的核心观点。在此基础上结合实践掌握。

练习与思考

客　观　题

一、单项选择题

1. 假定某公司的经营处于盈亏临界点状态，错误的说法是（　　）。

　A. 此时的销售收入正处于收入线与总成本线的交点

　B. 此时的经营杠杆系数趋近于无穷小

　C. 此时的营业利润率等于零

　D. 此时的边际贡献等于固定成本

2. 如果边际贡献大于零，并且大于固定成本，那么经营杠杆系数必（　　）。

　A. 恒大于1　　　　　　　　　B. 与风险成反比

　C. 与销售成正比　　　　　　　D. 与固定成本成反比

3. 某公司本期息税前利润为 3 000 万元，本期实际利息 1 000 万元，则该公司的财务杠杆系数是（　　）。

　A. 0.33　　　　　　　　　　B. 1.5

　C. 2　　　　　　　　　　　　D. 3

4. 某公司借入资本与权益资本的比例是 1：1，则该公司（　　）。

　A. 只有经营风险

　B. 只有财务风险

　C. 既有经营风险又有财务风险

　D. 没有风险，因为经营风险与财务风险可以相互抵消

5. 假定某公司经营杠杆系数为 2，固定成本 5 万元，利息费用为 2 万元，则已获利息倍数是（　　）。

　A. 1　　　　　　　　　　　　B. 1.5

C. 2　　　　　　　　　　　　　　D. 2.5

6. 某公司本期财务杠杆系数为 2，本期息税前利润 500 万元，则本期实际利息费用是（　　）万元。

A. 100　　　　　　　　　　　　　B. 250

C. 375　　　　　　　　　　　　　D. 500

7. 某公司年销售收入为 500 万元，变动成本率为 40%，经营杠杆系数为 1.5，财务杠杆系数为 2，假定固定成本增加 50 万元，则总杠杆将变为（　　）倍。

A. 2.4　　　　　　　　　　　　　B. 3

C. 6　　　　　　　　　　　　　　D. 8

8. 某公司经营杠杆系数为 1.8，财务杠杆系数为 1.5，若公司销售收入每增加一倍，就会造成每股收益增加（　　）倍。

A. 0.3　　　　　　　　　　　　　B. 1.2

C. 1.5　　　　　　　　　　　　　D. 2.7

9. 如果企业的资金来源全部为自有资金，并且不存在优先股，则企业的财务杠杆系数（　　）。

A. 等于零　　　　　　　　　　　B. 等于 1

C. 大于 1　　　　　　　　　　　D. 小于 1

10. 当财务杠杆系数为 1 时，下列表述正确的是（　　）。

A. 息税前利润增长率为零　　　　B. 息税前利润为零

C. 利息与优先股股息为零　　　　D. 固定成本为零

11. 当边际贡献超过固定成本时，下列措施中有利于降低联合杠杆系数，从而降低总风险的是（　　）。

A. 降低产品销售单价　　　　　　B. 提高资产负债率

C. 节约固定成本支出　　　　　　D. 减少产品销售量

12. 下列有关经营杠杆系数说法中正确的是（　　）。

A. 在产销量相关范围内，提高固定成本总额，能够降低企业的经营风险

B. 在相关范围内，产销量上升经营风险加大

C. 在相关范围内，经营杠杆系数与产销量呈反方向变动

D. 对于某一特定企业而言，经营杠杆系数是固定的，不随产销量的变动而变动

13. 某公司资本总额 150 万元，权益资本占 55%，负债利率为 12%，目前销售收入 100 万元，息税前利润 20 万元，则财务杠杆系数是（　　）。

A. 1.15　　　　　　　　　　　　B. 1.68

C. 2.0　　　　　　　　　　　　　D. 2.5

14. 财务杠杆影响企业的（　　）。

A. 边际贡献　　　　　　　　　　B. 税后利润

C. 息税前利润　　　　　　　　　D. 财务费用

15. 调整企业资本结构并不能（　　）。

A. 降低经营风险　　　　　　　B. 降低财务风险

C. 降低资本成本　　　　　　　D. 增加融资弹性

二、多项选择题

1. 下列有关杠杆说法中正确的有（　　）。

A. 在固定成本不变的情况下，经营杠杆系数说明销售额增长（减少）引起的利润增长（减少）的程度

B. 当销售额达到盈亏临界点时，经营杠杆系数趋近于无穷大

C. 财务杠杆表明债务对投资者收益的影响

D. 财务杠杆系数表明息税前利润增长所引起的每股收益的增长

2. 下列各项中影响联合杠杆系数变动的因素有（　　）。

A. 固定成本　　　　　　　　　B. 单位边际贡献

C. 销售量　　　　　　　　　　D. 固定利息

3. 关于财务杠杆系数表述正确的有（　　）。

A. 它是由企业资本结构决定的，债务资本比率越高，财务杠杆系数越大

B. 它反映企业的财务风险，即财务杠杆系数越大，财务风险也就越大

C. 它反映息税前利润随销售的变动而变动的幅度

D. 它反映息税前利润随每股收益的变动而变动的幅度

4. 下列各项中，影响财务杠杆系数的因素有（　　）。

A. 产品边际贡献　　　　　　　B. 所得税税率

C. 固定生产或经营成本　　　　D. 财务费用

5. 企业降低经营风险的途径一般有（　　）。

A. 增加销售量　　　　　　　　B. 提高产品售价

C. 降低变动成本　　　　　　　D. 增加自有资本

6. 利用每股收益无差别点进行企业资本结构分析时（　　）。

A. 当预计息税前利润高于每股收益无差别点息税前利润时，权益筹资比负债筹资有利

B. 当预计息税前利润高于每股收益无差别点息税前利润时，负债筹资比权益筹资有利

C. 当预计息税前利润低于每股收益无差别点息税前利润时，权益筹资比负债筹资有利

D. 当预计息税前利润等于每股收益无差别点息税前利润时，两种筹资方式的报酬率相同

7. 联合杠杆系数（　　）。

A. 指每股收益变动率相当于销售量变动的倍数

B. 等于财务杠杆系数与经营杠杆系数的乘积

C. 反映每股利润随息税前利润变动的剧烈程度

D. 等于基期边际贡献与基期税前利润的比值

8. 关于经营杠杆系数说法正确的有（　　）。

A. 安全边际越大，经营杠杆系数越小

B. 边际贡献与固定成本相等时，经营杠杆系数趋近于无穷大

C. 经营杠杆系数是息税前利润对销售量的敏感度

D. 经营杠杆系数反映经营风险程度

9. 最优资本结构判断标准有（　　　　）。

A. 企业价值最大　　　　　　　　B. 资本规模最大

C. 加权平均资本成本最低　　　　D. 筹资风险最小

10. "MM" 理论中有关资本结构的假设包括（　　　　）。

A. 不存在交易成本

B. 没有所得税

C. 投资者的信息与管理者的信息是不一样的

D. 没有破产成本

三、判断题

1. 假定其他因素不变，销售量超过盈亏临界点以后，销售量越大则经营杠杆系数越小。　　　　　　　　　　　　　　　　　　　　　　　　　　　（　　　）

2. 经营杠杆并不是经营风险的来源，而只是放大了经营风险。　　　（　　　）

3. 每股收益无差别点分析不能用于确定最优资本结构。　　　　　　（　　　）

4. 由于经营杠杆的作用，当息税前利润下降时，普通股每股收益会下降得更快。　　　　　　　　　　　　　　　　　　　　　　　　　　　　　　（　　　）

5. 当销售收入达到盈亏临界点销售收入时，经营杠杆系数趋向无穷大。（　　　）

6. 当企业获利水平为负数时，经营杠杆系数将小于零。　　　　　　（　　　）

7. 财务杠杆的作用在于通过扩大销售量以影响息税前利润。　　　　（　　　）

8. 财务杠杆系数是每股收益的变动率，相当于息税前利润变动率的倍数，它用来衡量财务风险大小。　　　　　　　　　　　　　　　　　　　　　　（　　　）

9. 某公司本年销售额 100 万元，净利润 12 万元，固定营业成本 24 万元，财务杠杆系数 1.5，所得税税率为 25%，据此计算出的公司联合杠杆系数是 3。　（　　　）

10. 若固定成本为零，在其他因素不变时，销售增长比与息税前利润增长比相等。

（　　　）

思　考　题

一、如何理解资本结构决策对企业财务活动的重要性？

二、"经营杠杆是决定经营风险的根本因素"，这种说法是否正确？为什么？

三、为什么说企业产销量越接近盈亏临界点，其经营杠杆系数会趋向无穷大？解释其原因。

四、如何理解经营杠杆与财务杠杆之间的关系？对一个企业而言，应保持怎样的杠杆效应是比较适宜的？

五、每个企业是否存在最优资本结构？确定最优资本结构应该考虑哪些相关因素？

这些因素是如何影响企业的？

六、利用每股收益无差别分析法确定企业最优资本结构时应注意什么问题？

七、简述公司价值确定的原理及特点，它与每股收益无差别分析法比较有何差异。

八、影响资本结构的因素有哪些？请结合中国企业实际谈谈你的认识。

九、为什么你可能会认为不同行业的最优资本结构会有很大的差别？在各个不同的行业中，同一因素会产生不同的资本结构吗？

十、简述"MM"理论的基本原理。

十一、如果金融市场不存在缺陷，企业会寻求什么样的资本结构？为什么市场缺陷是融资活动中的重要考虑因素？哪一类缺陷最重要？

十二、什么是破产成本？什么是代理成本？当涉及财务杠杆时它们如何影响企业的估价？

十三、为什么当一家公司的债务过多时，机构投资者会不再借钱给它？

十四、什么是权衡模型？其原理包括哪些内容，从中可得出什么结论或受到什么启示？

计算分析题

练 习 一

〔目的〕练习经营杠杆原理的应用。

〔资料〕假设三家公司的财务数据如表10-1所示。

表10-1 公司相关财务数据 金额单位：元

指标	A公司	B公司	C公司
产品售价	32.00	875.00	97.77
单位产品变动成本	17.38	400.00	87.00
销售量（件）	18 770	2 800	11 000
固定成本总额	120 350	850 000	89 500

〔要求〕

1. 在所给销售量下，每家公司的EBIT是多少？

2. 每家公司盈亏临界点销售量是多少？

3. 在所给销售量下，每家公司的经营杠杆系数是多少？

4. 如果销售收入下降，哪家公司的EBIT下跌幅度最大？

练 习 二

〔目的〕练习杠杆原理。

〔资料〕东方公司的损益分析表如表10-2所示。

表 10 - 2 东方公司损益表 金额单位：元

项目	金额
销售收入	30 000 000
减：变动成本	13 500 000
边际贡献	16 500 000
减：固定成本	8 000 000
息税前利润	8 500 000
减：利息费用	1 000 000
税前利润	7 500 000
减：所得税（25%）	1 875 000
净利润	5 625 000

〔要求〕

1. 在这个销售量水平下，经营杠杆系数是多少？

2. 财务杠杆系数是多少？

3. 联合杠杆系数是多少？

4. 公司以销售收入表示的盈亏临界点是多少？

5. 如果销售收入增长 25%，息税前利润和净利润各增长百分之多少？

练 习 三

〔目的〕练习经营杠杆的计算。

〔资料〕东方公司销售 A 产品，单位产品售价 75 元，固定成本为 280 000 元，单位产品变动成本为 40 元。

〔要求〕

1. 计算盈亏临界点为多少？

2. 分别计算 9 000 件、10 000 件、11 000 件时的息税前利润（EBIT）。

3. 以 10 000 件为基础计算经营杠杆系数（DOL）。

练 习 四

〔目的〕练习每股收益的计算方法。

〔资料〕东天公司现有利率为 16% 的发行在外的公司债 60 000 元；1 500 股优先股，每股年股利 5 元；4 000 股发行在外的普通股。假定公司所得税税率为 25%。

〔要求〕计算下列不同息税前利润（EBIT）水平下的每股收益（EPS）：

1. 24 600 元。

2. 30 600 元。

3. 35 000 元。

练 习 五

〔**目的**〕练习财务杠杆系数的计算方法。

〔**资料**〕宏远公司的息税前利润（EBIT）为 67 500 元，利息为 22 500 元，企业发行在外的普通股 15 000 股。假定所得税税率为 25%。

〔**要求**〕

1. 计算财务杠杆系数（DFL）。

2. 假定企业发行 1 000 股优先股，年股利为每股 6 元，则财务杠杆系数（DFL）为多少？

3. 根据上述数据，请作出企业筹资计划图。

练 习 六

〔**目的**〕练习经营杠杆系数的计算。

〔**资料**〕万达公司 2022 年的财务杠杆系数为 2，净利润为 360 万元，所得税税率为 25%。该公司全年固定成本总额 2 400 万元，公司当年初发行了一种期限 5 年的债券，数量为 1 万张，每张面值 989.8 元，发行价格为 1 000 元，债券年利息为当年利息总额的 1/3。

〔**要求**〕根据上述资料计算如下指标：

1. 2022 年利润总额；

2. 2022 年利息总额；

3. 2022 年息税前利润总额；

4. 2022 年利息保障倍数；

5. 2022 年经营杠杆系数；

6. 2022 年债券融资成本（计算结果保留两位小数）。

练 习 七

〔**目的**〕练习杠杆原理及应用分析。

〔**资料**〕利业公司年销售额 100 万元，变动成本率 70%，全部固定成本和费用 20 万元，总资产 50 万元，资产负债率为 40%，负债的平均成本 8%，假设所得税税率为 25%。

该公司拟改变经营计划，追加投资 40 万元，每年固定成本增加 5 万元，可以使销售额增加 20%，并使变动成本率下降至 60%。

该公司以提高净资产收益率同时降低总杠杆系数作为改进经营计划的标准。

〔**要求**〕

1. 所需资金以追加实收资本取得，计算净资产收益率、经营杠杆、财务杠杆和总杠杆，判断应否改变经营计划；

2. 所需资金以 10% 的利率借入，计算净资产收益率、经营杠杆、财务杠杆和总杠杆，判断应否改变经营计划。

练　习　八

〔**目的**〕练习资本结构决策。

〔**资料**〕宏运公司现有普通股 100 万股，股本总额为 1 000 万元，公司债券为 600 万元。公司拟扩大融资规模，有两个备选方案：一是增发普通股 50 万股，每股发行价格为 15 元；二是平价发行公司债券 750 万元。若公司债券年利率为 12%，所得税税率为 25%。

〔**要求**〕

1. 计算两种融资方式的每股利润无差异点；

2. 如果该公司预期息税前利润为 400 万元，对两个融资方案作出择优决策。

练　习　九

〔**目的**〕练习资本结构决策的分析。

〔**资料**〕宏远公司原有资本 700 万元，其中债务资本 200 万元（每年负担利息 24 万元），普通股资本 500 万元（发行普通股 10 万股，每股面值 50 元）。由于扩大业务，需追加融资 300 万元，其融资方式有两种：

1. 全部发行普通股：增发 6 万股，每股面值 50 元；

2. 全部筹措长期债务：债务利率仍为 12%，利息 36 万元。

公司希望追加融资后销售额达到 600 万元，这时总变动成本为 330 万元，固定成本为 180 万元，所得税税率为 25%。

〔**要求**〕

1. 计算以销售额表示的每股收益无差别点；每股收益无差别点的每股收益；

2. 从每股收益看，试决策公司采用哪种融资方式？

练　习　十

〔**目的**〕练习融资方案选择的决策。

〔**资料**〕远海公司原有的长期资金来源为 1 000 万元，全部为普通股（20 万股，每股面值 50 元）。出于扩充用途需要，决定增加 500 万元长期资金，其融资方案有三个：

1. 全部发行普通股：增发 10 万股，每股票面 50 元；

2. 全部筹措长期债务：假设利率为 12%，按年税前支付；

3. 全部发行优先股，假设股利为 11%，按年税后支付（假设所得税税率为 25%）。

〔**要求**〕

1. 计算普通股和长期债务融资的无差别点，以及在此点上的每股收益；

2. 计算普通股和优先股融资的无差别点，以及在此点上的每股收益；

3. 假设息税前利润为 150 万元，应采用何种融资方案？试说明理由；

4. 假设息税前利润为 200 万元，应采用何种融资方案？试说明理由。

练习十一

〔**目的**〕练习资本结构决策分析与应用。

〔**资料**〕得达公司目前的资本来源包括每股面值 1 元的普通股 800 万股和平均利率为 10% 的 3 000 万元债务。该公司现在拟投产一个新产品，该项目需要投资 4 000 万元，预期投产后每年可增加营业利润（息税前利润）400 万元。该项目备选的融资方案有三个：

1. 按 11% 的利率发行债券；

2. 按面值发行股利率为 12% 的优先股；

3. 按 20 元/股的价格增发普通股。

该公司目前的息税前利润为 1 600 万元；公司适用的所得税税率为 25%；证券发行费可忽略不计。

〔**要求**〕

1. 计算按不同方案融资后的普通股每股收益；

2. 计算增发普通股和债券融资的每股收益无差别点（用息税前利润表示），以及增发普通股和优先股融资的每股收益无差别点；

3. 计算融资前的财务杠杆和按三个方案融资后的财务杠杆；

4. 根据以上计算结果分析，该公司应该选择哪个方案？理由是什么？

5. 若新产品可提供 1 000 万元或 4 000 万元的新增营业利润，在不考虑财务风险的情况下，公司应该选择哪种融资方式？

练习十二

〔**目的**〕练习资本结构决策分析与应用。

〔**资料**〕东方公司是一个生产和销售通信器材的股份公司。假设该公司适用的所得税税率为 40%。公司董事会就 2023 年的预算提出三个方案：

第一方案：维持目前的生产和财务政策。预计销售 45 000 件，售价为 240 元/件，单位变动成本为 200 元，固定成本为 120 万元。公司的资本结构为：400 万元负债（利息率 5%），普通股 20 万股。

第二方案：更新设备并用负债融资。预计更新设备需投资 600 万元，生产和销售量不会变化，但单位变动成本将降低至 180 元/件，固定成本将增加至 150 万元。借款融资 600 万元，预计新增借款的利率为 6.25%。

第三方案：更新设备并用股权融资。更新设备的情况与第二方案相同，不同的只是用发行新的普通股融资。预计新股发行价为每股 30 元，需要发行 20 万股，以筹集 600 万元资金。

〔**要求**〕

1. 计算三个方案下的每股收益、经营杠杆、财务杠杆和联合杠杆。

2. 计算第二方案和第三方案每股收益无差别点（销售量）。

3. 计算三个方案下，每股收益为零的销售量。

4. 根据上述结果分析：哪个方案的风险最大？哪个方案的报酬最高？如果公司销售量下降至 30 000 件，第二方案和第三方案哪一个更好些？请分别说明理由。

练习十三

〔**目的**〕练习资本结构决策分析。

〔**资料**〕用友公司目前财务状况如表 10 − 3 所示。

表 10 − 3　　　　　　　　　用友公司财务数据　　　　　　　　单位：元

项目	金额
债务价值（账面价值 = 市场价值）	1 000 000
股本价值（市场价值）	6 272 727
年销售额	12 000 000
变动成本	6 000 000
固定成本（不含利息）	5 000 000
所得税税率	25%

公司在目前债务水平下，债务资本成本为 8%，股权资本成本为 11%；由于管理部门要理解这种资本结构是否最优，因此，财务副总裁一直考虑发行 100 万元的债券、并用所得资金回购股票的可能性。若通过提高杠杆作用将债务水平提高到 200 万元，预计新债务的利息率将上升到 9%，股本资本成本也会上升到 11.5%。原债券的资本成本仍旧为 8%，这笔旧债务的市场价值为 100 万元。该公司的全部收益均作为股利支出。

〔**要求**〕请分别回答下列问题：

1. 公司是否应将其债务增加到 200 万元？

2. 若公司决定将其债务水平提高到 300 万元，新增加的 200 万元的债务的资本成本率为 12%；股权资本成本将上升到 15%；原有 100 万元债务的资本成本仍为 8% 且尚未偿付，这笔债务的市场价值依然为 100 万元。请分析该公司的债务水平应保持在：（1）100 万元？（2）200 万元？（3）300 万元？

3. 分别计算债务水平在 100 万元、200 万元、300 万元下的加权平均资本成本？

练习十四

〔**目的**〕练习资本结构分析。

〔**资料**〕英达通讯公司为航空公司供应用于接收电影和音乐节目的耳机。耳机使用了最新的电子元件，每台售价为 28.8 元，2019 年预期可以销售 45 万台。在目前的生产方式下，预期销售产品的变动成本为 1 020 万元，固定的产品（经营）成本为 156 万元。英达通讯公司有 480 万元利率为 8% 的债务。流通在外的普通股 24 万股，没有优先股。股利支付率为 70%，英达通讯公司的税率为 25%。

公司考虑投资 720 万元在新的设备上。销售量不会增加，但单位变动成本将下降 20%。固定经营成本将从 156 万元增加到 180 万元。英达通讯公司可以通过按 10% 的利率借款或以每股 30 元发行 24 万股新股来筹集所需资本。

〔**要求**〕请对下列问题进行决策分析：

1.（1）在原来的生产程序下；（2）在利用负债融资后的新程序下；（3）在利用普通股融资后的新程序下，英达通讯公司的每股收益将各是多少？

2. 假设英达通讯公司进行了投资并通过债务或权益融资，在什么销售水平下，其每股收益相同？

3. 在三种产品/设备融资的情况（即原计划、利用债务融资的新计划、利用权益融资的新计划）下，销售数量为多少时 EPS = 0？

4. 在第 1 问到第 3 问分析的基础上，假定在安装新设备后经营杠杆降低了，哪一个计划的风险最大？哪一个计划的期望每股收益最高？你建议接受哪一个计划？假设销售数量将下降到 25 万个的概率很大，请确定在这个销售水平下的 $EPS_{债务}$ 和 $EPS_{股票}$ 以帮助评估两种融资计划各自的风险。

案　　例

资本结构：一个低负债的公司

马绍尔工业公司（Marshall Industries）是美国第四大电子和工业零部件经销商。半导体占其销售的大多数。公司的供应商包括德克萨斯仪器公司（Texas Instruments）、日立公司和富士公司。该公司是在 1954 年由戈登·S. 马绍尔（Gordon S. Marshall）创立的。马绍尔先生仍是董事会主席，但他目前拥有不到 2% 的公司股份。直到最近，当公司宣布其购买电子经销商斯特林电子公司（Sterling Electronics）的意向时，马绍尔工业公司采用了极少量的长期债务。在 1997 年 8 月，公司的资本结构如表 10−4 所示。

表 10−4　　　　　　　　　　　马绍尔工业公司的资本结构　　　　　　　　　　金额单位：美元

长期债务	55 000 000	8.5%
股票市场价值	593 000 000	91.5%
合计	648 000 000	100%

为什么马绍尔工业公司并不看重长期债务呢？创始人及董事会主席戈登·S. 马绍尔（简称 GSH）回答了这个以及其他问题。

采访者：从财务的角度看待马绍尔工业公司，有一件事情较突出，即公司几乎没有长期债务，为什么呢？

GSM：公司没有任何理由采用财务杠杆。我们能从留存收益中筹得发展资金。我们不需要债务。

采访者：马绍尔工业公司正处于竞争激烈的行业中。这是否是马绍尔工业公司资本结构的影响因素？

GSM：一个重要的因素是我的谨慎个性。正如你所知道的，这是一个激烈的行业。我已经历过一些财务上的恶劣时期，我不想把自己置于这样一种处境——任何时候都不得不到一家银行说："你们能贷一些款给我吗？"

采访者：马绍尔工业公司经销亚洲（主要是日本）的电子零部件。近来的亚洲衰退对马绍尔工业公司有影响吗？

GSM：生产力过剩是个大问题。在亚洲，所有生产力过剩的结果是价格和利润持续下降。所以我们的策略是必须扩大规模，使得公司更有效率和更富有竞争力。这就是为什么我们最近收购斯特林电子公司的原因。斯特林电子公司是一家拥有 4 亿美元的公司，而且现在我们有了财务杠杆。我们目前有 3 亿美元的债务。

采访者：到目前为止，马绍尔工业公司几乎没有债务，获利甚丰而且未支付股利。贵公司曾经是敌意收购抑或其他收购行为的目标公司吗？

GSM：在历史上，公司大多依赖我（直至任命目前的首席执行官 RobertRodin）和我长期以来所建立起来的关系。因此，敌意的收购是不可能的。

马绍尔工业公司的一些教训是什么呢？首先，它是一家拥有重大无形资产的公司。马绍尔工业公司在历史上的成功依靠戈登·S. 马绍尔的领导能力——他的信誉和建立并保持关系的能力。无形资产和低负债比率趋于相关，因为无形资产带来高的财务困境成本，尤其是当其与公司的成功有了密切的联系时。电子零部件的经销是竞争激烈的行业，有足够的成长机会，但也有经营不好的时期。在经营好的时候，马绍尔工业公司采用非常少的债务。未使用的负债能力提供高融资能力（Financial Slack）和进入金融市场的准备。马绍尔工业公司把对自己有利的高融资能力用于与斯特林电子公司的合并。

当然，戈登·S. 马绍尔已经是马绍尔工业公司股票的一个重要持有人。所有者控制的公司在财务上趋于保守，因为财务困境成本对它们的损害高于对所有权分散的公司的损害（见表 10 - 5）。

表 10 - 5 马绍尔工业公司的一份财务报告

项目	1997 年
收入（万美元）	118 400
净收入（万美元）	4 000
长期债务（万美元）	5 500
股票的市场价值（万美元）	59 300
股利支付比率（％）	0
五年期平均权益收益率（％）	13.3

续表

项目	1997 年
市值/面值比	1.6
债务占总资本比（%）	8.5
五年综合收入年增长率（%）	16
机构投资者的持股比例（%）	87

（资料来源：［美］斯蒂芬·A. 罗斯等著：《公司理财》，机械工业出版社 2000 年版）

讨论：

1. 你是如何看待马绍尔工业公司资本结构问题的？

2. 马绍尔工业公司资本结构有何特点？它对公司价值产生了什么影响？

第十一章

资本结构决策：外部融资

学 习 要 求

通过本章学习，能够了解资本市场与市场效率对企业融资的影响；区分三种不同有效市场的特点；理解天使投资和风险投资的区别；理解并掌握股票公开上市融资决策过程；理解优先股的特征和有关条款、掌握优先股融资的优缺点；描述债务融资的特点；理解和掌握长期借款的特征、利息支付与偿还、长期借款融资的优缺点；熟悉发行债券和债券评级的有关规定，掌握债券融资的优缺点；理解融资租赁的各种形式、掌握租金的确定以及租赁决策；理解认股权证的含义、认股权证的要素及分类；了解可转换债券的基本要素，掌握可转换债券财务决策，理解可转换债券融资的优缺点。

本章学习重点：描述三种有效市场的划分；熟悉股票发行、股票上市决策；比较优先股融资的特点；描述长期借款的特征、约束性条款及融资特点；掌握债券信息等级评定；掌握融资租赁决策方法的应用；理解认股权证的特征与要素构成；掌握可转换债券的基本要素与财务决策。

本章学习难点：三种有效市场的划分与特点，股票公开上市决策分析，融资租赁决策分析比较，认股权证的特征和财务决策，可转换债券的财务决策。

本章学习指引：本章学习时，要结合中国资本市场实际，从理论和实践相结合的角度理解股权融资、债务融资以及混合融资等各种融资方式的基本特点，并且能够进一步比较不同融资方式之间的差异。同时要结合前述章节中资本成本和风险的基本原理，以及资本市场相关法律法规，理解并把握企业在实务中如何选择融资方式以及如何进行融资决策分析与评价。

学习思维导图

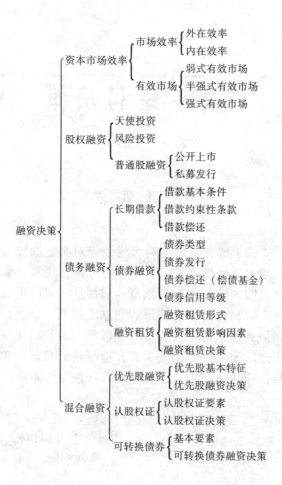

本章学习纲要

一、资本市场效率

（一）市场效率

市场效率（Market Efficiency）：指证券价格对影响价格变化的信息的反映程度。

1. 外在效率，是指资本市场的资金分配效率，即市场上资产的价格是否能根据有关的信息做出及时、快速的反映，它反映了资本市场调节和分配资金的效率。

2. 内在效率，是指资本市场的交易营运效率，即资本市场能否在最短时间和以最低的交易费用为交易者完成一笔交易，它反映了资本市场的组织功能和服务功能的效率。

（二）有效市场

有效市场（Efficient Market Hypothesis）：指资产的现有市场价格能够充分反映所有有关、可用信息的资本市场。根据市场的信息含量，有效市场一般可划分三种市场。

1. 弱式有效市场（Weak Efficient Marke）：资本市场中的证券价格充分反映了所有过去历史的信息。

2. 半强式有效市场（Semistrong–Form EMH）：资本市场中的证券价格充分反映了所有公开可用的信息。

3. 强式有效市场（Strong Efficient Market）：资本市场中的证券价格充分反映了所有信息，包括公开和内幕信息。

学习时要注意结合中国资本市场实践来理解市场效率和市场的有效性问题，要多观察、多思考中国资本市场存在的各种问题，以及问题背后的原因。

二、股权融资

（一）股权融资方式选择

1. 股权融资的特点。一般而言，股权融资具有以下特点：（1）永久性；（2）不可逆性；（3）融资成本不固定。

2. 股权融资方式。股权融资方式一般包括：

（1）所有者权益（Owner's Equity）。（2）风险资本（Venture Capital）与私有权益（Private Equity）。（3）普通股（Common Stock）。（4）权证（Warrant）。

（二）新设公司财务生命周期与融资

大多数企业是以独资企业或者合伙企业的形式出现的，最初，大多数公司的股票是由创立公司的管理者和关键雇员持有。随着企业的不断发展，慢慢成长为公众公司。

1. 天使投资与天使资本。天使投资者是具有丰厚收入并为初创企业提供启动资本的个人。天使资本（Angel Capital）是指投资者以个人名义直接投资于创业企业的资本。

2. 风险投资基金。随着企业的成长，企业资金的需求会超过个体投资者所拥有的资源，这种情况下，企业可能会求助于风险投资基金。风险投资基金（Venture Capitalists）又叫创业基金，是当今世界上广泛流行的一种新型投资机构。

风险投资（VC）简称风投，又称创业投资，主要是指向初创企业提供资金支持并取得该公司股份的一种融资方式。风险投资是股权投资的一种形式。

（三）公开上市决策：普通股发行

1. 公开上市的程序。主要包括：（1）选择投资银行。公司在决定公开上市后所面临的问题是：如何将股票出售给众多投资者。为了顺利完成公开上市，公司需要和不同的投资银行（Investment Banker），也可称为承销商（Underwriter）进行洽谈，并选择其中一家作为主承销商。（2）路演与询价。股票发行申请经发行审核委员会审核通过后，经证监会核准，发行人便可以刊登正式的招股说明书及其他信息，证券公司与发行人进行路演，向投资者推介和询价，并根据询价结果协商确定发行价格。（3）提交上市申请材料。股票发行工作完成后，发行人向证券交易所提出上市申请，符合交易所全部条件的申请人在交易所作出同意上市的决定后，便可在交易所安排下完成挂牌上市交易相关工作，并刊登上市公告书。至此，企业的首次发行并上市工作便可宣告成功完成。

2. 公开上市的优点。主要包括：（1）允许发起人进行多元化投资；（2）增加流动性；（3）有利于企业筹集新资金；（4）确立企业价值；（5）达成并购协议；（6）拓展潜在市场。

3. 公开上市的缺点。主要包括：（1）增加报告成本；（2）信息披露；（3）自我交易；（4）不活跃市场（低价）；（5）控制权；（6）投资者关系。

4. 私募发行。私募发行指面向少数特定投资人（个人投资者和机构投资者）发行证券的方式。

学习时要根据我国《证券法》《公司法》等相关法律法规认识和理解普通股股东的权利与义务，结合我国上市公司实践，了解并熟悉公开上市的程序与发生的相关成本，并比较上市公司与非上市公司在股票公开发行方面的优缺点。

三、债务融资

（一）债务融资特点与效应

1. 债务融资的特点：（1）短期性；（2）可逆性；（3）负担性；（4）流通性。

2. 债务融资效应。主要包括：

（1）债务融资的财务杠杆效应；（2）债务融资的节税效应；（3）债务融资对资本结构的影响；（4）债务融资对股东和经理人的激励和约束；（5）债务融资的风险与防范。

（二）长期借款

1. 长期借款（Long-term Loans）的条件。

2. 长期借款的特征。主要包括：

（1）定期还本付息。

（2）约束性条款。由于长期借款的期限长、风险大，按照国际惯例，银行通常对借款企业提出一些有助于保证贷款按时足额偿还的条件。这些条件写进借款合同中，形成了合同的约束性条款。一般情况下，约束性条款主要包括一般性约束条款、例行性约束条款和特殊性约束条款三类。

长期借款是本章介绍的融资方式中比较容易理解和掌握的一种融资方式，约束性条款是长期借款重要和普遍的特征，学习时应了解三类约束性条款的内容，并理解各约束性条款对企业、股东和管理者的影响。

3. 长期借款的偿还。主要包括：

（1）长期借款利息支付。长期借款的利息率通常高于短期借款。但信誉好或抵押品流动性强的借款企业，仍然可以争取到较低的长期借款利率。长期借款利率有固定利率和浮动利率两种。

（2）长期借款的偿还。长期借款的偿还方式包括：定期支付利息，到期一次性偿还本金的方式；定期等额偿还方式；平时逐期偿还小额本金和利息，期末偿还余下的大额部分的方式（即所谓"气球膨胀"式付款）。第一种偿还方式会加大企业借款到期时的还款压力；而定期偿还又会提高企业使用贷款的实际利率。

学习时要重点理解长期借款利息支付方式和偿还方式对债务人实际借款利率和偿债能力的影响，同时要掌握支付利息与偿还本金的各种计算方法。

4. 长期借款融资的优缺点。主要包括：

（1）长期借款融资的优点：①融资速度快；②借款弹性较大；③借款成本较低；④具有财务杠杆作用。

（2）长期借款融资的缺点：①财务风险增大；②限制较多；③融资数额受限。

（三）债券融资

1. 债券（Bond）的种类。主要包括：

（1）债券有无担保品分为有担保债券和信用债券；（2）按债券偿还方式分为一次还本债券、分期还本债券和通知还本债券；（3）按债券发行方式分为记名债券和无记名债券；（4）按债券利率是否固定分为固定利率债券和浮动利率债券；（5）按债券是否上市分为上市债券和非上市债券；（6）按偿还期限不同分为短期债券和长期债券；（7）按债券能否转换为普通股股票分为可转换债券和不可转换债券；（8）按债券的其他特征可分为收益债券、附认股权债券、零息率债券和垃圾债券等。

需要注意的是：企业债券具有优先股的某些特征，与长期借款同属于债务融资，又与普通股一样可以在资本市场上公开发行和上市，因此企业债券的分类相比其他融资方式更复杂。

2. 债券基本特点。（1）偿还性；（2）流通性；（3）安全性；（4）收益性。

3. 债券发行。

债券发行价格的高低，取决于以下四项因素：（1）债券票面价值；（2）债券票面利率；（3）市场利率；（4）债券到期日。

从货币时间价值来考虑，债券的发行价格由两部分组成：（1）债券到期还本面值的现值；（2）债券各期利息的现值。计算公式如下：

$$债券发行价格 = \sum_{t=1}^{n} \frac{各期利息}{(1+市场利率)^t} + \frac{债券面值}{(1+市场利率)^n}$$

4. 偿债基金（Sinking Fund）。偿债基金指每年从发行企业盈余中按一定比例提取或者每年按固定金额或已发行债券比例提取、专门用于债券偿付的基金。

偿债基金属于年金性质，计算公式如下：

$$A = F \times \frac{i}{(1+i)^n - 1}$$

学习时应理解债券发行价格的影响因素，结合《证券法》等相关法律法规的规定比较债券发行条件与股票发行条件的异同；与长期借款偿还方式相比较理解债券的偿还，并掌握偿债基金的概念及其计算。

5. 债券信用评级。债券的信用等级（Bond Rating）反映了债券发行人偿债能力的高低和违约风险的大小。

阅读这部分内容时应了解评级机构对企业债券评级划分的标准，理解债券评级与违约风险的关系，以及债券评级对企业资本成本的影响。

6. 债券融资的优缺点。

（1）债券融资的优点：①资本成本低；②发挥财务杠杆作用；③不分散股东的控制权。

（2）债券融资的缺点：①财务风险大；②融资数额有限；③债券融资限制条件较多而且更为严格。

（四）融资租赁

1. 租赁的含义。租赁（Lease）是指根据事先约定的条款，资产所有者（出租人）授予承租人在契约或合同规定的期限内使用其资产的权利。租赁按其性质可分为两大类：经营性租赁和融资性租赁。

2. 租赁的形式。主要包括：

（1）直接租赁；（2）转租赁；（3）售后租回；（4）杠杆租赁。

3. 融资租赁财务决策。主要内容有：

（1）影响融资租赁决策的因素。影响融资租赁决策的因素很多，主要包括租赁费用、现金流量分布期、风险等。

（2）融资租赁决策分析。融资租赁决策实际上是对租赁与举债购买两种融资方式的比较分析。决策时一般要借助于二者的现金流量、资金成本等相关因素，分别计算两种融资方式下的现金流量现值大小，以衡量其利弊得失。

学习时应理解和掌握四种融资租赁方式的特点，尤其是四种融资租赁方式分别对承租人产生的影响。理解影响融资租赁决策的相关因素以及它们对融资租赁决策产生的影响，结合企业实践掌握融资租赁与举债购买决策的分析与评价。

4. 融资租赁的优缺点。包括：

（1）融资租赁的优点：①融资速度快；②限制条款少；③可以转嫁设备淘汰风险；④支付压力小；⑤可抵减所得税。

（2）融资租赁的缺点：资本成本较高。融资租赁的租金通常要比借款或发行债券的利息高得多，同时固定的租金也会成为企业一项沉重的负担。

四、混合融资

（一）优先股融资

1. 优先股的特征。优先股（Preferred Stock）是指依照《公司法》，在一般规定的普通种类股份之外，另行规定的其他种类股份，其股份持有人优先于普通股股东分配公司利润和剩余财产，但参与公司决策管理等权利受到限制。

优先股股票与普通股股票相比，一般具有以下特征：优先分配股利权；优先分配公司剩余财产权；优先股股东一般无表决权；优先股可由公司赎回。

综上所述，优先股既可以看作权益资本，但在某种情况下，也可以看作是债务，它是一种兼有普通股和债券特征的融资工具。

2. 优先股发行的基本条款。发行优先股时，往往会附有很多条款。这些条款不仅包括优先股的面值、股利等规定，还包括诸如股利是否累积，优先股能否参与分配剩余利润、是否可以赎回等方面的规定。

3. 优先股融资财务决策。鉴于优先股是一种兼具企业债券和普通股特征的有价证券，企业的财务人员在作融资决策时，应充分考虑和利用优先股这种特性。

企业在融资决策时，融资的成本是一个极为重要的因素。如果不想承担发行普通股那样高的融资成本，但又不愿因债务融资而削弱企业的偿债能力，企业可考虑发行优先股募集资金。

如果企业预计未来能够产生非常丰厚的利润，则进行债务融资能够运用财务杠杆，给原有股东带来更大的好处。但未来的销售和利润的变化很大并不确定，此时，企业为了避免因支付固定利息而带来的财务风险，可以考虑采用优先股筹集资金。

若企业已经用尽其举债的能力，进一步举债会产生信用危机而增大财务风险。企业的股东又不愿发行普通股而削弱他们对公司的控制权。在这种情况下很显然企业应该利用优先股募集资金。

如上所述，企业发行优先股可以增强举债能力。因此，在负债比率很高的情况下，企业可以通过合理安排优先股的发行来融资。

学习时应着重理解为什么优先股是一种兼具企业债券和普通股特征的有价证券，并结合我国资本市场对优先股的规定理解企业选用优先股进行筹资时对财务决策的影响。

4. 优先股融资的优缺点。主要包括：

（1）优先股融资的优点：①可以避免固定的支付负担；②不分散股东的控制权；③融资弹性大；④增强企业举债能力。

（2）优先股融资的缺点：①融资成本较高；②财务负担较重。

（二）认股权证

1. 认股权证的要素。认股权证（Warrants）是指由股份有限公司发行的、能够按照特定的价格在特定的时间内购买一定数量该公司普通股股票的选择权凭证，其实质是一种普通股股票的看涨期权。

认股权证的要素一般包括：

（1）认股期限；（2）认股价格；（3）认股数量；（4）赎回权；（5）认股价格的调整。

2. 认股权证融资决策。

学习时应理解和掌握认股权证的要素，理解认股权证与股票之间的联系和区别，结合认股权证的要素和特点，理解认股权证的发行及其执行对企业、股东和投资者的影响。

（三）可转换债券

1. 可转换债券（Convertible Bond）基本要素。可转换债券是指可以在规定的条件下兑换为同一企业普通股股票的企业债券。

可转换债券除了要具备普通债券的基本要素外，还应具备以下要素：

（1）标的股票。

（2）转换价格（Conversion Price）。转换价格是指可转换债券转换为普通股股票时投资者所支付的每股股票的价格。

（3）转换期（Conversion Period）。转换期是可转换债券转换为普通股股票的起始日至结束日的时间。

（4）赎回条款（Call Provision）。赎回条款是指允许企业在债券发行一段时间后，无条件或有条件地在赎回期内提前购回可转换债券的条款。

（5）回售条款（Put Provision）。回售条款是为可转换债券投资者提供的一项安全性保障。

2. 可转换债券融资的原因。主要包括：

（1）维护现有股东的利益。

（2）可转换债券融资的资金成本较低。

（3）有利于调整企业资本结构。

（4）有利于企业现金流量的稳定。

3. 可转换债券融资分析。

可转换债券融资分析是本章学习的难点，应结合企业发行可转换债券具体实践，理解和掌握纯债券价值、转换价值、到期价值、市场价值、底价和溢价的概念和计算以及这些概念之间的联系和关系，在这些基础上掌握可转换债券融资决策的分析与评价。

4. 可转换债券融资的优缺点。包括：

（1）可转换债券融资的优点。从发行企业的角度看，可转换债券有两个重要优势：一是与认股权证一样，可转换债券以出让企业部分发展收益为代价，换取发行低息债券的机会。二是从某种意义上说，可转换债券提供了一种以高于现行价格的价格出售普通股的方式。这就使发行企业避免了股票发行的财务损失。

（2）可转换债券融资的缺点。对发行企业来讲，可转换债券的缺点主要表现在：

①虽然可转换债券提供了一种以高于现行价格的价格出售普通股的机会，但如果普通股的价格上涨较多，发行公司将发现，还不如最初使用成本较高的一般债务，以后再发行普通股赎回债券。②可转换债券一般有着较低的票面利率，如果进行转换，这一低成本债务的优点将会丧失。③如果企业真正想增加权益资本，而企业的收益没有像预期的那样增长，股票的价格并没有上升到足够的价位，转换就不会发生，企业以较低的收益负担大量债务，这将是非常危险的。

练习与思考

客　观　题

一、单项选择题

1. 下列不属于股权融资特点的是（　　　）。
   A. 永久性　　　　　　　　　　　B. 不可逆性
   C. 融资成本相对较高　　　　　　D. 融资成本固定

2. 下列选项中不属于普通股融资优点的是（　　　）。
   A. 没有固定的利息负担　　　　　B. 没有到期日，不需要偿还
   C. 能够提高公司的信誉　　　　　D. 资本成本较低

3. 以下关于普通股融资的说法中，正确的是（　　　）。
   A. 采用普通股融资，可以降低公司的财务风险
   B. 采用普通股融资，可以不向股东支付利息，因此资本成本很低
   C. 根据我国相关法律的规定，企业可以自行销售股票，以减少发行成本
   D. 采用普通股融资，由于股权充分分散，所以控股股东容易保持控制权

4. 股票上市对公司的不利影响是（　　　）。
   A. 提高公司的知名度　　　　　　B. 承担较高的信息成本
   C. 普通股资本成本高　　　　　　D. 公司价值波动

5. 优先股与普通股的共同之处是（　　　）。
   A. 股利固定　　　　　　　　　　B. 优先分配公司剩余财产
   C. 所筹资本属于公司权益资本　　D. 可参与公司重大决策

6. 与负债融资相比，优先股融资的优点是（　　　）。
   A. 能够发挥财务杠杆作用　　　　B. 不分散公司控制权
   C. 股息的支付具有弹性　　　　　D. 融资成本较低

7. 从融资的角度，下列融资方式中财务风险较小的是（　　　）。
   A. 普通股　　　　　　　　　　　B. 长期借款
   C. 债券　　　　　　　　　　　　D. 融资租赁

8. 甲公司发行债券，面值1 000 元，票面利率为5%，期限5 年，每半年支付一次利息。若实际市场利率为5%，则其发行价格将（　　）。

    A. 高于1 000 元　　　　　　　　　　B. 等于1 000 元

    C. 低于1 000 元　　　　　　　　　　D. 无法计算

9. 会提高企业使用借款实际利率的本息支付方式是（　　）。

    A. 到期一次还本付息　　　　　　　B. 定期付息，到期一次还本

    C. 气球膨胀式付款　　　　　　　　D. 定期等额还本

10. 长期借款与发行债券相比，其优点不包括（　　）。

    A. 长期借款融资速度更快　　　　B. 借款融资弹性较大

    C. 借款融资成本低　　　　　　　　D. 借款融资具有财务杠杆作用

11. 债券融资的优点是（　　）。

    A. 不分散控制权　　　　　　　　　B. 财务风险大

    C. 融资数额有限　　　　　　　　　D. 限制条件较多

12. 相对于发行债券和利用银行借款购买设备而言，通过融资租赁方式取得设备的主要缺点是（　　）。

    A. 限制条款多　　　　　　　　　　B. 融资速度慢

    C. 资本成本高　　　　　　　　　　D. 财务风险大

13. 某公司发行期限为10 年的可转换债券，面值为1 000 元，约定持有人在10 年内每张债券可转换为20 股普通股股票，则转换价格是（　　）元。

    A. 50　　　　　　　　　　　　　　　B. 25

    C. 60　　　　　　　　　　　　　　　D. 40

14. 为了有利于引入机构投资者与大股东及关联方，上市公司应采取的发行方式是（　　）。

    A. 配股　　　　　　　　　　　　　　B. 公开增发股票

    C. 非公开增发股票　　　　　　　　D. 发行债券

15. 承租人同时也是资产的出售人，出租人同时也是资产的购买人的租赁方式是（　　）。

    A. 直接租赁　　　　　　　　　　　B. 售后租回

    C. 杠杆租赁　　　　　　　　　　　D. 经营租赁

16. 在发行可转换债券时，设置按高于面值的价格赎回可转换债券的条款（　　）。

    A. 为了保护可转换债券持有人的利益，以吸引更多的投资者

    B. 减少负债筹资额

    C. 为了促使债券持有人转换股份，并锁定发行公司的利率损失

    D. 增加股权筹集额

17. 以股票为标的物的看涨期权与认股权证相比，下列表述不正确的是（　　）。

    A. 看涨期权执行时，其股票来自二级市场，而当认股权证执行时，股票是新发股票

    B. 认股权证的执行会稀释每股收益和股价，看涨期权不存在稀释问题

C. 看涨期权时间短，认股权证期限长

D. 看涨期权具有选择权，认股权证到期权行权

18. 可转换债券的赎回价格一般高于可转换债券的面值，两者的差额为赎回溢价，下列说法正确的是（　　）。

A. 赎回溢价会随债券到期日的临近而减少

B. 赎回溢价会随债券到期日的临近而增加

C. 赎回溢价会随债券到期日的临近而保持不变

D. 对于溢价债券赎回溢价会随债券到期日的临近而减少，折价债券会增加

二、多项选择题

1. 优先股股东拥有的权利有（　　）。

A. 股利分配优先权　　　　　　　　B. 剩余财产分配优先权

C. 经营管理权　　　　　　　　　　D. 股份转让权

2. 股份公司申请股票上市的原因有（　　）。

A. 改善财务状况　　　　　　　　　B. 提高公司知名度

C. 使资本集中　　　　　　　　　　D. 利用股票收购其他公司

3. 关于普通股融资优点的有（　　）。

A. 有利于增强企业信誉　　　　　　B. 资本成本较低

C. 有利于降低财务风险　　　　　　D. 不容易分散企业控制权

4. 优先股与债券的共同之处有（　　）。

A. 融资成本固定　　　　　　　　　B. 无须偿还

C. 所筹资本属于公司权益资本　　　D. 在股东大会上无投票权

5. 与普通股融资相比，优先股融资的优点有（　　）。

A. 可以避免固定的支付负担　　　　B. 不分散公司控制权

C. 可以发挥财务杠杆作用　　　　　D. 融资成本较低

6. 赋予优先股赎回条款的目的有（　　）。

A. 确保公司资本的弹性　　　　　　B. 有利于吸引广大投资者

C. 可以调整资本结构　　　　　　　D. 增强公司财务的灵活性

7. 长期借款的特点有（　　）。

A. 定期偿还本金

B. 按规定的时间和利率支付利息

C. 银行对借款企业提出一些约束性条款

D. 融资速度快

8. 与债券融资方式相比，长期借款融资的优点有（　　）。

A. 融资速度快　　　　　　　　　　B. 借款弹性大

C. 使用限制少　　　　　　　　　　D. 融资费用低

9. 长期借款融资与普通股融资相比的特点表现在（　　）。

A. 融资风险较高　　　　　　　　　B. 借款成本较高

C. 限制条件较多　　　　　　　　　D. 融资数量有限

10. 公司会选择将发行在外的债券赎回的情形有（　　　）。

    A. 金融市场利率持续下降

    B. 金融市场利率持续上升

    C. 公司有富余资金，而缺乏良好投资机会

    D. 公司陷入财务危机

11. 债券发行价格的高低取决于（　　　）。

    A. 债券面值　　　　　　　　　　B. 票面利率

    C. 市场利率　　　　　　　　　　D. 到期日

12. 与普通股融资相比，债券融资具有（　　）的特点。

    A. 资本成本低　　　　　　　　　B. 财务风险低

    C. 限制条件少　　　　　　　　　D. 不分散控制权

13. 与长期借款融资相比，融资租赁的优点有（　　　）。

    A. 融资速度快　　　　　　　　　B. 限制条款少

    C. 可转嫁设备淘汰风险　　　　　D. 可抵减所得税

14. 能够产生财务杠杆作用的融资方式有（　　　）。

    A. 普通股　　　　　　　　　　　B. 长期借款

    C. 债券　　　　　　　　　　　　D. 优先股

15. 认股权证融资的缺点包括（　　　）。

    A. 财务负担重　　　　　　　　　B. 稀释普通股收益

    C. 分散企业控制权　　　　　　　D. 存在回售风险

16. 认股权证是赋予持有人一种期权，其实质包括（　　　）。

    A. 看涨期权　　　　　　　　　　B. 看跌期权

    C. 买入期权　　　　　　　　　　D. 卖出期权

17. 以下关于可转换债券的说法中，正确的有（　　　）。

    A. 在转换期内逐期降低转换比率，不利于投资人尽快进行转股

    B. 转换价格高于转换期内的股价，会降低公司的股本筹资规模

    C. 设置赎回条款主要为了保护发行企业与原有股东的利益

    D. 设置回售条款可能会增加公司的财务风险

18. 可转换债券设置赎回条款，其目的有（　　　）。

    A. 限制债券持有人过分享受公司收益大幅度上升所带来的回报

    B. 可以使公司避免市场利率下降后继续向债券持有人支付较高的利息

    C. 可以促使债券持有人转换股份

    D. 可以吸引投资者

19. 发行可转换债券有利于（　　　）。

    A. 维护现有股东的利益　　　　　B. 降低资本成本

    C. 调整资本结构　　　　　　　　D. 企业现金流量的稳定

20. 超过转换期的可转换债券（　　　）。

    A. 不再具有转换权　　　　　　　B. 只能以较高转换价格转换为股票

C. 要被发行公司赎回　　　　　　D. 自动成本不可转换债券

三、判断题

1. 公司清算时，普通股股东对公司剩余财产的请求权位于优先股股东之前。
（　　）

2. 股东无偿配股的目的通常不是增资，而是为了调整资本结构。（　　）

3. 普通股资本属于企业的自有资本，可以无限期免费使用。（　　）

4. 普通股融资的财务风险较大。（　　）

5. 发行股票融资，可以不付利息，因此其成本低于借款。（　　）

6. 优先股是一种兼有普通股和债券特征的融资工具。（　　）

7. 优先股股东通常优先于普通股股东分配股利，但与普通股一样，股利随公司经营状况和盈利状况而变化。（　　）

8. 全部参与优先股是指除了按规定的股息率优先分得股息外，还有权与普通股股东一起，共同等额地分享到剩余盈利。因此，这种优先股的持有人可能获得与普通股股东完全相同的股利。（　　）

9. 优先股融资有助于使公司的财务安排更富有弹性。（　　）

10. 一般来讲，借款期限越长，风险越大，借款利率越高。（　　）

11. 到期一次偿还方式与定期等额偿还相比，会提高企业使用资金的成本。
（　　）

12. 上市债券与非上市债券相比流动性较强，但需承担高昂的上市费用。（　　）

13. 经营租赁属于短期租赁，出租者承担与租赁资产有关的主要风险，而承租人很少承担持有资产的风险。（　　）

14. 融资租赁是长期租赁，租赁期接近资产的经济寿命。（　　）

15. 采用平均分摊法确定租金，是先以商定的利率和手续费率计算出租赁期内的利息和手续费，然后连同设备成本按支付次数平均。这种方式没有充分考虑时间价值因素。（　　）

16. 采用等额年金法确定租金时，折现率是根据综合利率和手续费率确定的。
（　　）

17. 融资租赁可抵减所得税。（　　）

18. 融资租赁可适当减少企业不能偿付的风险。（　　）

19. 融资租赁的租金中不包括出租人向承租企业提供租赁服务所赚取的利润。
（　　）

20. 在新发行优先股或公司债券时，对投资者无偿赠送认股权证，可增强公司优先股或债券对投资者的吸引力。（　　）

21. 当股票的市场价格低于认股权证的执行价格，认股权证的持有人才会行使认股权购买股票；反之，持有人则会放弃行权。（　　）

22. 如果转换时股票的价格大幅度上扬，公司只能以较低的固定转换价格换出股票，则会增加公司的股权融资额。（　　）

23. 转换价格高于转换期内的股价，会增加公司的股本融资规模。（　　）

24. 在发行可转换债券时，设置按高于面值的价格赎回可转换债券的条款，是为了保护持有人的利益，以吸引更多的投资者。 （　　）

25. 发行可转换债券可以减轻公司股权的分散程度，保护现有股东的利益。 （　　）

26. 通常可转换债券利率较低，主要是因为对投资者而言，其灵活性强，具有双重收益。 （　　）

思 考 题

一、作为普通股股东，按照我国《公司法》的规定可享受哪些权力？

二、普通股股东和优先股股东的权利有何不同？

三、有人说"发行普通股股票可永久持有，不需归还资本，因此，在企业所有融资方式中是最好的。"请结合有关知识对此给予评价。

四、调查一家上市公司，结合调查结果分析股票上市的优缺点？

五、走访一家股份制企业，了解股票发行的有关规定和条件。

六、比较股票直接公募发行和间接公募发行的特点。

七、简述普通股融资的优点和缺点。

八、查阅相关规定，说明股票上市交易有哪些条件，暂停、终止上市又有何规定。

九、为什么股票发行价格可以按票面金额，也可以超过票面金额，但不得低于票面金额？

十、比较股票自销与承销的区别及其适用范围。

十一、比较股票包销与代销的优缺点。

十二、请解释为什么股票融资资本成本较高。

十三、股票上市方式有哪几种？它们之间有何区别？

十四、走访当地的已上市公司，利用调研信息分析应如何选择股票上市的最佳时机？

十五、优先股是一种既具有普通股特征又具有债券特征的融资工具。应如何理解优先股的这一特性？

十六、优先股与普通股有何异同？与债券有何异同？

十七、优先股融资有何优点和缺点？

十八、在哪些情况下，公司会选择发行优先股融资？

十九、走访一家商业银行，了解向银行申请长期借款应具备哪些基本条件？

二十、比较分析长期借款的一般性条款、例行性条款和特殊性条款的特点。

二十一、简述长期借款融资的优缺点。

二十二、分析评述债券融资的特点。

二十三、查阅相关规定，说明什么样的企业可以发行债券，其发行条件有哪些？

二十四、比较信用债券与抵押债券有何区别。

二十五、什么是垃圾债券？在公司融资中如何运用？

二十六、为什么对企业债券一般要建立偿债基金制度？

二十七、融资租赁与经营租赁相比有何特点？

二十八、结合我国租赁市场情况，试分析哪些因素影响到租赁决策的选择。

二十九、长期贷款合同中的保护性条款的目的是什么？

三十、了解中国金融市场，分析向企业提供中期资金的主要金融机构是哪些？

三十一、企业债券评级有何作用？

三十二、比较售后租回与直接租赁的不同特点。

三十三、从会计角度看，怎样处理租赁融资与债务融资？

三十四、讨论售后租回将对下列方面所产生的影响：

1. 流动比率。

2. 投资报酬率。

3. 公司普通股的风险级别。

4. 权益报酬率。

5. 公司普通股的价格。

三十五、为什么融资租赁可以转嫁设备陈旧过时的风险？

三十六、你认为以下因素将有利于借款融资方案还是租赁融资方案？为什么？

1. 公司所得税税率提高。

2. 更快的加速折旧。

3. 价格水平提高。

4. 租赁资产的残值增加。

5. 无风险利率提高。

三十七、企业怎样利用认股权证进行融资决策？

三十八、企业发行可转换债券融资的主要原因是什么？了解并评价我国目前可转换债券市场的融资情况。

三十九、比较认股权证融资和可转换债券融资的特点与应用。

四十、有人认为，若可转换证券发行溢价为发行时市价的 10% ~ 20%，那么，可把可转换证券作为一种延迟的股票融资工具。然而，只要市价远高于转换价格，大多数可转换证券都会被赎回，是否公司稍微等待并在后来发行普通股会更好一些呢？解释你的观点。

四十一、公司能以比长期债券更低的利息率发行可转换证券，为什么它还要发行直接债券呢？

四十二、假定你是一个股权集中（只有少数几个股东）的小型电子工业公司的财务经理，你有一个有利的投资机会，并在考虑是用后偿债的可转换证券还是用附有认股权证的债券融资。由于你认为考虑启动成本的话当前股价也处于超低价位，并且公司负债比率很高（相对于整个行业），因此不考虑股票融资方式。如果你在未来需要大量资金，你将采取哪种融资方式？为什么？

四十三、为什么一些可转换债券持有者会自愿进行转换？

四十四、小型、高速成长的公司采用认股权证有何优势？

四十五、如果可转换证券转换成普通股，普通股的每股收益会被稀释。你认为股价是否会因此而下跌？请做解释。

计算分析题

练 习 一

〔目的〕练习融资决策方法应用。

〔资料〕得达公司决定添置一台购买价格为 40 000 元的新设备。如果它决定采用租赁的方式来取得这一台设备，它在未来 4 年中每年年初都要支付10 000 元的租赁费用，而设备的保养工作则由出租人负责。该公司也可以向银行贷款，以买下这一台设备。如果该公司决定采用贷款购买的方式来获得设备，这一笔利率等于 10% 的贷款必须在 4 年内平均分年偿还完毕；此外，该公司在每年年底还要自行负担 1 000 元的设备维修费用。采取年数总和法提取折旧。4 年后预期将有 10 000 元的残值。该公司已经决定，不管是使用租赁或贷款购买的方式来添置设备，它在 4 年后一定会将设备汰旧换新。该公司的所得税税率为 25%。

〔要求〕

1. 得达公司的租赁成本的现值是多少？

2. 得达公司的贷款购买成本的现值是多少？该公司应该采用哪种方式来添置设备——租赁或贷款购买？

练 习 二

〔目的〕练习借款利息的计算方法。

〔资料〕宏敏公司欲购买一台新设备，设备价款为 120 000 元。其中 20 000 元公司打算用现金支付，剩余的 100 000 元则向银行进行长期借款，利率为 14%，银行提出了两个偿还长期借款的方案。

方案 A：于今后 5 年内等额分期付款，每年年末支付。

方案 B：分 5 年分期付款，并且于第 5 年年末支付最后一期偿付款 20 000 元。

〔要求〕

1. 计算方案 A 中每年偿还额。

2. 计算方案 A 中分期付款额的本金与利息。

3. 计算方案 B 中的每年分期付款额。

练 习 三

〔目的〕练习长期借款融资方式决策分析方法。

〔资料〕利得公司计划 2022 年年初增添一台大型设备（无须安装），购置成本 100 万元，使用寿命 5 年，税法规定折旧期 5 年，采用双倍余额递减法计提折旧，预计净残值 10 万元（实际与税法规定一致），每年的维护保养费为 2 万元（假设可以抵税）。

公司打算从银行贷款购买该设备，贷款年利率为 5%，需要在 4 年内每年年末等额偿还本息。公司适用的所得税税率为 25%。假设投资人要求的必要报酬率为 10%，不希望设备使用期间的税后现金流出现值大于 60 万元。

〔要求〕计算设备使用期间的税后现金流出现值（残值收入抵减现金流出），并判断企业是否会采纳这个方案。

<h2 style="text-align:center">练 习 四</h2>

〔目的〕练习债券融资与股票融资方式的决策分析。

〔资料〕远达公司需要筹集 990 万元资金，使用期 5 年，有以下两个融资方案：

1. 甲方案：委托××证券公司公开发行债券，债券面值为 1 000 元，承销差价（留给证券公司的发行费用）每张票据是 51.61 元，票面利率 14%，每年年末付息一次，5 年到期一次还本。发行价格根据当时的预期市场利率确定。

2. 乙方案：委托××证券公司公开发行 100 万股股票，股票发行费为发行价格的 1%，未来 5 年内每年支付股利 300 万元。

假设当时的预期市场利率（资金的机会成本）为 10%，所得税税率为 25%。

请通过计算回答：

〔要求〕

1. 债券和股票的发行价格应该是多少？

2. 假设不考虑时间价值，哪个融资方案的成本（融资后总的现金流出）较低？

3. 如果考虑时间价值，哪个融资方案的成本（融资后现金流出现值）较低？

<h2 style="text-align:center">练 习 五</h2>

〔目的〕练习融资决策分析。

〔资料〕得利公司是家民营企业，其开发和生产的某种产品市场前景很好。公司目前正处于创业阶段，急需资金支持，准备再增加定向发行债券。得利公司目前已经采取的融资方案是：定向向若干战略投资者发行价值 800 万元、利率为 10% 的抵押公司债券。债券投资人出于保持或增加其索偿权安全性的愿望，经与得利公司协商后双方共同在债务契约中写入若干保护性条款，其中规定允许公司只有在同时满足下列保护性条款的前提下才能发行其他公司债券：

1. 税前利息保障倍数大于 4；

2. 发行债券所形成的资产的 50% 用于增加被抵押资产，抵押资产的净折余价值保持在抵押债券价值的 2 倍以上；

3. 产权比率不高于 0.5。

从公司目前财务报表得知，得利公司现在净利润 240 万元，预计未来仍然可以保持这一收益水平，目前所有者权益为 4 000 万元，公司总资产 4 800 万元中已被用于抵押的资产折余价值为 3 000 万元。公司所得税税率为 25%。

〔要求〕

1. 在抵押债券契约中规定的三种条件下，得利公司可分别再发行多少利率为 10%

的债券?

2. 说明上述保护性条款中哪项是有约束力的，为什么?

练 习 六

〔**目的**〕练习优先股转换价值的计算。

〔**资料**〕加利公司目前有 500 000 股普通股流通在外，每股收益为 3 元，该公司计划按面额发行 40 000 股，面额 50 元的可转换优先股。优先股每 1 股可转换为 2 股普通股。普通股目前的市价为每股 21 元。

〔**要求**〕

1. 优先股的转换价值为多少?

2. 转换溢价为多少?

3. 假设总收益不变，则优先股发行之后转换之前，对每股收益有何影响? 完全转换之后又如何?

4. 如果税后利润增加 1 000 000 元，则在转换之前每股收益将为多少? 完全转换之后又如何?

练 习 七

〔**目的**〕练习可转换债券价值确定。

〔**资料**〕海利公司每股收益为 2 元，股利支付率 60%，市盈率为 10。该公司想发行利率 6%、20 年期的可转换公司债 10 000 000 元。其赎回价格为 1 050 万元。而最初的转换价格比当前股价溢价为 25%。海利公司目前有 1 000 000 股普通股流通在外，其税率为 25%。

〔**要求**〕

1. 转换价格如何?

2. 如果所有的公司债均经转换，应增加发行多少股普通股?

3. 如果以发行公司债的资金，海利公司能使息税前利润每年增加 1 000 000 元，试计算发行后转换前与转换后的新每股收益。

练 习 八

〔**目的**〕练习其他融资方式的应用。

〔**资料**〕假设练习七中海利公司经由股票的发行而筹集 10 000 000 元的资金，筹资费率为 10%。如果经由该笔资金的使用，可使息税前利润增加 1 000 000 元。

〔**要求**〕

1. 试计算需发行多少普通股，发行后的每股收益及留存收益。

2. 假设练习七中海利如不发行可转换公司债，可按 9% 的利率出售 10 000 000 元的公司债。试计算在息税前利润增加 1 000 000 元的假设之下，发行公司债之后的每股收益及留存收益。

练　习　九

〔**目的**〕练习可转换公司债券价值的确定。

〔**资料**〕得远化学公司当前普通股价格为每股 36 元，公司计划发行 1 000 万元的年利率为 10% 的可转换债券，转股价格比股票市价高 12%。在头十年公司债券的赎回价格为每份 1 060 元，公司只在转换价值超过赎回价格 15% 以上才可能赎回债券。在可预见的未来，每股收益预期以 8% 的速度增长，并且公司预计未来市盈率不会变化。

〔**要求**〕请问多长时间后，公司开始赎回债券？

练　习　十

〔**目的**〕练习可转换债券价值确定。

〔**资料**〕海达股份有限公司发行了年利率为 2%、总额为 1 亿元的可转换债券，该债券期限 5 年，每年付息一次，每张债券面值为 1 000 元，自发行日起可以实施转股，前两年转股价格为 10 元/股，预计有 75% 的债券实施转股；后两年转股价格为 12 元/股，预计有 20% 的债券在此段时间内实施了转股，第 5 年进入不可转换期。债券发行时，该公司股票市场价格为 8 元/股；前两年债券转股期内，预期股票市场平均价格为 20 元/股；后两年债券转股期内，股票市场平均价格为 25 元/股。目前市场利率为 10%。

〔**要求**〕

1. 若债券持有人选择持有，不转换为普通股，则投资该可转换债券的价值为多少？

2. 若债券持有人选择在第 2 年年末转换，并立即将其出售，计算其转换比率和投资该债券的价值。

3. 若债券持有人选择在第 4 年年末转换，并立即将其出售，计算其转换比率和投资该债券的价值。

4. 如该债券发行价为 950 元/张，请问第 4 年年末转股并出售的净现值为多少？

案　　例

案　例　一

2007 年 9 月 19 日，经中国证监会证监发行字〔2007〕305 号文核准，中国长江电力股份有限公司获准发行不超过人民币 80 亿元（含 80 亿元）公司债券，采取分期发行的方式，第一期发行人民币 40 亿元，在中国证监会核准后 6 个月内发行；第二期发行不超过人民币 40 亿元（含 40 亿元）。

2007 年 9 月 24 ~ 26 日，公司采取网上面向社会公众投资者公开发行和网下面向机构投资者协议发行相结合的方式，成功发行第一期40亿元公司债券。债券发行的主要内容如下：

本期公司债券每一张票面金额为100元，存续期限为10年，债券票面利率为5.35%，在债券存续期内固定不变，采取单利按年计息，不计复利。债券按年付息、到期一次还本。利息每年支付一次，最后一年利息随本金一起支付。债券的起息日为公司债券的发行首日，即2007年9月24日。公司债券的利息自起息日起每年支付一次，2008~2017年每年的9月24日为上一计息年度的付息日（遇节假日顺延）。债券到期日为2017年9月24日，到期支付本金及最后一期利息。公司债券付息的债权登记日为每年付息日的前1交易日，到期本息的债权登记日为到期日前6个工作日。在债权登记日当日收市后登记在册的债券持有人均有权获得上一计息年度的债券利息和或本金。公司债券持有人有权在债券存续期间第7年付息日将其持有的债券全部或部分按面值回售给公司。中国建设银行股份有限公司为本期公司债券提供了全额、不可撤销的连带责任保证担保。经中诚信证券评估有限公司综合评定，发行人的主体信用等级为AAA，本期公司债券信用等级为AAA。在本期公司债券的存续期内，资信评级机构每年将对发行人主体信用和本期公司债券进行一次跟踪评级。

讨论：

1. 请分析中国长江电力股份有限公司发行债券包括哪些要素？
2. 请分析信用评级有何作用。

（资料来源：摘自《中国长江电力股份有限公司2007年第一期公司债券上市公告书》，2007年10月12日，http://www.cninfo.com.cn）

案例二

2005年8月12日，公司2005年第1次临时股东大会审议通过了《宝山钢铁股份有限公司股权分置改革方案》，根据方案，公司于2008年8月18日支付认购权证作为对价的组成部分，于股权登记日登记在册的宝钢股份公司流通股股东每持有10股股份将获得1份认购权证，共计38 770万份。权证的主要条款包括：

1. 基本情况。
（1）权证类别：认购权证。
（2）份数：38 770万份。
（3）发行方式：派送。
（4）权证存续期间：2005年8月18日至2006年8月30日，共计378天。
（5）标的证券：宝钢股份公司A股股票。
（6）行权价：4.50元（2005年8月18日，宝钢股份的收盘价为4.58元）。
（7）行权方式：欧式，仅可在权证存续期间的最后一个交易日行权。
（8）行权日：2006年8月30日。

（9）行权比例：1，即 1 份认购权证可按行权价向本公司购买 1 股宝钢股份公司 A 股股票。

（10）结算方式：证券给付方式结算，即认购权证持有人行权时，应支付依行权价格及行权比例计算的价款，并获得相应数量的宝钢股份公司股份。

2. 认购权证行权价和行权比例应予调整的情形和具体调整方法。

宝钢股份公司 A 股股票除权、除息的，认购权证行权价和行权比例将按以下规则调整：

（1）当宝钢股份公司 A 股除权时，认购权证的行权价、行权比例将按以下公式调整：

新行权价＝原行权价×（宝钢股份公司 A 股除权日参考价/除权前一日宝钢股份公司 A 股收盘价）；

新行权比例＝原行权比例×（除权前一日宝钢股份公司 A 股收盘价/宝钢股份公司 A 股除权日参考价）。

（2）当宝钢股份公司 A 股除息时，认购权证的行权比例保持不变，行权价格按下列公式调整：

新行权价＝原行权价×（宝钢股份公司 A 股除息日参考价/除息前一日宝钢股份公司 A 股收盘价）。

讨论：

1. 对宝钢股份有限公司认股权证发行进行评价。
2. 宝钢股份有限公司发行认股权证对其融资有何影响？

（资料来源：摘自《宝山钢铁股份有限公司认股权证上市公告书》，2005 年 8 月 18 日，http：//www.cninfo.com.cn）

案 例 三

山东海化股份有限公司于 2004 年 9 月 7 日成功地公开发行了 1 000 万张可转换公司债券，发行总额 100 000 万元。《山东海化股份有限公司发行可转换公司债券募集说明书摘要》中的主要发行条款包括：

（一）发行规模及其确定依据

根据有关法律法规的规定以及公司募集资金投资项目的资金需求和财务状况，本次发行的可转债总额为 100 000 万元。

（二）票面金额、期限、票面利率和付息日期

1. 票面金额。

本次发行的可转债的票面金额为 100 元。

2. 期限。

本次发行的可转换公司债券期限为 5 年，自 2004 年 9 月 7 日起至 2009 年 9 月 7

日止。

3. 利率。

本次发行的海化转债票面年利率第一年为 1.5%、第二年为 1.8%、第三年为 2.1%、第四年为 2.4%、第五年为 2.7%，每年付息一次。

4. 付息登记日。

本次发行的可转债的计息起始日为海化转债发行首日，即 2004 年 9 月 7 日。第一次付息登记日为发行首日的次年当日，以后每年的该日为当年的付息登记日。只有在每年付息登记日当日收市后登记在册的持有人才享受当年的利息。若付息登记日为非交易日，则以付息登记日前一个交易日深圳证券交易所收市后登记在册的海化转债持有人为准。

5. 付息日期。

海化转债利息每年支付一次。公司在海化转债存续期内每年的付息登记日之后的 5 个交易日内，向持有人支付当年利息。

6. 转换年度有关利息的归属。

在付息登记日当日申请转股以及已转股的海化转债无权再获得当年及以后年度的可转债利息，但与本公司发行在外的人民币普通股股东享有同等权益。

7. 利息分配方式。

海化转债持有人当年应得的利息等于该持有人在付息登记日深圳证券交易所收市后持有的海化转债票面总金额乘以票面利率，结果精确到分，以货币资金形式支付。

年度利息计算公式为：$$I = B \times i$$

其中，I 为支付的利息额；B 为海化转债持有人在付息登记日收市后仍持有的可转债票面总金额；i 为本次海化转债票面利率。

8. 到期还本付息。

在 2009 年 9 月 7 日到期日之后的 5 个交易日内，公司将按面值加上应计利息偿还所有到期未转股的可转债。

（三）可转债转股的有关约定

1. 转股的起止日期。

本次可转债转股的转换期自海化转债发行之日起 6 个月，即 2005 年 3 月 7 日（含当日）起至可转债到期日，即 2009 年 9 月 7 日（含当日）止。持有人可在转换期内的转股申请时间申请转股。

2. 初始转股价格的确定依据及计算公式。

本次发行初始转股价格为 7.15 元/股。以公布海化转债募集说明书前 30 个交易日，公司股票收盘价格的算术平均值 7.14 元/股为基准上浮 0.10% 确定。计算公式如下：

$$初始转股价格 = \frac{公布募集说明书前30个交易日}{公司 A 股股票收盘价格的算术平均值} \times (1 + 0.10\%)$$

初始转股价格自本次发行结束后开始生效。

3. 转股价格的调整。

在本次发行之后，当本公司因送红股、转增股本、增发新股、配股等情况（不包括因海化转债转股增加的股本）引起公司股份发生变动时，转股价格将按下述方式调整。

设调整后的转股价格为 P，调整前的转股价格为 P_0，每股送红股数、每股转增股数为 n，每股增发新股数或配股数为 k，新股价或配股价为 A，每股派息为 D，则：

$$送股、转增股本 \quad P = \frac{P_0}{1 + n}$$

$$增发新股或配股 \quad P = \frac{P_0 + Ak}{1 + k}$$

$$上述两项同时进行 \quad P = \frac{P_0 + Ak}{1 + n + k}$$

$$派息 \quad P = P_0 - D$$

按上述调整条件出现的先后顺序，依次进行转股价格累积调整，调整值保留小数点后两位，最后一位实行四舍五入。

因公司分立、合并、减资的原因引起股份变动、股东权益发生变化的，公司将根据海化转债持有人在前述原因引起的股份变动、股东权益变化前后的权益不变的原则，经公司股东大会批准后，对转股价格进行调整。

4. 转股价格特别修正条款。

公司有权在不违反任何当时生效的法律、法规的前提下，在海化转债的存续期间降低转股价格。

在海化转债存续期间，当任何连续30个交易日内有20个交易日公司股票收盘价格的算术平均值不高于当时转股价格的90%时，公司董事会有权向下修正转股价格，降低后的转股价格不得低于本公司普通股的每股净资产和每股股票面值。

公司行使修正转股价格之权利不得替代前述"转股价格的调整"。

5. 转股时不足1股金额的处理方法。

对海化转债持有人在申请转股后不足转换为1股股份的金额，公司将在持有人该部分转债转股完成后5个交易日内将余款付清。

6. 转股年度有关股利的归属。

在当年度股利发放的股权登记日当日登记在册的所有普通股股东（含因海化转债转股而增加的公司股东）均参与当期股利分配，享有同等的权益。

7. 海化转债停止交易的有关规定。

海化转债上市交易期间未转股的海化转债数量少于3 000万元时，公司将立即公告，并向深圳证券交易所申请在3个交易日后停止其交易。

海化转债在转换期结束前的10个工作日停止交易。

海化转债停止交易后至转换期结束前，不影响持有人依据约定的条件转换股份的权利。

（四）赎回条款

在海化转债转股期内，若公司股票收盘价连续20个交易日高于当期转股价的130%，则公司有权按面值105%（含当期利息）的价格赎回全部或部分在"赎回日"（在赎回公告中通知）之前未转股的海化转债。若在该20个交易日内发生过转股价格调整的情形，则在调整前的交易日按调整前的转股价格和收盘价计算；调整后的交易日按调整后的转股价格和收盘价计算。

本公司每年可在约定条件满足时行使一次赎回权，若首次赎回条件满足时不实施赎回，当年不再行使赎回权。

（五）回售条款

在海化转债转股期内，如果本公司股票收盘价连续20个交易日低于当期转股价的70%，经海化转债持有人申请，持有人有权将持有的部分或全部海化转债回售予本公司，回售价格为可转债面值的103%（含当期利息）。若在该20个交易日内发生过转股价格调整的情形，则在调整前的交易日按调整前的转股价格和收盘价计算，调整后的交易日按调整后的转股价格和收盘价计算。

海化转债持有人每年可按上述约定条件行使一次回售权。每年首次满足回售条件时，持有人可回售部分或全部未转股的海化转债。若首次条件满足时持有人不实施回售的，持有人当年不再行使回售权。

（六）附加回售条款

海化转债存续期内，如本次募集资金投资项目的实施情况与公司在海化募集说明书中的承诺相比发生变化，根据中国证监会的相关规定可被视作改变募集资金用途，或被中国证监会认定为改变募集资金用途的，公司将赋予海化转债持有人一次附加回售的权力。海化转债持有人有权将其持有的海化转债全部或部分回售予公司，回售价格为可转债面值的103%（含当期利息）。海化转债持有人在该次附加回售申报期中未进行附加回售申报的，不再行使该次附加回售权。

（七）利息补偿条款

在海化转债到期日之后的5个交易日内，公司除偿还未转股债券的本金及其第5年利息外，还将补偿支付到期未转股的海化转债持有人相应利息。

补偿利息计算公式为：

$$补偿利息 = 可转债持有人持有的到期转债票面总金额 \times 2.7\% \times 5$$
$$- 可转债持有人持有的到期转债5年内已支付利息之和$$

讨论：

1. 请对山东海化股份有限公司可转换公司债券的发行方案进行评价。

2. 假定你是一家公司的财务顾问，若公司计划发行可转换债券，你有何建议？应该如何分析？

（资料来源：摘自《山东海化股份有限公司发行可转换公司债券募集说明书》，2004年9月21日，http：//www.cninfo.com.cn）

第十二章

股 利 分 配 政 策 ： 内 部 融 资

学 习 要 求

通过本章学习，能够了解股利分配的原则和程序；理解和描述股利支付形式和股利支付程序；熟悉股利政策基本理论；掌握各种股利政策的基本原理和优缺点；熟悉和理解股利政策的影响因素；理解和掌握股票股利的原理和应用；熟悉股票分割与股票回购的原理。

本章学习重点：股利支付形式与支付程序；股利政策的基本原理和优缺点；股利政策的影响因素；股票股利的原理和应用；股票分割的原理。

本章学习难点：如何运用不同股利政策原理进行股利分配决策；理解现金股利与股票股利对企业财务的影响；比较股票股利、股票分割与股票回购的决策差异。

本章学习指引：学习本章时，要从西方经典理论与中国资本市场实践结合的角度理解股利政策的基本原理、股利政策的影响因素和股利政策的实施；理解和比较股票股利、股票分割和股票回购对股东与企业的影响及其决策差异，掌握企业在实践中对股票股利、股票分割和股票回购的具体运作。

学习思维导图

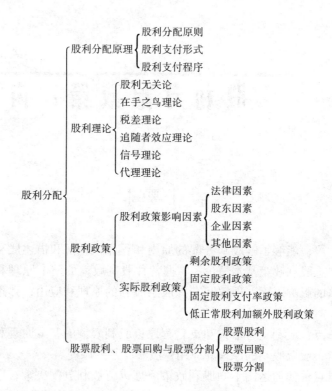

本章学习纲要

一、股利政策：基本原理

（一）企业为什么要分配股利

支付股利是股份有限公司赖以生存和可持续发展的基础，获取股利是投资者进行股票投资的根本目的和动机之一，是法律赋予股东的权利。

（二）股利分配原则与程序

1. 股利分配原则。股利分配，是指公司制企业向股东分派股利。股利分配作为一项重要的财务活动，应当遵循以下原则：依法分配原则、分配与积累并重原则、兼顾各方利益原则、投资与收益对等原则。

2. 股利分配程序。根据我国《公司法》的规定，股份有限公司的股利分配应按下列顺序进行：

（1）计算可供分配的利润；

（2）计提法定盈余公积金；

（3）提取任意盈余公积金；

（4）向股东分配利润。

学习时应结合《公司法》《证券法》等法律法规的规定理解股利分配的程序，并查阅上市公司股利分配公告，了解上市公司如何进行股利分配以及股利分配实践的具体程序。

（三）股利支付形式

1. 现金股利（Cash Dividends）。现金股利也称派现，是指公司用现金支付的股利，它是股利支付的最常见的方式。

2. 股票股利（Stock Dividends）。股票股利是公司以增发股票的方式所支付的股利，我国实务中通常称其为"送股"。

3. 财产股利（Property Dividend）。财产股利是以现金以外的其他资产支付的股利，主要是以公司所拥有的其他企业的有价证券，如债券、股票等，作为股利支付给股东。

4. 负债股利（Liability Dividend）。负债股利是以负债方式支付的股利，通常以公司的应付票据支付给股东，有时也以发放公司债券的方式支付股利。

以上四种方式中，财产股利和负债股利实际上是现金股利的替代，但这两种股利支付形式在我国企业实务中很少使用。在我国上市公司的股利分配实践中，股利支付方式是现金股利、股票股利或者是二者皆有的组合分配方式，部分公司则在实施利润分配方案时会同时实施从资本公积转增股本的方案。

学习时应掌握不同股利支付形式的概念和特征，并结合《公司法》《证券法》等法律法规的规定以及上市公司股利支付形式的实践理解我国上市公司如何选择股利支付的形式。

（四）股利支付程序

主要包括：

1. 股利宣告日（Dividend Declaration Date）。股利宣告日是公司董事会决定要在某日发放股利的日期，也就是宣布分派股利的当天。

2. 股权登记日（Holder-of-record Date）。股权登记日是指有权领取当期股利的股东资格登记截止日期。

3. 除息日（Ex-dividend Date）。除息日是指领取股利的权利与股票相互分离的日期。

4. 股利发放日（Dividend Payment Date）。股利发放日是指将股利正式支付给股东的日期。在这一天，公司应按公布的分红方案通过各种手段将股利支付给股权登记日在册的股东。

学习时要结合上市公司股利支付的具体实践理解股利支付程序的四个日期，尤其

189

要注意结合目前实际理解和掌握股权登记日对股东享有股利分配权的影响以及除息日对股票价格的影响。

二、股利政策：理论分析

（一）经典股利理论

1. 股利无关论（Dividend Irrelevance Theory）。MM 认为，股利政策不会对企业的股票价格和其资本成本产生任何影响，即股利政策与企业的市场价值无关。根据这一理论，企业股票价格和企业价值完全由投资决策所决定的获利能力所影响，而非取决于企业的股利政策，因而不存在最佳股利政策。

股利无关论的一个内在假设是，企业在支付股利的同时可以通过发行新股进行融资，这也是 MM 定理证明中的一个关键：投资者通过买卖企业股票可以创造自己的股利。

在学习时要熟悉和理解股利无关论产生的理论背景，股利无关论是股利政策理论的基础理论，其他股利政策理论都是在这一理论的基础上演变和发展的，特别要理解股利无关论的假设条件，这些假设条件在现实资本市场上是不成立的，因此其他股利政策理论往往是将这些假设条件中的某些条件结合实践后得出的结论。

2. "在手之鸟"理论（"Bird-in-the-hand" Theory）。"在手之鸟"理论，又称"一鸟在手"理论。"在手之鸟"理论认为股利政策与企业的价值息息相关，支付股利越多，股价越高，企业价值越大。

"在手之鸟"理论是基于投资者厌恶风险的角度产生的，股东到手的股利是确定性收益，而资本利得收益存在一定的不确定性，是充满风险的，所以实践中投资者更倾向于获得股利收益，即"在手之鸟"。

3. 税差理论（Tax Preference Theory）。税差理论认为，企业股利支付率越低，其价值越大。

股利无关论假设不考虑企业所得税和个人所得税，但实践中投资者获得的股利收益和资本利得收益应缴纳的税率是不同的，投资者更倾向于获得税率较低的资本利得收益。

学习时要注意，以上这三种理论提供了相互矛盾的建议，没有人能够得到一个关于股利政策和资本成本之间清晰的关系。投资者作为一个整体，看不出有共同的低或者高的股利偏好。然而单个投资者却有着非常明显的偏好。一些投资者偏好高股利，而另一些投资者恨不得所有的收益都是资本利得。这种个体差异有助于解释为什么很难得到关于最优股利支付率的明确结论。

（二）现代股利理论

1. 追随者效应理论（Clientele Effect）。追随者效应理论应该说是对税差理论的进一步发展，也可以说是广义的税差理论。该理论从股东的边际所得税率出发，认为每个投资者所处的税收等级不同，有的边际税率高（如富有的投资者），而有的边际税率低（如养老基金等），由此会引致他们对待股利的态度不一样，前者偏好低股利支付率或不支付股利的股票，后者则喜欢高股利支付率的股票。

2. 股利信号理论（Signaling Hypothesis）。股利信号理论（又称股利信息内涵假说），该理论从放松 MM 理论的投资者和管理层拥有相同的信息假定出发，认为管理层与企业外部投资者之间存在着信息不对称，管理层占有更多的有关企业前景方面的内部信息。股利是管理层向外界传递其掌握的内部信息的一种手段。股利能够传递企业未来盈利能力的信息，从而股利对股票价格有一定的影响：当企业支付的股利水平上升时，企业的股价会上升；当企业支付的股利水平下降时，企业的股价也会下降。

3. 代理理论（Agency Theory）。代理理论认为，股利政策有助于减缓管理者与股东之间的代理冲突，即股利政策是协调股东与管理者之间代理关系的一种约束机制，股利的支付能够有效地降低代理成本。代理成本理论认为，股利的支付能够有效地降低代理成本。

学习本部分内容时要结合我国企业实际，理解西方股利政策理论在中国资本市场上的应用情况，结合老师讲解，分析股利政策理论对中国企业制定股利政策所产生的影响。

三、股利政策：实践应用

（一）股利政策与财务决策

从财务的角度讲，企业未来财务活动涉及三大财务政策，即投资政策、融资政策和股利政策的决策与调整。在正常情况下，企业收益的大小取决于投资的规模、组合及效益；而投资规模、组合及效益又取决于融资的规模、结构和成本；股利支付率对投资和融资的规模、结构和收益或成本都有一定的影响。

（二）股利政策影响因素

1. 法律因素。主要包括：

（1）资本保全约束；（2）资本积累约束；（3）偿债能力约束；（4）超额累积利润约束。

2. 股东因素。主要包括：

（1）控制权考虑；（2）避税考虑；（3）稳定收入考虑；（4）股东的投资机会。

3. 企业因素。主要包括：

（1）融资能力；（2）未来投资机会；（3）盈利能力及其稳定状况；（4）资本成本；（5）资产流动状况；（6）偿债需要。

4. 其他因素。主要包括：

（1）债务合同约束；（2）通货膨胀。

学习时应理解和掌握这些股利政策影响因素是如何影响企业股利支付形式的选择以及股利支付数量大小的，并结合中国上市公司实践理解和分析股利政策影响因素。

（三）实际股利政策制定

1. 如何进行股利政策决策。实践中，股利政策并不是单独决定的，是与资本结构及资本投资相结合决定的。将它们结合起来的深层次原因是信息不对称，它会从两方面影响管理行为。

（1）一般来说，经理人并不希望发行新股。首先，新股票包括新的发行成本——佣金、手续费等——和那些能通过使用留存收益融资避免的成本。其次，信息不对称使投资者认为发行新股是消极信号，从而降低对企业未来的预期。最后的结果是新股发行导致股价下跌。考虑到总的成本，包括发行及信息不对称引起的成本，经理人更愿意用留存收益进行股权融资。

（2）股利政策的改变显示了经理人对企业未来前景的预期。因此，股利的降低一般会对企业股价产生消极影响。经理人充分意识到了这一点，因此他们会把股利定得足够低，以便只有在很远的将来才有可能降低股利。

2. 实践中的股利政策。主要包括：

（1）剩余股利政策（Residual Dividend Policy）。剩余股利政策是指企业的净利润应首先满足企业营利性投资项目对权益资本的需要，如果还有剩余，再用于发放股利。

采用剩余股利政策时，企业应遵循以下四个步骤确定股利分配额：

①设定目标资本结构，在此资本结构下，加权平均资本成本将达到最低水平。②确定目标资本结构下投资所需的权益资本数额。③最大限度地使用留存收益来满足投资所需的权益资本数额。④投资所需权益资本已经满足后若有剩余利润，再将其作为股利发放给股东。

奉行剩余股利政策意味着企业只将剩余的利润用于发放股利。其优点是可以保持理想的资本结构，使企业的加权平均资本成本最低，企业价值最大。但它是一种消极的、被动的股利政策，会使股东未来可获得的收益具有很大的随意性及不确定性，不利于投资者合理安排收入和支出，也不利于企业树立良好的形象。

（2）固定股利政策（Stable Dividend Policy）或稳定增长股利政策。固定股利政策是指企业将每年发放的股利固定在某一水平上并在较长时期内保持不变，只有当企业认为未来收益将会显著地、不可逆转地增长时，才会提高股利发放额。

固定股利政策或稳定增长股利政策的主要目的是避免出现由于经营不善而削减股利的情况。一般的投资者也倾向于投资于股利支付稳定的企业。采用这一股利政策的理由在于：

①稳定的股利向市场传递着企业正常发展的信息，有利于树立企业的良好形象，增强投资者对企业的信心，稳定股票的价格。

②稳定的股利额有利于投资者安排股利收入和支出，特别是对那些对股利有着很高依赖性的股东更是如此。

③稳定的股利政策可能会不符合剩余股利理论，但考虑到股票市场受到多种因素的影响，其中包括股东的心理状态和其他要求，为了使股利维持在稳定的水平，即使推迟某些投资或者暂时偏离目标资本结构，也可能要比降低股利更为有利。

该股利政策的缺点在于股利的支付与企业收益相脱节，当收益较低时仍要支付固定的股利，可能导致资金短缺，财务状况恶化；同时不能像剩余股利政策那样保持较低的资本成本。

（3）固定股利支付率政策（Constant Payout Ratio Policy）。固定股利支付率政策亦称变动股利政策，是指企业确定一个股利占净利润的比率即股利支付率，按此比率发放股利的政策。

固定股利支付率政策能使股利支付与企业收益紧密地联系在一起，以体现多盈多分、少盈少分、无盈不分的原则，能真正公平地对待每一位股东。但是，由于每年股利随收益频繁变动，传递给股票市场一个企业不稳定的信息，不利于稳定股票价格，树立良好的企业形象。

（4）低正常股利加额外股利政策（Regular Dividend Plus Extra Dividend Policy）。低正常股利加额外股利政策是指一般情况下，企业每年只支付金额较低的正常股利，在企业盈余较多、资金较为充裕的年份，除正常股利外，再加付额外股利，但额外股利并不固定。

企业采用低正常股利加额外股利政策的根本原因在于：

①股利政策使企业具有较大的灵活性。

②股利政策可使那些依靠股利度日的股东每年至少可以得到虽然较低，但比较稳定的股利收入，从而吸引该部分股东。

低正常股利加额外股利政策的缺点有：

①由于企业收益的波动使得额外股利不断变化，容易给投资者带来企业收益不稳定的感觉。

②当企业在较长时间持续发放额外股利后，投资者可能将其误认为"正常股利"，一旦取消，会向投资者传递企业财务状况恶化的不利信号，进而导致股价下跌。

学习时应以股利政策理论为基础，结合股利政策的影响因素，阅读和理解这部分内容，并充分考虑我国资本市场实际情况，理解上市公司是如何进行股利政策决策的。注重掌握四种实践股利政策的概念，比较和理解四种实践股利政策的优缺点，结合股利政策决策分析上市公司在实践中如何选择股利政策。

四、股票股利、股票分割与股票回购

（一）股票股利

股票股利（Stock Dividends）也称送股，是指企业将利润转为股本，同时增发股票，按股东持股比例予以派送，即企业以增发的股票作为股利的支付形式。这种方式对股东而言实际上是一种再投资。

发放股票股利不会引起企业资产的流出或负债的增加，只涉及股东权益内部结构的调整，而其总额并不发生改变。

发放股票股利后，如果企业收益总额不变，股份数的增加将使每股收益和每股市价下降。但由于股东在所持股份比例不变的情况下持股数量增加，从而使其持股的总市值仍保持不变。

从企业的角度看，发放股票股利的主要优点有：（1）无须分配现金，有利于公司长期发展；（2）在收益和现金股利不变时可降低每股市价，吸引投资者；（3）增强投资者信心，稳定股票价格。

从股东的角度看，股票股利的主要优点有：（1）获得纳税上的好处；（2）分享企业未来收益的增长。

（二）股票分割

股票分割（Share Split）又称拆股，是指企业将较大面额的股票拆成较小面额股票的行为。对企业来讲，股票分割的目的在于通过增加股份数降低每股市价，从而吸引投资者。股票分割不是股利支付方式，但所产生的效果与发放股票股利相似。

和股票股利相同的是，股票分割会使发行在外的股票数量增加，每股市价及每股收益下降，资产和负债的总额及其构成，以及股东权益总额均保持不变。不同之处在于发放股票股利使股本增加，留存收益减少，但每股面值不变；而股票分割不影响公司的留存收益和股本总额，只使每股面值变小。

从企业的角度看，实行股票分割的主要目的有：（1）降低股票市价；（2）传递企业良好发展的信息；（3）为新股发行做准备；（4）有助于企业并购策略的实施。

与股票分割相反，如果企业认为其股票价格过低，不利于其在市场上的声誉和未来的再融资时，为提高股票的价格，会采取反分割措施。反分割又称股票合并或逆向分割，是指将多股股票合并为一股股票的行为。反分割显然会降低股票的流通性，提高企业股票投资的门槛，它向市场传递的信息通常都是不利的。

学习时应注意区分股票股利与股票分割的差异，在此基础上，结合我国上市公司实践来认识股票股利支付决策及其对企业财务产生的影响。

（三）股票回购

1. 股票回购（Stock Repurchase）的含义。股票回购是指上市企业从股票市场上购回本企业一定数量发行在外的股票作为库存股或加以注销，从而使其退出流通的一种资本运作方式。

股票回购的方式主要包括场内公开收购和场外协议收购两种。

2. 股票回购的主要目的，包括：（1）反收购措施。（2）改善资本结构。（3）稳定公司股价。（4）建立企业职工持股制度的需要。

3. 回购的意义。

（1）对于股东的意义。股票回购后股东得到的资本利得需缴纳资本利得税，发放现金股利后股东则需缴纳股息税。在前者低于后者的情况下，股东将得到纳税上的好处。

（2）对于企业的意义。进行股票回购的最终目的是有利于增加企业的价值，我国《公司法》规定，公司只有在以下四种情形下才能回购本公司的股份：

（1）减少公司注册资本；

（2）与持有本公司股份的其他公司合并；

（3）将股份奖励给本公司职工；

（4）股东因对股东大会作出的合并、分立决议持异议，要求公司收购其股份。

学习时应结合《公司法》《证券法》等相关法律法规的规定了解股票回购的法律限制，查阅上市公司股票回购实例了解股票回购的具体过程以及股票回购对公司和股东的影响。

练习与思考

客 观 题

一、单项选择题

1. 如果上市公司以其应付票据作为股利支付给股东，则这种股利的方式称为（　　）。

    A. 现金股利　　　　　　　　　　B. 股票股利

    C. 财产股利　　　　　　　　　　D. 负债股利

2. 认为在完全资本市场的条件下，股利完全取决于投资项目需用盈余后的剩余，投资者对于盈利的留存或发放股利毫无偏好的股利理论是（　　）。

    A. "在手之鸟"理论　　　　　　B. 信号传递理论

    C. 股利无关论　　　　　　　　　D. 税差理论

3. 认为用留存收益再投资带给投资者的收益具有很大的不确定性，并且投资风险随着时间的推移将进一步增大的股利理论是（　　）。

    A. 股利无关论　　　　　　　　　B. 信号传递理论

    C. "在手之鸟"理论　　　　　　D. 税差理论

4. 股利的支付可减少管理层可支配的自由现金流量，在一定程度上抑制管理层的过度投资或在职消费行为。这种观点体现的股利理论是（　　）。

    A. 股利无关论　　　　　　　　　B. 信号传递理论

    C. "在手之鸟"理论　　　　　　D. 代理理论

5. 某公司2022年度实现净利润100万元，2023年的投资计划预计需要50万元的资金，公司的目标资本结构为自有资金40%，借入资金60%。如果公司采用剩余股利政策，则该公司2022年可向投资者发放股利的数额为（　　）万元。

    A. 20　　　　　　　　　　　　　B. 80

    C. 100　　　　　　　　　　　　　D. 30

6. 某公司采用剩余股利政策分配股利，董事会正在制订2022年度的股利分配方案。在计算股利分配额时，不需要考虑的因素是（　　）。

  A. 公司的目标资本结构   B. 2021 年末的货币资金

  C. 2021 年实现的净利润   D. 2022 年需要的投资资本

7. 企业采用剩余股利分配政策的根本理由是（ ）。

  A. 最大限度地用收益满足筹资的需要

  B. 向市场传递企业不断发展的信息

  C. 使企业保持理想的资本结构

  D. 使企业在资金使用上有较大的灵活性

8. 容易造成公司股利支付与公司盈利相脱离的股利分配政策是（ ）。

  A. 剩余股利政策   B. 固定股利政策

  C. 固定股利支付率政策   D. 低正常股利加额外股利政策

9. 在下列股利分配政策中，能保持股利与收益之间一定的比例关系，并体现多盈多分、少盈少分、无盈不分原则的是（ ）。

  A. 剩余股利政策   B. 固定或稳定增长股利政策

  C. 固定股利支付率政策   D. 低正常股利加额外股利政策

10. 某公司近年来经营业务不断拓展，目前处于成长阶段，预计现有的生产经营能力能够满足未来 10 年稳定增长的需要，公司希望其股利与公司盈余紧密配合。基于以上条件，最为适宜该公司的股利政策是（ ）。

  A. 剩余股利政策   B. 固定或稳定增长股利政策

  C. 固定股利支付率政策   D. 低正常股利加额外股利政策

11. 以下股利分配政策中，最有利于股价稳定的是（ ）。

  A. 剩余股利政策   B. 固定或稳定增长股利政策

  C. 固定股利支付率政策   D. 低正常股利加额外股利政策

12. 在企业的净利润与现金流量不够稳定时，采用（ ）对企业和股东都是有利的。

  A. 剩余股利政策   B. 固定股利政策

  C. 固定股利支付率政策   D. 低正常股利加额外股利政策

13. 在确定企业的收益分配政策时，应当考虑相关因素的影响，其中"资本保全约束"属于（ ）。

  A. 股东因素   B. 公司因素

  C. 法律因素   D. 债务契约因素

14. 在影响利润分配政策的法律因素中，目前，我国相关法律尚未做出规定的是（ ）。

  A. 资本保全约束   B. 资本积累约束

  C. 偿债能力约束   D. 超额累积利润约束

15. 下列关于股利分配政策的表述中，正确的是（ ）。

  A. 公司盈余的稳定程度与股利支付水平负相关

  B. 偿债能力弱的公司一般不应采用高现金股利政策

  C. 基于控制权的考虑，股东会倾向于较高的股利支付水平

D. 债权人不会影响公司的股利分配政策

16. 某公司所有者权益结构为：发行在外的普通股 500 万股，其面额为每股 1 元，资本公积 4 000 万元，未分配利润 8 000 万元。该公司若按 20% 的比例发放股票股利，发放股票股利后发行在外的普通股为 （　　　） 万股。

    A. 500　　　　　　　　　　　B. 100

    C. 600　　　　　　　　　　　D. 400

17. 公司以股票形式发放股利，可能带来的结果是 （　　　）。

    A. 引起公司资产减少　　　　　B. 引起公司负债减少

    C. 引起股东权益内部结构变化　D. 引起股东权益与负债同时变化

18. 以下关于股票回购的表述中不正确的是 （　　　）。

    A. 回购股票属于非常股利政策，不会对公司产生未来的派现压力

    B. 股票回购可能会给投资者带来纳税上的好处

    C. 股票回购可能会提高每股收益

    D. 股票回购不会导致内部操纵股价

19. 下列关于股票股利和股票分割的说法正确的是 （　　　）。

    A. 股票股利和股票分割都能保持股东持股比例不变，股票市场价值不变

    B. 股票股利和股票分割都能保持股票面值不变

    C. 股票股利和股票分割都属于股利支付方式

    D. 股票股利和股票分割都能保持所有者权益的结构不变

二、多项选择题

1. 下列项目中，可以用来发放股利的有 （　　　）。

    A. 原始投资　　　　　　　　　B. 股本

    C. 留存收益　　　　　　　　　D. 本期利润

2. 关于股利分配政策，下列说法正确的有 （　　　）。

    A. 剩余股利政策有利于公司保持理想的资本结构

    B. 固定股利政策有利于公司股票价格的稳定

    C. 固定股利支付率政策体现了多盈多分的原则

    D. 低正常股利加额外股利政策具有较大的灵活性

3. 企业采用固定股利政策的优点有 （　　　）。

    A. 使得投资收益与投资风险相对称

    B. 有利于稳定股价

    C. 有利于投资者安排收入和支出

    D. 有利于增强投资者的信心

4. 处于初创阶段的公司，一般不宜采用的股利分配政策有 （　　　）。

    A. 固定股利政策　　　　　　　B. 剩余股利政策

    C. 固定股利支付率政策　　　　D. 稳定增长股利政策

5. 公司在制定利润分配政策时应考虑的因素有 （　　　）。

    A. 通货膨胀因素　　　　　　　B. 股东因素

C. 法律因素　　　　　　　　　　D. 公司因素

6. 公司在确定股利支付率水平时，应当考虑的因素有（　　　）。

A. 投资机会　　　　　　　　　　B. 资本成本

C. 资本结构　　　　　　　　　　D. 股东偏好

7. 股东从保护自身利益的角度出发，在确定股利分配政策时应考虑的因素有（　　　）。

A. 避税　　　　　　　　　　　　B. 控制权

C. 稳定收入　　　　　　　　　　D. 规避风险

8. 发放股票股利与发放现金股利相比，其优点有（　　　）。

A. 减少股东税负　　　　　　　　B. 改善公司资本结构

C. 提高每股收益　　　　　　　　D. 避免公司现金流出

9. 上市公司发放股票股利可能导致的结果有（　　　）。

A. 公司股东权益内部结构发生变化　B. 公司股东权益总额发生变化

C. 公司每股收益下降　　　　　　D. 公司股份总额发生变化

10. 发放股票股利的优点主要有（　　　）。

A. 可将现金留存公司用于追加投资，扩大企业经营

B. 股票变现能力强，易流通

C. 可传递公司未来经营绩效的信号

D. 可提高每位股东所持股票的市场价值

11. 下列关于股票股利、股票分割和股票回购的表述中，正确的有（　　　）。

A. 发放股票股利会导致股价下降，因此股票股利会使股票总市场价值下降

B. 如果发放股票股利后股票市盈率增加，则原股东所持股票的市场价值增加

C. 发放股票股利和进行股票分割对企业所有者权益各项目的影响是相同的

D. 股票回购本质上是现金股利的一种替代选择，但是两者带给股东的净财富效应不同

12. 关于股票分割对有关项目的影响表述正确的有（　　　）。

A. 所有者权益的结构发生变化

B. 每股市价降低

C. 所有者权益总额发生变化

D. 股东持股市场价值不变

13. 下列各项中，属于上市公司股票回购动机的有（　　　）。

A. 替代现金股利　　　　　　　　B. 提高每股收益

C. 规避经营风险　　　　　　　　D. 稳定公司股价

三、判断题

1. 在除息日之前，股利权利从属于股票；从除息日开始，新购入股票的投资者不能分享本次已宣告发放的股利。　　　　　　　　　　　　　　　　（　　　）

2. 根据"在手之鸟"理论，公司向股东分配的股利越多，公司的市场价值越大。

（　　　）

3. 信号传递理论认为，股利政策有助于减缓管理者与股东之间，以及股东与债权人之间的代理冲突。 （　　）

4. 代理理论认为，高支付率的股利政策有助于降低企业的代理成本，但同时也会增加企业的外部融资成本。 （　　）

5. 固定股利支付率政策使得公司股利的支付具有较大灵活性。 （　　）

6. 所谓剩余股利政策，就是在公司有着良好的投资机会时，公司的盈余首先应满足投资方案的需要。在满足投资方案需要后，如果还有剩余，再进行股利分配。
（　　）

7. 在通货膨胀时期，企业一般采取较为宽松的股利分配政策。 （　　）

8. 在法律上规定公司不得超额累积利润主要的原因是为了维护债权人的利益。
（　　）

9. 发放股票股利可传递公司未来经营绩效的信号，增强经营者对公司未来的信心。 （　　）

10. 股票股利不会引起公司资产的流出或负债的增加，但会引起股东权益总额的变化。 （　　）

11. 股票分割使股票总数增加，每股面值降低，并由此引起每股收益和每股市价下跌，但股东权益总额维持不变。 （　　）

12. 股票分割不仅有利于促进股票流通和交易，还助于公司并购政策的实施。
（　　）

思 考 题

一、比较分析股利政策理论的不同观点。

二、你认为个人所得税是否会对公司股利政策产生影响？为什么？

三、公司常用的股利政策包括哪些类型？分别阐述每一种政策的主要内容。

四、从公司管理当局角度考虑，公司的流动性与举债能力是如何影响股利支付率的？

五、阐述影响股利政策的相关因素。

六、什么是剩余股利政策？其基本原理是什么？

七、假若你是一家公司的财务主管，你将建议董事会采取固定股利政策还是固定股利支付率政策？两种政策的不同之处是什么？

八、结合我国上市公司的实际情况，分析我国上市公司股利分配的特点及存在的问题。

九、简述股利的支付程序。

十、为什么除息日对投资者来说很重要？

十一、股票股利的支付会对股东权益产生什么影响？试举例加以说明。

十二、比较股票股利和股票分割对公司及股票的不同影响。

十三、股利政策是一种融资决策还是一种投资决策？请解释原因。

十四、公司为什么进行股票的回购？股票回购存在哪些弊端？

十五、我国《公司法》对股票回购是如何规定的？

计算分析题

练 习 一

〔**目的**〕练习股利政策的制定。

〔**资料**〕桑普空调公司所推出的太阳能暖气供应系统已接到可供公司生产 6 个月的订单。管理当局打算投资 600 万元去购买机器设备，以将公司的产能扩大 30%。公司希望负债比率仍旧停留在 45% 的水平上面，也希望像去年一样，仍然将税后利润的 20% 作为股利发放给股东。公司在 2018 年的净利润为 260 万元。

〔**要求**〕为了筹到扩充所需的资金，公司必须在 2019 年初发售多少新普通股？

练 习 二

〔**目的**〕练习剩余股利政策的制定。

〔**资料**〕华纳公司预期下年度的净利润有 800 万元。公司目前的负债比率等于 50%。公司目前拥有总投资高达 700 万元的有利可图的投资机会，而公司希望维持现有的负债比率。

〔**要求**〕试根据剩余股利政策计算确定公司下年度的股利支付率。

练 习 三

〔**目的**〕练习固定股利政策的应用。

〔**资料**〕海运公司 2022 年拟投资 6 000 万元购置一台生产设备以扩大生产能力，该公司目标资本结构下权益乘数为 1.5，2021 年度的税后利润为 4 000 万元。该公司采用固定股利政策，本年度应分配的股利为 500 万元。

〔**要求**〕在目标资本结构下，计算 2022 年度该公司为购置该设备需要从外部筹集自有资金的数额。

练 习 四

〔**目的**〕练习股利政策的制定与资产负债表的编制。

〔**资料**〕卡来公司刚发放过 4% 的股票股利以及每股 0.40 元的现金股利。现金股利的发放对象包括现有的股票和经由股票股利所创造出来的新股票，而在发放股利前，它在 2022 年 12 月 31 日的简明资产负债表如表 12 - 1 所示。

表 12 - 1		卡来公司 2022 年 12 月 31 日的简明资产负债表	金额单位：万元
货币资金	5 000	负债	100 000
其他资产	195 000	普通股（现有 5 000 万股流通在外，每股面值为 1 元）	5 000
		资本公积	20 000
		留存收益	75 000
资产总计	200 000	负债与股东权益总计	200 000

〔要求〕根据上述资料，编制预计资产负债表，以反映其分配过程。

练 习 五

〔目的〕练习股利政策的制定。

〔资料〕马克仪器公司拟采用剩余股利政策。该公司预期下年度将会产生 2 000 000 元的净利润。该公司有一完全为权益的资本结构，其资本成本为 10%，公司将其视为留存收益的机会成本。

〔要求〕

1. 如果公司有一需要 1 500 000 元资金的投资机会，其报酬率超过 10%，则应从 2 000 000 元的盈余中支付多少股利？

2. 如果报酬率超过 10% 的投资机会的资金需求为 2 000 000 元，则应支付多少股利？

3. 如果报酬率超过 10% 的投资机会所需资金为 3 000 000 元，则应支付多少股利？或者应另作何打算？

练 习 六

〔目的〕练习股票股利决策。

〔资料〕加纳公司宣告 25% 的股票股利，其股权登记日为 4 月 1 日。目前股票市价每股 25 元，你拥有 160 股该公司股票。

〔要求〕

1. 在发放股票股利之后，你将拥有多少股股票？

2. 如其他条件均不变，则你预期在 4 月 2 日股票每股可售得多少？

3. 如其他情况不变，则在发放股票股利之前与之后，你所拥有的股票的总价值各为多少？

练 习 七

〔目的〕练习股利政策的制定。

〔资料〕益达公司 2022 年净利润为 600 万元，发放股利 270 万元。目前，公司的目标资本结构为自有资金占 60%，过去的 10 年该公司始终按 45% 的比例从净利润中支付股利。预计 2023 年净利润的增长率为 5%，2023 年拟投资 500 万元。

〔要求〕

1. 如果该公司采用剩余股利政策，计算 2023 年可发放的股利额。

2. 如果该公司采用固定股利政策，计算 2023 年发放的股利额。

3. 如果该公司采用固定股利支付率政策，计算 2023 年发放的股利额。

4. 如果采用正常股利加额外股利政策，该公司决定在固定股利的基础上，若税后利润的增长率达到或超过 5%，新增利润的 1% 将作为固定股利的额外股利，计算 2023 年发放的股利额。

练 习 八

〔目的〕练习股票股利与股票分割决策。

〔资料〕远海公司 2022 年 12 月 31 日的股东权益情况如表 12 - 2 所示。

表 12 - 2　　　　　　　远海公司 2022 年 12 月 31 日股东权益情况　　　　　金额单位：元

普通股（面值 10 元，发行 90 000 股，其中 10 000 股为库存股）	800 000
留存收益（其中 120 000 元用于库存股）	1 000 000
库存股	（120 000）
股东权益总额	1 680 000

在 2023 年，以下事项按顺序依次发生：

1. 支付每股股利 0.5 元。

2. 宣布分发 20% 的股票股利。

3. 每股股票分割为 3 股。

4. 2023 年 100 000 元的净利润转为留存收益。

〔要求〕请将每次决策后的股东权益部分列表表示。

练 习 九

〔目的〕练习股票回购决策。

〔资料〕维克多股份公司相关财务数据如表 12 - 3 所示。

表 12 - 3　　　　　　　　维克多股份公司相关财务数据　　　　　　金额单位：元

净收益	800 000
流通股数（股）	400 000
每股收益	2
每股市价	20
市盈率（倍）	10

公司计划每股发放现金股利 1 元，这将使股价上升为每股 21 元。

〔要求〕

1. 用本应发放股利的资金大约能回购多少股股票（回购价为每股 21 元）？

2. 计算回购后的每股收益。

3. 如果股票仍以 10 倍的市盈率出售，回购后其市价为多少？

4. 根据上面的计算结果，分析股票回购相对于发放现金股利在纳税上有何意义。

练 习 十

〔目的〕练习现金股利、股票股利和股票分割。

〔资料〕得达公司年终利润分配前的股东权益项目资料如表 12－4 所示。

表 12－4　　　　　　得达公司年终利润分配前的股东权益项目资料　　　　　金额单位：万元

普通股（每股面值 2 元，200 万股）	400
资本公积	160
留存收益	840
股东权益总额	1 400

〔要求〕计算回答下述两个互不关联的问题。

1. 计划按每 10 股送 1 股的方案发放股票股利并按发放股票股利后的股数派发每股现金股利 0.2 元，股票股利的金额按现行市价计算。计算完成这一方案后的股东权益各项目数额。

2. 如若按 1 股拆为 2 股的比例进行股票分割，计算股东权益各项目数额、普通股股数。

练习十一

〔目的〕练习股利政策的应用。

〔资料〕得达公司成立于 2022 年 1 月 1 日，2022 年度实现的净利润为 1 000 万元，分配现金股利 550 万元，提取盈余公积金 450 万元（所提盈余公积金均已指定用途）。2023 年实现的净利润为 900 万元（不考虑计提法定盈余公积金的因素）。2024 年计划投资，所需资本为 700 万元。假定公司目标资本结构为权益资本占 60%，长期借入资本占 40%。

〔要求〕

1. 在保持目标资本结构的前提下，计算 2024 年投资方案所需的权益资本和需要从外部借入的长期债务资本。

2. 在保持目标资本结构的前提下，如果公司执行剩余股利政策。计算 2023 年度可分配的现金股利。

3. 在不考虑目标资本结构的前提下，如果公司执行固定股利政策，计算 2023 年度应分配的现金股利、可用于 2024 年投资的留存收益和需要额外筹集的资本。

4. 不考虑目标资本结构的前提下，如果公司执行固定股利支付率政策，计算该公司的股利支付率和 2023 年度应分配的现金股利。

5. 假定公司 2024 年面临从外部融资的困难，只能从内部融资，不考虑目标资本结构，计算在此情况下 2023 年度可分配的现金股利。

练习十二

〔**目的**〕练习股利政策。

〔**资料**〕宏远公司 2022 年年末资产总额 2 000 万元，权益乘数为 2，其权益资本包括普通股和留存收益，每股面值为 10 元，负债的年平均利率为 10%。该公司 2023 年年初未分配利润为 – 258 万元（超过税法规定的税前弥补期限），当年实现营业收入 4 000 万元，固定经营成本 700 万元，变动成本率 60%，所得税税率 25%。该公司按 10% 提取盈余公积金。

〔**要求**〕根据以上资料：

1. 计算该公司 2022 年末的普通股股数和年末权益资本。

2. 假设负债总额和普通股股数保持 2022 年的水平不变，计算该公司 2023 年的税后利润和每股收益。

3. 承要求 2，如果该公司 2023 年采取固定股利政策（每股股利 1 元），计算该公司本年度应提取的盈余公积金和发放的股利额。

练习十三

〔**目的**〕练习股利政策。

〔**资料**〕科达公司正在审查下年度的资本预算。在过去的几年中，公司支付的每股股利为 3 元，并且股东希望公司股利在未来几年保持稳定。在公司的目标资本结构中，负债占 40%，权益资本占 60%；公司流通在外的普通股 100 万股；净利润为 800 万元。公司预测下年度良好的投资项目（例如投资项目的净现金流量为正值）需要 1 000 万元的资金。

〔**要求**〕请回答下列问题：

1. 如果公司采用剩余股利政策，公司需要多少留存收益满足资本预算？

2. 如果公司采用剩余股利政策，下一年度公司的每股股利和股利支付率为多少？

3. 如果公司明年仍保持每股 3 元的股利，公司需要保留多少留存收益满足资本预算？

4. 如果公司保持每股 3 元的股利和 1 000 万元的资本预算，并且不发行新的普通股，那么，公司可以保持当前的资本结构吗？

5. 假设公司管理层坚决反对削减股利，也就是说公司明年仍保持每股 3 元的股利，并假定公司决定为所有好的投资项目融资，而且愿意发行更多的债务（连同可使用的留存收益）来满足资本预算的需求。假定资本结构的改变对公司综合资本成本的影响很小，因此，仍可保持 1 000 万元的资本预算。那么，公司资本预算的多大比例将通过负债融资？

6. 假设公司管理层决定明年仍保持每股 3 元的股利，除此之外，公司希望保持目标资本结构（即 60% 的权益资本，40% 的负债）和 1 000 万元的资本预算。为了达到这个目标，公司必须增发多少普通股？

7. 如果公司管理层希望明年仍保持每股 3 元的股利和目标资本结构，但不希望增发股票，公司打算削减资本预算来满足其他目标。假定公司的项目是可分的，那么，公司明年的资本预算是多少？

8. 如果公司采用剩余股利政策，当预测的留存收益小于资本预算所需要的留存收益时，公司应该采取什么措施？

案　例

案 例 一
东南钢铁公司：股利政策

　　东南钢铁公司创建于 5 年前，开发一种新的持续浇铸流程。东南钢铁公司的创建者达纳德·布朗（Donald Brown）和马戈·瓦伦西亚（Margo Valencia）曾经在一家重要的综合钢铁公司研究部门工作。但是，当该公司决定不采用他们开发的新流程时，他们决定自己干。与传统钢铁公司相比，该新流程的优势在于需要相对较少的资本。这样，布朗和瓦伦西亚可以避免发行新股，从而他们自己持有全部股份。然而，东南钢铁公司现在已经步入一个新台阶。如果公司要实现其增长目标又要维持其 60% 权益和 40% 债务的目标资本结构，必须寻求外部权益资本。因此，布朗和瓦伦西亚决定将公司公众化。直到现在为止，布朗和瓦伦西亚还在给自己发放合理的工资，但其获得的税后盈余不断再投资于公司，因此，股利政策不是一个问题。但是，在引入潜在的外部投资者之前，他们必须确定股利政策。

　　假设你现在正受雇于一个国际管理咨询公司——安达信公司。安达信公司正为东南钢铁公司筹备公开发行事宜。安达信公司高级咨询师马萨·米伦（Martha Millon）要求你为布朗和瓦伦西亚做一个演讲。在演讲中，你需要回顾股利政策理论并讨论如下问题：

1. （1）"股利政策"这个术语意味着什么？

（2）术语"无关""在手之鸟"和"税收偏好"曾经用来描述三种有关股利政策影响公司价值的重要理论。解释这三个术语的含义，并简要描述各种理论。

（3）就股利政策而论，这三种理论指出了管理层应该采取哪些行动？

（4）股利政策理论经验研究得出什么结论？这些对我们向管理人员讲述股利政策有何影响？

2. 讨论：（1）信息含量或信号假设；（2）顾客效应；（3）它们对股利政策的影响。

3.（1）假设东南钢铁公司来年预计资本预算总额为 800 000 美元。你认为公司现在的资本结构（60% 的权益和 40% 的债务）是最优的资本结构，其净收益预计为 600 000 美元。运用剩余股利政策确定公司股利总额和股利支付率，同时，解释何谓剩余股利政策。然后，解释如果净收益预计为 400 000 美元或 800 000 美元情形又如何。

（2）在剩余股利支付政策下，从一般意义上说，投资机会的变化如何影响股利支付率？

（3）剩余股利政策的利弊如何？（提示：别忽略信号和顾客效应。）

4. 何谓股利再投资计划？如何运作？

5. 描述实务中多数公司确定股利政策的步骤。

6. 何谓股票回购？讨论公司回购自己的股票的利弊。

7. 何谓股票股利和股票分割？股票股利和股票分割各有何利弊？

（资料来源：［美］尤金·F. 布瑞翰、乔尔·F. 休斯顿著：《财务管理基础》，东北财经大学出版社 2004 年版）

案例二
IBM 为何调整股利政策？

1989 年以前，IBM 公司的股利每年以 7% 的速度增长。1989～1991 年，IBM 公司的每股股利稳定在 4.89 美元/年股，即平均每季度 1.22 美元/股。1992 年 1 月 26 日上午 9 时 2 分，《财务新闻直线》公布了 IBM 公司新的股利政策，季度每股股利从 1.21 美元调整为 0.54 美元，下降超过 50%。维持多年的稳定的股利政策终于发生了变化。

IBM 公司董事会指出：这个决定是在慎重考虑 IBM 的盈利和公司未来的长期发展的基础上做出的，同时也考虑到了给广大股东一个合适的回报率。这是一个为了维护股东和公司未来最好的长期利益，维持公司稳健的财务状况，综合考虑多种影响因素之后做出的决定。1993 年，IBM 的问题累积成堆，股利不得不从 2.16 美元再次削减到 1.00 美元。

在此之前，许多投资者和分析人士已经预计到 IBM 将削减其股利，因为它没有充分估计到微型计算机的巨大市场，没有尽快从大型计算机市场转向微型计算机市场。IBM 的大量资源被套在销路不好的产品上。同时，在 20 世纪 80 年代，IBM 将一些有利可图的项目，如软件开发、芯片等拱手让给微软和英特尔，使得它们后来获得丰厚的、创纪录的利润。结果是：IBM 公司在 1992 年创造了美国企业历史上最大的年度亏损，股票价格下跌 60%，股利削减 53%。

面对 IBM 的问题，老的管理层不得不辞职。到了 1994 年，新的管理层推行的改革开始奏效，公司从 1993 年的亏损转为盈利，1994 年的 EPS 达到 4.92 美元，1995 年 EPS 则高达 11 美元。因为 IBM 公司恢复了盈利，股利政策又重新提到议事日程上来……最后，IBM 董事会批准了一个庞大的股票回购计划——回购 50 亿美元，使得股东的股利达到 1.4 美元/股。1993 年是 IBM 股价最为低迷的时候，最低价格是 40.75 美元；最高价格是 1987 年，176 美元/股。股利政策调整后，IBM 的股价上升到 128 美元。

价值线（Value Line）预测：1999 年 IBM 公司的 EPS 将达到 15.5 美元，股利将达到 3 美元/股，股票价格将达到 200 美元/股。结局如何，投资者拭目以待！

（资料来源：南方证券网，2002 年 7 月 8 日）

讨论：

1. 为什么 IBM 早期的董事会没有实行削减股利或取消股利的政策？

2. IBM 是否应该调整其股利政策？为什么？

3. 如果 IBM 应调整其股利政策，应发放多少的现金股利？

4. IBM 应该采取提高现金股利的政策还是推行股票股利的政策？

5. 如果 IBM 公司的股利政策再次调整，是否将影响其股票价格呢？

第五篇

短期财务决策

第十三章
流动资产管理

学 习 要 求

通过本章学习，能够在了解营运资本基本概念的基础上，理解并掌握营运资本财务政策；掌握最佳现金持有量确定的方法；掌握应收账款的成本及信用政策的制定与应用；掌握存货的成本、经济订购量基本模型及其扩展应用。

本章学习重点： 营运资本的相关概念、不同营运资本投融资政策、现金持有量确定与日常管理、应收账款决策、存货决策与应用。

本章学习难点： 不同营运资本投融资政策选择、现金持有量的确定方法、应收账款信用政策分析、存货经济订购量确定与模型扩展、存货订购点确定。

本章学习指引： 学习本章时，需要理解相关基本概念，熟悉营运资本管理的决策原理与应用。在此基础上，掌握现金、应收账款、存货等流动资产的定量决策分析方法的原理，并且能够结合企业实际进行各种财务决策分析评价，解决企业实践中存在的问题。

学习思维导图

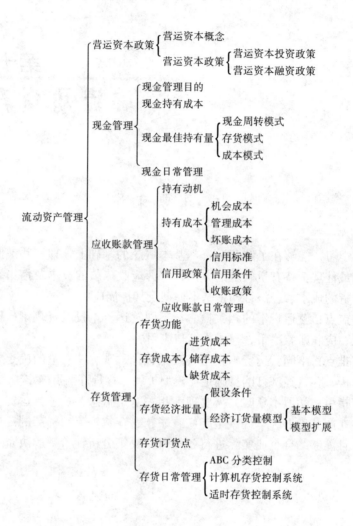

本章学习纲要

一、营运资本管理

（一）营运资本管理的相关术语

1. 营运资本（Working Capital）。营运资本又称营运资金，是指企业生产经营活动中占用在流动资产上的资金。营运资本有广义和狭义之分。广义的营运资本又称总营运资本，指企业流动资产的总额。狭义的营运资本又称净营运资本，指企业流动资产减去流动负债后的余额。

2. 波动性流动资产和稳定性流动资产。包括：

（1）波动性流动资产（Temporary Current Assets）。波动性流动资产是指那些受季节性、周期性影响的流动资产，如季节性存货、销售和经营旺季的应收账款等。

（2）稳定性流动资产（Permanent Current Assets）。稳定性流动资产是指那些即使企业处于经营低谷也仍然需要保留的、用于满足企业长期稳定需要的流动资产。

3. 主动性流动负债和自发性流动负债。包括：

（1）主动性流动负债（Active Current Liabilities）。主动性流动负债是指为满足临时性资金需求所发生的负债。

（2）自发性流动负债（Spontaneous Current Liabilities）。自发性流动负债是指直接产生于企业持续经营中的负债。

学习时要通过掌握营运资本的含义，结合讲解，理解和掌握波动性流动资产和稳定性流动资产的差异、主动性流动负债和自发性流动负债形成的差异。

（二）营运资本财务政策

1. 流动资产投资政策。包括三种类型：

（1）宽松（稳健）投资政策（Relaxed Investment Policy）。宽松（稳健）的投资政策是指企业在安排流动资产数量时，在正常经营需要量和正常保险储备基础上，再加上一部分额外的储备量，以便降低企业的风险。在这种投资策略下，流动资产的营利性低，企业投资报酬率一般较低，但由于流动资产变现能力强，其短期偿付风险相对较小。

（2）冒险（激进）投资政策（Aggressive Investment Policy）。冒险（激进）的投资政策是指企业在安排流动资产数量时，只安排正常生产经营所需的资产投入，而不安排或很少安排除正常需要外的额外资产。在采用冒险的投资政策时，因为流动资产比重低，企业投资报酬率相对较高，但由于整体资产变现能力偏弱，短期支付风险相对较高。

（3）中庸（折中）投资政策（Moderale Investment Policy）。中庸（折中）的投资政策处于保守与激进之间，是指企业在保证流动资产正常经营所需的情况下，适当安排一定的保险储备，以防不测。

2. 营运资本融资政策。包括三种类型：

（1）配合型融资政策（Matching Financing Policy）。配合型融资政策的特点是：对于波动性流动资产，运用主动性流动负债筹集资金满足其资金的需要；对于稳定性流动资产和固定资产，运用长期负债、自发性负债和权益资本筹集资金满足资金需要。

（2）激进型融资政策（Aggressive Financing Policy）。激进型融资政策是一种收益性和风险性均较高的筹资政策。激进型融资政策的特点是：主动性流动负债不但融通波动性流动资产的资金需要，还解决部分稳定性资产的资金需要。

（3）稳健型融资政策（Conservative Financing Policy）。稳健型融资政策是一种风险性和收益性均较低的营运资本融资政策。稳健型融资政策的特点：主动性流动负债只融通部分波动性流动资产的资金需求，另一部分波动性流动资产和稳定性资产，则有长期负债、自发性负债和权益资本作为资金来源。

学习时需要注意：营运资本融资策略不仅与企业流动资产的分布有关，也与企业的资金来源尤其是流动负债有关。实务中，营运资本融资策略的影响因素更加复杂。要结合老师讲解，理论联系实际，分析企业不同营运资本融资策略的差异及产生的后果。

二、现金管理

（一）现金管理目的

企业持有一定数量的现金主要有以下三个方面的需要：

1. 交易性需要；

2. 预防性需要；

3. 投机性需要。

企业现金管理的目标就是在资产的流动性和盈利能力之间做出抉择，应力求做到既保证企业交易所需资金，降低风险，又避免造成企业有过多的闲置资金。

（二）现金最佳持有量的确定

1. 现金周转模式（Cash Flow Model）。现金周转期是指从现金投入生产经营开始，到最终转化为现金的过程。

$$现金周转期 = 存货周转期 + 应收账款周转期 - 应付账款周转期$$

$$最佳现金持有量 = \frac{企业年现金需求总额}{360} \times 现金周转期$$

2. 存货模式（Inventory Model）。确定最佳现金持有量的存货模式来源于存货的经济批量模型。

在存货模式下，现金持有量总成本包括两个方面：现金持有成本和现金转换成本。现金持有成本是持有现金所放弃的机会成本，通常为有价证券的利率，它与现金持有量成正比例变化。现金转换成本是现金与有价证券转换的固定成本，这种成本只与交易的次数有关，而与现金持有量无关。最佳现金持有量是使总成本最小的现金余额。

3. 成本分析模式（Cost Analysis Model）。成本分析模式的基本思想就是要求持有现金相关总成本最低点的现金额度，以此作为最佳现金持有量。

持有现金的成本主要包括：

（1）机会成本。企业为持有一定数量的现金，而放弃了的获利机会，即为机会成本。机会成本一般可用企业投资报酬率来表示。

（2）短缺成本。短缺成本是指企业现金持有不足而招致的损失，包括丧失购买力成本、信用损失成本和丧失现金折扣成本、丧失偿债能力的成本。

（3）管理成本。现金管理成本是指从事现金收支保管与有关管理活动的各种费用开支。在大多数情况下，管理成本是固定的，在一定的相关范围内不随现金余额的多少而变动。

最佳现金持有量的成本分析模式，就是对以上三种不同的现金持有成本进行分析，力求其三种成本的总额为最低。使总成本最低的现金持有量即为最佳现金持有量。

学习时需要注意，使用各种定量模型确定最佳现金持有量，基于的前提假设不同，得到的结果会有差异。现金的持有量与其持有成本有显著的相关性。学习过程中可以通过实地调研或查找上市公司的现金持有量，分析不同公司现金持有量的差异及其原因。

（三）现金预算

现金预算（Cash Budget），也称现金收支计划，是反映企业一定时期内预计现金流入和现金流出状况的预算。这里的现金包括企业的库存现金和银行存款等货币资金。

（四）现金日常管理策略

1. 加速收款。加速收款策略包括利用锁箱系统、建立集中银行、电子资金转账系统。

2. 控制支出。控制支出策略包括运用"现金浮游量"、控制支出时间、选择工资支出模式等。

3. 现金收支的综合控制。现金收支的综合控制策略包括力争现金流量同步、实行内部牵制制度、及时进行现金清理、遵守国家规定的库存现金的使用范围、做好银行存款的管理、适当进行证券投资等。

学习时要注意：加强现金日常管理的主要目的就是减少持有现金的成本，理论联系实际，查找实务中企业还有哪些可行的现金日常管理策略。

三、应收账款管理

（一）应收账款的持有动机

1. 扩大销售。

2. 减少存货。

（二）应收账款持有成本

1. 机会成本。投放于应收账款而放弃的其他收入，即为应收账款的机会成本，一般按有价证券利息率计算。其计算公式如下：

应收账款的机会成本 = 维持赊销业务所需要的资金 × 有价证券利息率

其中：

维持赊销所需要的资金 = 应收账款平均余额 × 变动成本率

$$应收账款平均余额 = \frac{期初应收账款 + 期末应收账款}{2}$$

$$= \frac{赊销收入}{360} \times 平均收款期$$

$$变动成本率 = \frac{变动成本}{销售收入}$$

2. 管理成本。企业对应收账款进行管理所耗费的各种费用，即为应收账款的管理成本。一般来说，应收账款的管理成本在一定数额下是相对固定的。收账费用一般与赊销业务数额高低、赊销期限长短有关。

3. 坏账成本。应收账款无法收回给应收账款持有企业带来的损失，即为坏账成本。这一成本的大小一般与应收账款数额的高低呈同方向变动。

学习时要注意：应收账款的产生就是为了降低库存，增加收入；但持有应收账款也会相应增加机会成本、管理成本和坏账损失，因此，需要在应收账款带来的收益和产生的成本之间做出权衡。学习时特别注意理解应收账款相关成本之间的联系，以及决策分析中如何降低相关成本。

（三）信用政策

信用政策（Credit Policy）即应收账款的管理政策，是指企业为对应收账款投资进行规划与控制而确立的基本原则与行为规范，包括信用标准、信用条件和收账政策三部分。

1. 信用标准（Credit Standard）。信用标准是客户获得商业信用所应具备的最低条件，通常以预测的坏账损失率表示。

企业在设定客户的信用标准时，一般可以采用两种基本方法：经验判断法和信用评分法。

（1）经验判断法。经验判断法是指通过调查分析大量的信用信息，运用特定的知识和经验进行信用标准确定的方法。一般应考虑以下三个基本要素：同行业竞争对手的情况；企业承担违约风险的能力；客户的资信。客户资信程度的高低通常取决于五个方面：品质、能力、资本、抵押、条件。

（2）信用评分法。信用评分法是先对一系列财务比率和信用情况指标进行评分，然后进行加权平均，得出顾客综合信用的分数或指数，并以此进行信用评估的一种方法。

2. 信用条件（Credit Terms）。信用条件是指企业要求客户支付赊销款项的条件，包括信用期限、现金折扣和折扣期限。

（1）信用期限。信用期限是企业为客户规定的最长付款时间。通常，延长信用期限，有利于企业扩大销售，增加收入，但信用期限延长，会增加企业的应收账款占用资金，从而增加机会成本，同时也可能导致坏账损失及收账费用增加；若缩短信用期限，虽然可使机会成本、坏账损失、收账费用等减少，但不利于企业扩大销售，甚至使企业收入减少。

（2）现金折扣和折扣期限。现金折扣是企业销售收入的抵减。如果折扣率定得较高，会减少企业的收入，从而降低企业的利润，但是同时又会使企业的机会成本、坏账损失成本及收账费用减少。所以折扣率制定为多少，要权衡得失，进行利弊分析后确定。折扣期限是指企业为客户规定的享受折扣的最长期限。通常折扣期限较长，可使客户在折扣期限内付清款项，减少企业的机会成本、坏账损失成本及收账费用，但由于客户享受到的现金折扣，会使企业的收入减少，利润降低。折扣期限定为多少，关键是看折扣期限制定后带来的收益是否大于由此而增加的成本。

3. 收账政策（Collection Policy）。收账政策是指客户延期付款或赖账时，企业采取的催收账款的政策。企业如果采用较积极的收账政策，可能会减少应收账款的机会成本，减少坏账损失，但要增加收账费用；如果采用较消极的收账政策，则可能会增加应收账款机会成本，增加坏账损失，但会减少收账费用。

学习时需要注意：信用政策是进行应收账款管理的基本准则，涉及信用标准、信用条件和收账政策三部分内容。围绕应收账款信用政策展开的分析，实际上也是在不同信用政策的收益成本之间进行权衡的过程。因此，要理论结合实际，分析企业实务中应收账款的管理存在哪些漏洞，有无解决办法。

（四）应收账款的日常管理

1. 应收账款监控。企业在应收账款的管理上应该及时进行信用监控，对企业存在的应收账款实时检查，以确保客户是否按照声明的信用条件支付货款。

信用监控常用的方法有平均收现期和应收账款账龄分析。

2. 向拖欠客户追款。

四、存货管理

（一）存货的功能

1. 防止停工待料；
2. 适应市场变化；
3. 降低进货成本；
4. 维持均衡生产。

（二）存货的成本

1. 进货成本（Purchasing Cost）。进货成本是指存货的取得成本，主要由存货的进价成本和进货费用两个方面构成。进价成本属于决策的无关成本。变动性进货费用属于决策的相关成本，而固定性进货费用则属于决策的无关成本。

2. 储存成本（Storage Cost）。企业为持有存货而发生的费用即为存货的储存成本，固定性储存成本属于决策的无关成本，而变动性储存成本属于决策的相关成本。

3. 缺货成本（Shortage Cost）。缺货成本是因存货不足而给企业造成的损失。若允许缺货，缺货成本即属于决策相关成本。若企业不允许发生缺货，缺货成本为零，也就无须加以考虑。

需要注意的是，持有存货在给企业带来便利的同时也会产生一些相关成本，所以，学习中要关注并掌握这些成本和存货的持有量之间的关系，结合企业实务分析持有存货所产生的成本及其变动关系。

（三）存货的经济订购量

1. 经济订购量的假定条件。经济订购量（EOQ）基本模式的假定条件是：（1）企业能够及时补充存货，即需要订货时便可立即取得存货；（2）集中到货，而非陆续入库；（3）不允许缺货，即没有缺货成本；（4）需求量已知或能确定；（5）存货单价不变，不考虑折扣；（6）企业现金充足，不会因现金短缺而影响进货；（7）所需存货市场供应充足，不会因买不到需要的存货而影响其他。

2. 经济订购量基本模型。计算方法有三种：

（1）逐次测试法。逐次测试法也称列表法，就是根据订购量和订购成本及储存成本之间的关系，分别采用不同订购量逐次进行测试，分别计算其全年的订购成本和储存成本的总额，并将它们汇总一起加以比较，以成本总额为最低的采购量为"经济订购量"。

（2）图示法。图示法就是在一张坐标图中绘出三条成本线：储存成本、订购成本和成本总额线，以成本总额最低的那个订购量为"经济订购量"。

（3）公式法。计算公式如下：

$$经济订购量 = \sqrt{\frac{2DP}{C}}$$

$$最低相关总成本 = \sqrt{2DPC}$$

3. 经济订购量基本模型的扩展。主要包括三种情况：

（1）数量折扣条件下的经济订购量。企业是否接受数量折扣的条件，必须在购置成本和订购成本降低与储存成本上升之间进行权衡。

（2）存货陆续供应和使用条件下经济订购量。存货陆续供应和使用条件下的经济订购量公式如下：

$$Q = \sqrt{\frac{2DP}{C} \times \frac{F}{F-d}}$$

$$TC = \sqrt{2DPC \times \left(1 - \frac{d}{F}\right)}$$

（3）缺货情况下的经济订购量。缺货情况下经济订购量的计算公式如下：

$$Q = \sqrt{\frac{2DP}{C}} \times \sqrt{\frac{C + C_s}{C_s}}$$

学习中需要注意的是，存货的经济订购量模型是建立在一系列假设基础之上的，不同的假设条件产生了不同的计量模型，要理解这些模型在企业实际中的应用情况，并调查分析各模型的实用性。

（四）存货的订购点

所谓订购点（Order Point）就是一项存货在申请订购时，所应保持的存货量。

1. 影响订购点的因素。存货订购点的高低，取决于三个因素，即订购时间、存货每天需要量和安全存量。

2. 订购点的确定。计算公式如下：

$$订购点 = 存货的每天平均需要量 \times 订购时间 + 安全存量$$

（五）存货的日常管理和控制

1. ABC 分类控制法。

根据事先规定的标准，将最重要的存货归为 A 类，一般存货归为 B 类，不重要的存货归为 C 类。对 A 类存货进行重点规划和控制；对 B 类存货予以次重要关注。

2. 计算机存货控制系统。

3. 适时存货控制系统。

关于经济订购量与订购点的理解，要清楚：经济订购量解决的是每次买多少的问题；而订购点解决的是什么时间采购的问题。

练习与思考

客 观 题

一、单项选择题

1. 华远公司预测的年度赊销收入净额为 600 万元，应收账款收账期为 30 天，变动成本率为 60%，资金成本率 10%，则应收账款的机会成本为（　　）万元。

    A. 10　　　　　　　　　　B. 6

    C. 3　　　　　　　　　　 D. 2

2. 利远公司若采用集中银行法，增设收款中心，可使企业应收账款平均余额由现在的 200 万元减至 100 万元。企业年加权平均资本成本为 12%，因增设收款中心，每年将增加相关费用 8 万元，则该企业分散收款收益净额为（　　）万元。

    A. 4　　　　　　　　　　 B. 8

    C. 16　　　　　　　　　　D. 24

3. 达利公司全年需用 A 材料 4 000 吨，每次的订货成本为 312.5 元，每吨材料年储备成本 40 元，则每年最佳订货次数为（　　）次。

    A. 12　　　　　　　　　　B. 16

    C. 13　　　　　　　　　　D. 10

4. 属于存货的进货费用的是（　　）。

    A. 采购人员的办公费、差旅费   B. 存货的买价
    C. 存货占用资金的应计利息   D. 材料中断造成的停工损失

5. 信用标准通常用（　　）表示。
    A. 预期现金折扣率   B. 预期收账期
    C. 预期坏账损失率   D. 预期应收账款机会成本

6. 利用 ABC 管理法进行存货管理，应重点管理的存货是（　　）。
    A. 数量最多的存货   B. 金额最多的存货
    C. 数量和金额均最多的存货   D. 数量和金额居中的存货

7. （　　）就是在增加的收账费用与减少的坏账损失、减少的机会成本之间进行权衡。
    A. 确定信用标准   B. 选择信用条件
    C. 制定收账政策   D. 5C 评估法

8. 下列公式中错误的是（　　）。
    A. 应收账款机会成本 = 应收账款平均余额 × 资本成本率
    B. 维持赊销业务所需要资金 = 应收账款平均余额 × 变动成本率
    C. 应收账款平均余额 = 年赊销额/360 × 平均收账天数
    D. 应收账款平均余额 = 平均每日赊销额 × 平均收账天数

9. 企业在进行应收账款管理时，除需合理确定信用标准和信用条件外，还要合理确定（　　）。
    A. 信用期限   B. 现金折扣期限
    C. 现金折扣比率   D. 收账政策

10. 信用条件为"2/10，n/30"时，预计有 40% 的客户选择现金折扣优惠，则平均收账期为（　　）天。
    A. 16   B. 28
    C. 26   D. 22

11. 若某企业预测的年度赊销收入净额为 1 000 万元，应收账款周转期为 36 天，则该企业的应收账款平均余额为（　　）万元。
    A. 80   B. 60
    C. 100   D. 50

12. 下列有关现金持有量说法不正确的是（　　）。
    A. 现金持有量越大，持有现金的机会成本就越高
    B. 在现金需要量既定的情况下，现金持有量越小，相应的现金转换成本就越大
    C. 现金持有量与短缺成本之间呈反向变动关系
    D. 现金持有量越多越好，越多越安全

13. 不属于存货的储存变动成本的是（　　）。
    A. 存货资金的应计利息   B. 替代材料紧急购入的额外成本
    C. 存货的破损和变质损失   D. 存货的保险费用

14. 下列各项中正确的是（　　　）。

  A. 成本分析模式中机会成本和固定性转换成本之和最低的现金持有量就是最佳现金持有量

  B. 存货模式中机会成本和短缺成本之和最低的现金持有量就是最佳现金持有量

  C. 成本分析模式和存货模式中都需要考虑机会成本

  D. 存货模式中机会成本和变动性转换成本之和最低的现金持有量就是最佳现金持有量

15. 下列有关信用政策的说法错误的是（　　　）。

  A. 信用政策包括信用标准、信用条件、收账政策

  B. 信用标准高有利于企业市场竞争力的提高

  C. 信用标准是客户获得企业商业信用所应具备的最低条件

  D. 客户资信程度的高低通常决定于 "5C" 系统

16. 实行数量折扣的经济订购量模式不需要考虑的成本因素是（　　　）。

  A. 变动进货费用　　　　　　　　B. 进价成本

  C. 变动储存成本　　　　　　　　D. 缺货成本

17. 下列选项中，（　　　）同现金持有量呈正比例关系。

  A. 固定性转换成本　　　　　　　B. 机会成本

  C. 现金的短缺成本　　　　　　　D. 管理成本

18. 某企业现金收支状况比较稳定，预计全年需要现金 600 000 元，每次转换成本为 600 元，有价证券利息率为 20%，则最佳现金管理相关总成本是（　　　）元。

  A. 6 000　　　　　　　　　　　B. 12 000

  C. 4 000　　　　　　　　　　　D. 8 000

19. "5C" 系统中，作为客户偿付债务最终保证的是（　　　）。

  A. 偿付能力　　　　　　　　　　B. 抵押品

  C. 资本　　　　　　　　　　　　D. 经济状况

20. 企业利用证券市价大幅度跌落时购入有价证券，以期在价格反弹时卖出证券获取高额资本利得的动机是（　　　）。

  A. 交易动机　　　　　　　　　　B. 预防动机

  C. 投资动机　　　　　　　　　　D. 投机动机

21. 基本模式下的存货经济订购量的决定因素不包括（　　　）。

  A. 变动性进货费用　　　　　　　B. 变动性储存成本

  C. 机会成本　　　　　　　　　　D. 存货的进价

22. 某期现金预算中假定出现了正值的现金收支差额，且超过额定的期末现金余额时，单纯从财务预算调剂现金余缺的角度看，该期不宜采用的措施是（　　　）。

  A. 偿还部分借款利息　　　　　　B. 偿还部分借款本金

  C. 抛售短期有价证券　　　　　　D. 购入短期有价证券

23. 在下列各项中，不能纳入企业现金预算范围的是（　　　）。

A. 经营性现金支出　　　　　　　B. 资本化借款利息
C. 经营性现金收入　　　　　　　D. 资本性现金支出

24. 已知某种存货的全年需要量为 72 000 件，该种存货的再订货点为 3 000 件，则其交货间隔期是（　　）天。（1 年按 360 天计算）

A. 36　　　　　　　　　　　　　B. 18
C. 15　　　　　　　　　　　　　D. 30

25. 某固定资产为 1 000 万元，稳定性流动资产为 200 万元，波动性流动资产为 300 万元，已知企业的长期负债、自发性负债和权益资本可提供的资金为 1 100 万元，该企业采取了（　　）营运资金管理政策。

A. 稳健型　　　　　　　　　　　B. 激进型
C. 配合型　　　　　　　　　　　D. 风险型

26. 某公司的原料购买和产品销售均采用商业信用方式，其中应付账款的平均天数为 80 天，应收账款的平均收款天数为 90 天，存货平均周转天数为 110 天。假设一年为 360 天，公司的年现金周转次数为（　　）次。

A. 1.8　　　　　　　　　　　　B. 2
C. 4　　　　　　　　　　　　　D. 3

27. 在允许缺货的情况下，经济订货批量是（　　）。

A. 订货成本与储存成本之和最低
B. 订货成本与储存成本相等的批量
C. 缺货成本与储存成本之和最低的批量
D. 订货成本、储存成本和缺货成本之和最低的批量

28. 在营运资金管理中，企业将"原材料转换成产成品并出售所需要的时间"称为（　　）。

A. 现金周转期　　　　　　　　　B. 应付账款周转期
C. 存货周转期　　　　　　　　　D. 应收账款周转期

29. 某公司甲材料预计每天最大耗用量为 80 千克，每天的平均耗用量为 60 千克，订货提前期为 10 天，则该公司应建立的保险储备量是（　　）千克。

A. 800　　　　　　　　　　　　B. 200
C. 600　　　　　　　　　　　　D. 1 400

30. 不属于企业应收账款管理的相关成本的是（　　）。

A. 机会成本　　　　　　　　　　B. 短缺成本
C. 坏账成本　　　　　　　　　　D. 管理成本

二、多项选择题

1. 企业在制定或选择信用标准时应考虑的因素有（　　）。

A. 同行业竞争对手的情况　　　　B. 企业承担违约风险的能力
C. 企业承担流动性风险的能力　　D. 客户的资信程度

2. 甲企业给予客户的信用条件为"2/10，n/30"，则下列说法正确的有（　　）。

A. 现金折扣率为 2%　　　　　　B. 商业折扣率为 2%

    C. 折扣期限为 10 天　　　　　　　D. 信用期限为 30 天

3. 对信用标准进行定量分析，是为了解决（　　　）的问题。

    A. 确定客户拒付账款的风险，即坏账损失率

    B. 具体确定客户的信用等级

    C. 扩大销售收入

    D. 降低销售成本

4. 下列项目中，属于交易动机的有（　　　）。

    A. 缴纳税款　　　　　　　　　　　B. 支付薪酬

    C. 购买原材料　　　　　　　　　　D. 购买股票

5. 运用存货模式确定最佳现金持有量应当满足的条件有（　　　）。

    A. 企业预算期内现金需要总量可以预测

    B. 企业所需现金可通过证券变现取得，且证券变现的不确定性很小

    C. 证券的利率或报酬率及每次固定性转换可以获悉

    D. 企业现金支出过程稳定

6. 以下属于存货缺货成本的有（　　　）。

    A. 材料供应中断而引起的停工损失

    B. 成品供应短缺而引起的信誉损失

    C. 成品供应短缺而引起的赔偿损失

    D. 成品供应短缺而引起的销售机会的丧失

7. 以下属于计算应收账款的机会成本需要的数据有（　　　）。

    A. 赊销额　　　　　　　　　　　　B. 变动成本率

    C. 资本成本率　　　　　　　　　　D. 成本利润率

8. 现金短缺成本在内容上应包括（　　　）。

    A. 丧失购买机会的损失　　　　　　B. 造成的信用损失

    C. 得不到的折扣好处　　　　　　　D. 生产中断造成的停工损失

9. 下列不属于应收账款管理成本的有（　　　）。

    A. 因投资应收账款而丧失的利息费用

    B. 对客户的资信调查费用

    C. 催收应收账款而发生的费用

    D. 无法收回应收账款带来的损失

10. 存货 ABC 分类管理中存货的分类标准包括（　　　）。

    A. 单价　　　　　　　　　　　　　B. 金额

    C. 品种　　　　　　　　　　　　　D. 品种数量

11. 下列各项中，属于信用条件构成要素的有（　　　）。

    A. 信用期限　　　　　　　　　　　B. 现金折扣率

    C. 折扣期限　　　　　　　　　　　D. 商业折扣

12. 一般来说，信用期限延长可能会引起（　　　）。

    A. 增加坏账　　　　　　　　　　　B. 减少坏账

  C. 收账费用增加   D. 收账费用减少

13. 下列有关信用期限的表述中，正确的有（   ）。
  A. 缩短信用期限增加当期现金流量
  B. 延长信用期限会扩大销售
  C. 降低信用标准意味着将延长信用期限
  D. 延长信用期限将增加应收账款的机会成本

14. 下列各项中属于存货进货成本的有（   ）。
  A. 购置成本   B. 进项税额
  C. 进货费用   D. 订货成本

15. 企业在确定为应付紧急情况而持有的现金数额时，需考虑的因素有（   ）。
  A. 企业愿意承担风险的程度   B. 企业临时举债能力的强弱
  C. 金融市场投资机会的多少   D. 企业对现金流量预测的可靠程度

16. 应收账款决策中的信用成本包括（   ）。
  A. 机会成本   B. 收账费用
  C. 变动成本   D. 坏账损失

17. 应收账款的主要功能有（   ）。
  A. 促进销售   B. 阻碍销售
  C. 减少存货   D. 增加存货

18. 下列关于最佳现金持有量的存货模式表述正确的有（   ）。
  A. 只对机会成本和固定性转换成本予以考虑
  B. 管理成本因其相对稳定，视为决策无关成本而不予考虑，但需要考虑现金的短缺成本
  C. 机会成本与固定性转换成本相等时的现金持有量为最佳现金持有量
  D. 机会成本与固定性转换成本之和最低的现金持有量为最佳现金持有量

19. 提供比较优惠的信用条件增加销售量，也会付出一定的代价，主要有（   ）。
  A. 应收账款机会成本   B. 收账费用
  C. 坏账损失   D. 现金折扣成本

20. 存货的功能包括（   ）。
  A. 维持生产的延续性   B. 避免失去销售机会
  C. 降低采购费用   D. 维持均衡生产，降低生产成本

21. 影响存货订购点的因素有（   ）。
  A. 订购时间   B. 日均需要量
  C. 经济采购量   D. 安全存量

22. 引起缺货问题的原因有（   ）。
  A. 需求量的变动   B. 交货期日需求量增大
  C. 延迟交货   D. 存货过量使用

23. 现金支出管理的方法包括（   ）。

  A. 合理利用现金"浮游量"   B. 推迟支付应付工资

  C. 采用汇票付款   D. 改进工资支付方式

24. 下列关于流动资产组合政策的说法中正确的有（ ）。

  A. 保守的流动资产组合政策风险小，收益低

  B. 激进的流动资产组合政策风险大，预期收益高

  C. 稳健的流动资产组合政策适用于短期偿债压力较小，预期未来收益比较稳定的企业

  D. 激进的流动资产组合政策适用于短期偿债压力较大、未来预期收益不确定性较大的企业

25. 由于不能及时满足生产经营需要而给企业带来的损失叫作缺货成本，以下属于缺货成本的有（ ）。

  A. 延期交付的罚金

  B. 停工待料损失

  C. 采取临时措施而发生的超额费用

  D. 折扣成本

26. 确定再订货点时，需要考虑的因素有（ ）。

  A. 经济订货批量   B. 每日耗用材料数量

  C. 材料的在途时间   D. 每次的订货成本

27. 适时存货制的成功取决于（ ）。

  A. 计划要求   B. 与供应商的关系

  C. 准备成本   D. 对信用条件的影响

三、判断题

1. 企业持有的现金总额可以小于各种动机所需现金余额之和，且各种动机所需保持的现金也不必均为货币形态。   （ ）

2. 营运资金的持有量高低与风险收益的大小成正相关。   （ ）

3. 企业现金持有量过多会降低现金的机会成本。   （ ）

4. 现金管理的存货模式中，最佳现金持有量是指能够使现金管理的机会成本与固定性转换成本之和保持最低的现金持有量。   （ ）

5. 在成本分析模式和存货模式下确定最佳现金持有量时，都须考虑的成本是短缺成本。   （ ）

6. 经济状况是决定是否给予客户信用的首要因素。   （ ）

7. 存货的保险费用属于存货决策的无关成本。   （ ）

8. 由于持有现金而丧失的再投资收益并不属于持有现金的持有成本。 （ ）

9. 存货年需要量、单位存货年储存变动成本和单价的变动会引起经济订购量占有资金同方向变动；每次订货的变动成本变动会引起经济订购量占用资金反方向变动。   （ ）

10. 给定的信用条件为"1/10，n/20"的含义是如果在 10 天内付款，可享受 1% 的现金折扣，否则应在 20 天内按全额付清。   （ ）

11. 应收账款信用条件决策中的变动成本等于未扣除现金折扣的年赊销额乘以变动成本率。 （　　）

12. 企业营运资本余额越大，说明企业风险越小，收益率越高。 （　　）

13. 企业现金管理的基本目标在于对现金的流动性和收益性做出合理的选择。

（　　）

14. 企业的信用标准严格，给予客户的信用期限很短，使得应收账款周转率很高，将有利于增加企业的利润。 （　　）

15. 收账费用与坏账损失成反比关系，收账费用发生得越多，坏账损失就越小，因此，企业应不断加大收账费用，以便将坏账损失降到最低。 （　　）

16. 信用标准是指企业接受客户信用定单时所提出的付款要求。 （　　）

17. 用邮政信箱法和银行业务集中法进行现金回收管理都可以减少支票邮寄时间。

（　　）

18. 固定性转换成本总额与现金持有量之间呈反比例关系。变动性转换成本总额与现金持有量无关。 （　　）

19. 预防动机是指为把握市场投资机会，获得较大收益而持有的现金。 （　　）

20. 营运资金又称营运资本，是指资产减去负债后的余额。 （　　）

21. 企业持有的现金总额通常等于各种动机所需现金余额的简单相加。 （　　）

22. 现金预算中的现金支出包括经营现金支出、分配股利的支出以及缴纳的所得税、购买固定资产的资本性支出。 （　　）

23. 现金浮游量是指企业实际现金余额超过最佳现金持有量的差。 （　　）

24. 存货的 ABC 管理法，应重点管理的是品种数量较少，金额较大的存货。

（　　）

25. 应收账款的管理中，延长信用期会增加企业的赊销收入，但也会增加企业的机会成本。 （　　）

26. 在存货陆续供应的情况下，最佳存货持有量与全面存货需求量、每次订货成本成反比例关系，与存货的单位储存成本、存货的每日耗用量、每日的送货量呈正比例关系。 （　　）

27. 企业是否设有安全存量与订购点无关。 （　　）

28. 在考虑缺货成本时，最佳经济订购量与缺货量成正比，与缺货成本成反比。

（　　）

29. 企业在确定订购提前期时，需要考虑：存货的日均需求量、订购时间、安全存量等因素。 （　　）

30. 适时存货制就是企业的存货库存量在任何时点上都为零。 （　　）

思 考 题

一、为什么说企业持有现金是处于多种动机考虑？

二、企业确定最佳现金持有量的方法有几种？其主要原理是什么？如何确定最佳持有量？

　　三、现金日常管理中，如何利用锁箱系统加速收款？

　　四、企业持有有价证券需要考虑哪些因素？

　　五、企业为什么要持有应收账款？其目的是什么？

　　六、一个科学规范的信用政策包括哪些内容？结合我国实际谈谈企业在制定具体信用政策时应注意的相关问题。

　　七、结合我国现实情况，谈谈目前企业在信用评估方面存在的问题及建议。

　　八、"消除那些经常赖账的人"是否是减少企业坏账的好办法？

　　九、以下各种信用政策可能会对销售和利润产生什么样的影响？

　　1. 很高的坏账损失百分比，正常的应收账款周转率和信用拒绝率。

　　2. 过期账户的百分比很高，而信用拒绝率很低。

　　3. 过期账户的百分比很低，但信用拒绝率和应收账款周转率很高。

　　4. 过期账户的百分比很低，信用拒绝率也很低，但应收账款周转率很高。

　　十、收账期间的延长是坏事吗？为什么？

　　十一、对一个信用申请者进行分析你可能采用哪些渠道获得信息？

　　十二、在确定信用政策中有哪些主要因素可以变动？

　　十三、如果接受客户的信用标准发生变化，将有哪些影响？

　　十四、在收账上花钱为什么会达到一个饱和点？

　　十五、为信用账户确定信用限额的目的是什么？这种安排有哪些收益？

　　十六、存货政策的分析与信用政策的分析比较相似。指出一个与应收账款账龄分析法相似的存货政策分析方法。

　　十七、与存货有关的订货成本、储存成本和资本成本对财务经理有什么主要意义？

　　十八、说明有效率的存货管理如何影响企业的流动性和获利能力。

　　十九、企业如何才能减少存货投资？保持很低的存货投资的政策将导致哪些成本？

　　二十、说明很大的季节性需求如何使存货管理和生产安排复杂化？

　　二十一、存货投资与固定资产投资的含义是否一样？

　　二十二、原材料存货投资的必要收益是否与产成品存货的必要收益一样？

　　二十三、目前，企业在存货管理方面存在许多问题，请你从理论上就这一现象给予简单评述。

　　二十四、简析存货成本中的成本特点，并指出为什么在存货决策中只考虑其相关成本。

　　二十五、如何理解存货经济订购量的基本假定条件。

　　二十六、比较、分析存货经济订购量、存在数量折扣、陆续供应和使用不同情况下成本的相关性问题。（即指出三种情况下的相关成本各是什么？）

　　二十七、为什么确定订购点时要充分考虑订购时间、日均需要量和安全存量三个要素？它们是如何影响订购点的？

　　二十八、存货的日常管理方法和制度有哪些？具体如何运用？

计算分析题

练 习 一

〔**目的**〕练习现金最佳持有量的确定。

〔**资料**〕海信公司现金收支相对稳定，预计全年现金需要量 200 万元，现金与有价证券的每次转换成本 200 元，有价证券投资报酬率为 10%。（1 年按 360 天计算）

〔**要求**〕

1. 确定最佳现金持有量，计算有价证券交易次数及交易间隔期。
2. 若有价证券每次转换成本是 500 万元，最佳现金持有量是多少？
3. 若有价证券年利率为 12%，最佳现金持有量是多少？

练 习 二

〔**目的**〕练习最佳现金持有量的确定。

〔**资料**〕海达公司现金收支状况比较平衡，预计全年现金总需求量为 250 000 元，每次转换有价证券的固定成本为 500 元，有价证券利息率为 10%。（1 年按 360 天计算）

〔**要求**〕

1. 计算最佳现金持有量。
2. 计算最佳现金持有量下的现金管理相关总成本、转换成本和持有成本。
3. 计算最佳现金持有量下的全年有价证券交易次数和有价证券交易间隔期。

练 习 三

〔**目的**〕练习最佳现金持有量的确定。

〔**资料**〕利达公司现有甲、乙、丙、丁四种现金持有方案，各方案的平均现金持有量分别为 12 500 元、25 000 元、37 500 元和 50 000 元。企业现金管理成本为 10 000 元，资本的投资报酬率为 12%，根据历史资料测算，企业持有现金 45 000 元以上无短缺成本，企业持有现金在 35 000～45 000 元之间时，现金短缺成本为 1 250 元，持有现金在 20 000～35 000 元之间时，现金短缺成本为 3 400 元，持有现金在 500～20 000 元之间时，现金短缺成本要达到 6 000 元。

〔**要求**〕试计算公司应采用哪种现金持有量最合理。

练 习 四

〔**目的**〕练习现金日常管理方法。

〔**资料**〕经测算，达利公司若采用银行业务集中法，设立收账中心，可使其现有应收账款平均余额下降 30%，但为此公司会增加 8 万元的相关费用，若公司现应收账款平均余额为 240 万元，年平均资本成本率为 10%。

〔**要求**〕

1. 请为企业作出是否采用银行业务集中法的决策。

2. 若企业现有应收账款平均余额为 300 万元，又应作如何选择？

练 习 五

〔**目的**〕练习信用政策的变更决策。

〔**资料**〕塞特公司预测下一年度销售额为 2 000 万元，变动成本率为销售额的 80%，应收账款融资成本率为 8%，公司的赊销条件为：客户必须在 25 天内付款。但是，公司平均收账期为 30 天，说明一些客户延期付款，其坏账损失为销售额的 3%。（1 年按 360 天计算）

塞特公司财务部经理现考虑两种信用政策：

第一，延长赊销期限至 40 天，预计销售额可达到 2 050 万元，平均收账期 45 天，其销售增量的坏账损失为 5%，原有客户的坏账损失仍为 3%。

第二，缩短赊销期限为 20 天，预计销售额下降到 1 800 万元，平均收账期为 22 天，坏账损失下降为新销售额的 1%。

〔**要求**〕

1. 评价第一种信用政策；

2. 评价第二种信用政策。

公司应采用何种信用政策？为什么？

练 习 六

〔**目的**〕练习信用政策的变更决策。

〔**资料**〕信达公司预测的年度赊销收入净额为 2 400 万元，其信用条件是：n/30，变动成本率为 65%，资本成本率（或有价证券利息率）为 20%。假设公司收账政策不变，固定成本总额不变。该公司准备了三个信用条件的备选方案：

A：维持 n/30 的信用条件；坏账损失 2%，收账费用 24 万元。

B：将信用条件放宽到 n/60；赊销收入增长 10%，坏账损失上升至 3%，收账费用 40 万元。

C：将信用条件放宽到 n/90；赊销收入为 2 800 万元，坏账损失 5%，收账费用达 56 万元。

〔**要求**〕请填写表 13 - 1 空缺数据，并依此评价以上三个方案，选中一个最佳方案。

表 13 - 1 　　　　　　　　　　　　信用政策备选方案　　　　　　　　　　金额单位：万元

项目	A 方案	B 方案	C 方案
年赊销额			
应收账款周转率			

续表

项目	A方案	B方案	C方案
应收账款平均余额			
维持赊销所需资金			
机会成本			
坏账损失			
收账费用			

练 习 七

〔**目的**〕练习信用政策的变更决策。

〔**资料**〕接练习六资料，如果公司选择了B方案，但为了加速应收账款的回收，决定将赊销条件改为"2/10，1/20，n/60"（D方案），估计约有60%的客户（按赊销额算）会利用2%的折扣；15%的客户会利用1%的折扣。坏账损失降为2%，收账费用降为30万元。

〔**要求**〕根据以上资料，试分析是否应该改变赊销条件。

练 习 八

〔**目的**〕练习信用政策的变更决策。

〔**资料**〕达信公司资本成本率为10%，现采用30天按发票金额付款的信用政策，销售收入为800万元，边际贡献率为20%，平均收现期为45天，收账费用和坏账损失各占销售收入的1%，公司为了加速账款回收和扩大销售收入以充分利用剩余能力，准备将政策调整为"2/20，1/30，n/40"，预计销售收入将增加5%，收账费用和坏账损失分别占销售收入的1%和1.2%，全部销售的平均收现期将缩短10天，有30%的客户在20天内付款，有40%的客户在30天内付款。

〔**要求**〕根据计算结果说明公司应否改变信用政策。

练 习 九

〔**目的**〕练习信用政策的变更决策。

〔**资料**〕得达公司2022年A产品销售收入为4 000万元，总成本为3 000万元，其中固定成本为600万元。

2023年该公司有两种信用政策可供选用：甲方案给予客户60天信用期限（n/60），预计销售收入为5 000万元，货款将于第60天收到，其信用成本为140万元。

乙方案的信用政策为"2/10，1/20，n/90"，预计销售收入为5 400万元，将有30%的货款于第10天收到，20%的货款于第20天收到，其余50%的货款于第90天收到（前两部分货款不会产生坏账，后一部分货款的坏账损失率为该部分货款的4%），收账费用为50万元。该公司A产品销售额的相关范围3 000万～6 000万元，公司的资本成本率为 8%。

〔要求〕

1. 计算该公司下列指标：

（1）变动成本总额；（2）以销售收入为基础计算的变动成本率。

2. 计算乙方案的下列指标：

（1）应收账款平均收账天数；（2）应收账款平均余额；（3）维持应收账款所需资金；（4）应收账款机会成本；（5）坏账成本；（6）采用乙方案的信用成本。

3. 计算以下指标：

（1）甲方案的现金折扣；（2）乙方案的现金折扣；（3）甲乙两方案信用成本前收益之差；（4）甲、乙两方案信用成本后收益之差。

4. 该公司应采取何种信用政策？说明理由。

练 习 十

〔目的〕练习经济订购量模型的应用。

〔资料〕信达公司计划年需要甲材料 10 万件，该种材料耗用量基本均衡，有时耗用量会超过平均用量的 10%，甲材料单位年储存成本 0.6 元，采购成本每件 1.6 元，每次订货成本 75 元，材料自申请订购需 8 天方可运到入库。

〔要求〕计算经济订购量，订购次数，保险储量，订货点，最低相关总成本。

练习十一

〔目的〕练习经济生产批量的应用。

〔资料〕信达公司全年需用甲零件 1 600 个，生产该零件的设备每天生产 10 个，月领用量 5 个，每批设备调整成本 50 元，每个零件年储存成本 2 元，零件生产成本 14 元/个。

〔要求〕计算甲零件的生产批量、批次及相关总成本。

练习十二

〔目的〕练习经济批量与订货点的计算。

〔资料〕斯特公司 2022 年度提供下列资料：

1. 订货量必须以 200 为单位。

2. 年销售量为 72 万单位。

3. 进货单价 10 元。

4. 储存成本为进价的 20%。

5. 每次订货成本 35 元。

6. 交货需 5 天，安全存量为 18 000 单位。

〔要求〕

1. 计算经济订购量和订货次数。

2. 计算再订货点。

3. 订货批量分别为 4 000 单位、5 000 单位和 6 000 单位时，计算各自最低相关总成本。

练习十三

〔**目的**〕练习经济订购量的计算。

〔**资料**〕达利公司全年需耗用乙材料 36 000 千克，该材料采购成本为 200 元/千克，年度储存成本为 16 元/千克，平均每次进货费用为 20 元。

〔**要求**〕

1. 计算本年度乙材料的经济订购量。

2. 计算年度乙材料经济订购量下的相关总成本。

3. 计算本年度乙材料经济订购量下的平均资金占用额。

4. 计算本年度乙材料最佳进货批次。

5. 假设允许缺货，单位缺货成本为 20 元/千克，计算允许缺货时的经济订购量。（结果四舍五入，并且取整）

练习十四

〔**目的**〕练习存货安全存量的计算（扩展题）。

〔**资料**〕卡尔公司需要 M 存货，其库存周期为 30 天，订单发出 3 天后可收到存货，交货期内期望正常用量为 1 000 件，但有时也不稳定。交货期内用量的概率分布如表 13 – 2 所示。

表 13 – 2　　　　　　　　　卡尔公司交货期内用量及概率分布

概率	0.05	0.20	0.50	0.20	0.05
用量（件）	0	500	1 000	1 500	2 000

M 存货每次订货成本 100 元，一旦发生缺货，每次单位缺货损失为 2 元，M 存货的进价为 5 元，年储存成本为库存价值的 10%。

〔**要求**〕

1. 若安全存量为零，M 存货的缺货成本、储存成本及总成本各为多少？

2. 若安全存量为 500 件，其总成本为多少？

3. 若安全存量为 1 000 件，其总成本为多少？

4. 公司应采取哪一种安全存量？

练习十五

〔**目的**〕练习现金折扣下的经济订购量。

〔**资料**〕海达公司每年需用甲材料 8 000 件，每次订货成本为 160 元，每件材料的年储存成本为 6 元，该种材料的单价为 25 元/件，一次订货量在 2 000 件以上时可获

3%的折扣，在 3 000 件以上时可获 4%的折扣。

〔要求〕

计算确定对公司最有利的订购量。

练习十六

〔目的〕练习现金预算的编制。

〔资料〕东远公司预编制 2022 年 12 月的现金收支计划。预计 2022 年 12 月初现金余额为 45 000 元；月初应收账款 50 000 元，预计月内收回 70%；本月销货 80 000 元，预计月内收款比例为 50%；本月材料采购 20 000 元，预计月内付款 70%；月初应付账款余额 15 000 元本月需全部付清；月内以现金支付工资 12 000 元；本月制造费用等间接费用付现 25 000 元；其他经营性现金支出 1 200 元；购买设备支付现金 35 000 元。企业现金不足时，可向银行借款，借款金额为 1 000 元的倍数；要求月末现金余额不低于 5 000 元。

〔要求〕编制东远公司 2022 年 12 月的现金预算。

案 例

案 例 一
SKI 设备公司：营运资本管理

丹·巴尼斯（Dan Barnes）是 SKI 设备公司的财务部经理，最近他既激动又担忧。因为公司的创立人将其 51%的股票卖给了肯特·卡仁（Kent Koran），卡仁是一个极力鼓吹经济增加值的人。经济增加值是税后经营利润减去公司使用的所有资本的成本。如果经济增加值是正数，公司就创造价值；相反，如果经济增加值是负数，公司就没有弥补它的成本，股东的价值也被侵蚀。如果管理人员能创造价值，卡仁就会重奖，但那些经济增加值是负数的管理人员不得不另找工作。卡仁经常说如果公司可以用更少的资产产生目前的销售水平，它所需的资本就更少。如果其他因素保持不变，这将降低资本成本，提高经济增加值。

在控制 SKI 设备公司不久后，卡仁就与 SKI 设备公司原高层管理人员会晤，探讨他对公司的经营计划。他首先出示了一些经济增加值数据，使每位员工确信 SKI 设备公司在近几年没有创造价值。然后，他声明如果没有不确定因素，这种情况一定要改变。他指出 SKI 设备公司对滑雪板、靴子和衣服的设计，受到整个行业的称赞，但有时公司其他地方存在严重不足，如成本太高，而价格太低，或公司耗费大多资金，他认为公司的管理人员应该纠正这些问题。

巴尼斯很早就认为公司的营运资本状况应该研究——公司应该保持最佳的现金、证券和存货的水平，但这些项目总是过多或过少。过去生产部经理反对巴尼斯质疑原材料的持有水平，营销部经理则反对有关产成品的质疑，销售人员从不考虑信用政策（信用政策影响到应收账款），财务主管不想讨论现金和证券的余额。卡仁的讲话使一切清晰起来，没有人再坚持各自的观点。

海姆斯（Hames）也认为不能孤立地进行营运资本决策。例如，如果存货可以在不影响经营的情况下降低，就无须太多的资本，资本成本也相应降低，经济增加值就会增加。然而，过少的原材料存货可能会降低生产，增加成本，过少的产成品存货可能会丧失有利的销售机会。所以在存货改变前，需要研究经营和财务影响。现金与应收账款的问题也是如此。

假设该公司就下列问题向你咨询，你如何解释？

1. 巴尼斯计划按表13-3所示的比率与SKI设备公司的经营人员讨论。

表13-3　　　　　　SKI设备公司相关财务比率及同业平均水平

财务比率	SKI公司	同业平均
流动比率	1.75	2.25
速动比率	0.83	1.20
资产负债率（%）	58.76	50.00
现金和证券周转率（次）	16.67	22.22
应收账款周转天数（1年按365天）	45.63	32.00
存货周转率（次）	4.82	7.00
固定资产周转率（次）	11.35	12.00
总资产周转率（次）	2.08	3.00
销售利润率（%）	2.07	3.50
权益报酬率（%）	10.45	21.00

他希望每个人都了解改变每一种流动资产的利弊，以及每一项改变对经济增加值和利润的影响。根据表13-3的数据，SKI设备公司将采用宽松型、中庸型还是紧缩型营运资本政策？

2. 采用宽松但合理的营运资本政策和因为没有效率而拥有大量的流动资产有什么区别？SKI设备公司的营运资本政策合适吗？

3. 假定SKI设备公司的应付项目递延期是30天，请计算公司的现金周转期。

4. 在不影响公司经营的情况下，SKI设备公司将如何缩减它的现金和证券？

为了更好地理解SKI设备公司的现金状况，巴尼斯列出现金预算，表13-4是本年前两个月数据（本表是未计算利息收益和利息费用的最初的现金预算）。他还算了其他月份的数据，但本表未列出。

表 13－4　　　　　　　　　　　**SKI 设备公司 1～2 月现金预算**　　　　　　　金额单位：元

项目	11 月	12 月	1 月	2 月	3 月	4 月
回收和购货						
（1）销售（总额）	71 218	68 212	65 213	52 475	42 989	30 524
回收						
（2）销售当月:(0.2×0.98)(当月销售)			12 781.75	10 285.10		
（3）销售次月:(0.7)(上月销售额)			47 748.40	45 649.10		
（4）销售第二个月:(0.1)(再上个月)			7 121.80	6 821.20		
（5）总回收			67 651.95	62 755.40		
购货						
（6）(0.85)(从现在起两月的预测销售额)		44 603.75	36 472.65	25 945.40		
（7）支付（递延 1 个月）本月现金多余或不足			44 603.75	36 472.65		
（8）回收			67 651.95	62 755.40		
（9）支付购货			44 603.75	36 472.65		
（10）工资			6 690.56	5 470.90		
（11）租金			2 500.00	2 500.00		
（12）税金						
（13）总支出			53 794.31	44 443.55		
（14）现金多余或不足贷款需求或现金盈余			13 857.64	18 311.85		
（15）如果没有贷款月初的现金额			3 000.00	16 857.64		
（16）累计现金			16 857.64	35 169.49		
（17）目标现金额			15 000.00	15 000.00		
（18）累计多余现金或为维持目标现金余额所需贷款			15 357.64	33 669.49		

5. 在现金预算中是否存在明确的折旧费？为什么？

6. 在最初现金预算中，巴尼斯预计所有的销售都能够收回，SKI 设备公司没有坏账，这现实吗？

如果不现实，坏账在现金预算中如何处理？（坏账会影响回收但不影响购货）

7. 尽管巴尼斯没有全年的现金预算，他也主要依据月销售额，销售额在 5～9 月特别低，秋季和冬季会显著回升。11 月是公司最好的销售月份，公司将把产品运送给零售商。有趣的是巴尼斯的现金预算表明，除了 11 月和 12 月，公司其他月份的现金持有量都比目标现金余额高，因为 11 月和 12 月是装运高峰，但是贷款将在以后才能收回。基于表 13－3 所示的比率，SKI 设备公司的目标现金余额合适吗？除了降低目标现金余额外，SKI 设备公司将采取什么政策来改善现金管理，这会影响经济增加值吗？

8. SKI 设备公司为何要保留相对较高的现金？

9. 存货成本的三个组成部分是什么？如果公司准备削减存货受到什么影响？

10. 是否可认为 SKI 设备公司持有过多存货？如果是这样，对经济增加值和权益报酬率有何影响？

11. 如果公司缩减存货但没有影响销售，公司的现金状况将受到何种短期影响和长期影响？用现金预算和资产负债表来解释。

12. 巴尼斯了解到 SKI 设备公司采用与本行业其他公司相同的信用条件销售，使用表 13－3 的比率解释，是否 SKI 设备公司的顾客付款比其竞争对手的顾客付款要快。如果有不同，SKI 设备公司应缩紧还是放宽信用政策？公司信用政策的四个组成部分是什么？SKI 设备公司应该如何对每个部分进行改进？

13. 如果缩紧信用政策，公司将面临风险吗？

14. 如果公司在缩短销售额未结清的天数时没有严重影响销售，这对它的现金状况有何种短期影响和长期影响？用现金预算和资产负债表来解释。从长期来看，经济增加值将受到什么影响？

15. SKI 设备公司试图使资产和债务到期匹配，它将采用较激进还是较保守的融资政策？

（资料来源：［美］尤金·F. 布瑞翰、乔尔·F. 休斯顿著：《财务管理基础》，东北财经大学出版社 2004 年版）

案例二
宝洁公司：应收账款管理模式

宝洁公司是一家具有百年历史的跨国洗化公司，自 1988 年进入中国市场以来，无论产品质量、销量还是销售额，都始终在同行业中占有领先的地位。在每年 80 亿元人民币的销售额下，应收账款的回款率始终保持在 95% 以上，这得益于其具有一个先进的应收账款管理体系。宝洁公司应收账款管理的具体做法如下：

一、组织上有一个完善的内部控制系统

宝洁公司对应收账款的控制，是由销售会计组来完成的。销售会计组分成两大体系：一是销售会计；二是分公司财务会计。前者负责应收账款等专项的总体策划、分析，后者负责对部分区域具体财务事项的运作，以及为前者提供准确、详细、及时的有关信息和数据。宝洁公司不仅对这一组织的每一环节都明确了其主要负责的工作任务，使之各有分工，还对每一工作环节设定了衡量其工作好坏的标准，以便每月对其进行严格考核。如销售会计组在应收账款专项管理中所负责的工作主要有：赊销信用额的建立和修改；全国客户每星期赊销状况报告；客户应收账款的记账；计算和发送客户的付款优惠额；计算应收账款的回收期；分析超期应收账款和跟踪处理坏账等。而对销售会计组的工作衡量标准包括：地区应收账款的回收期；超期应收账款的百分比；客户付款按要求的百分比；应收账款与客户账目一致性百分比；其他。落实到具体环节中的组织成员也是如此，如分公司下的财务客户主管，他所负责的工作就是应收账款的记账；跟踪收账及付款情况；计算客户的付款优惠额等。另外，为更及时有效地控制应收账款，宝洁公司还在总部专门设定了应收账款控制员，他是应收账款系统及运作流程的统一协调人，负责应收账款系统控制、应收账款会计分析报告、提出建议并负责执行、应用以及有效地提高应收账款的运作系统等工作。

二、重视应收账款回款期的管理

应收账款回款期是用来衡量应收账款系统管理水平高低的重要工具。宝洁公司为缩短回款期，从账龄分析与制定付款优惠政策两方面入手，具体的管理措施如下：

（一）设定账龄目标

规定每一个客户归还应收款项的日期，这是宝洁公司期望的最长付款期。宝洁公司一方面考虑客户的实际回款能力；另一方面还结合客户目前的平均实际回款期，为每一地区信用客户设定了还款期限。如30天、60天、90天，用这三个时间将账龄分割成四个时间段进行考核和管理。

（二）分析账龄，了解客户的回款状况

宝洁公司要求分期了解每一客户的实际还款状况，这就需要进行账龄的统计及分析。宝洁公司通过电脑来完成应收账款分期报告。从应收账款分期报告中，公司可获得客户应收账款的额度是多少、客户的实际还款期限有多长等数据。在此基础上，公司将实际回款期限与原定目标期限进行比较，发现实际是否存在问题，有无超目标期限的应收账款，从而针对问题分析原因，采取措施。

（三）制定付款优惠政策

为达到设定的回款期限，宝洁公司为此制定了一项"回款的分期优惠政策"，即3/7，15/20，N/40。其目的在于鼓励客户提前还款，以便缩短回款期。

三、限制赊销额

（一）赊销额的建立

1. 赊销不适用于第一次订货的新客户。

2. 要求个别类型客户必须先付款后订货。如私有企业或是注册资金低于30万元人民币的单位等。

3. 新客户只有在实现了第一次订单以后，方可通过填写赊销额申请表申请一份客户的临时赊销额。客户的临时赊销额是根据客户7天的销售预测来计算的；另外，还规定赊销额不能超过客户的注册资金。临时赊销额将维持3个月。也就是说，在随后的3个月里，客户必须收货后7天内付款才能继续与宝洁签约，享受更高的优惠。

4. 在3个月的临时赊销额期满后，客户便可根据正式赊销额的计算标准享受赊销额度。赊销额的测算公式如下：

赊销额＝过往期间的销售额/期间相应天数×回款期×销售增长系数

式中的销售增长系数是由宝洁公司销售预测组提供的地区销售增长系数，它通常根据上月销售与预测期前3个月平均销售的比值。例如，某地区平均月销售500万元，回款期为20天，上月销售是过去3个月平均销售的1.2倍，则该地区的信用额为：

$500/30 \times 20 \times 1.2 = 400$（万元）。

信用额是宝洁公司所能给予该地区客户的最大赊销额，当超过这一额度时，其购货都必须现款支付。

（二）赊销额的修订

1. 修订时考虑的因素。

（1）常规性因素。除参照客户的销售及回款期之外，还考虑客户的信用状况。宝洁公司要求客户定期提供一份财务报表，并通过有关的评估机构或银行等其他部门，了解客户的财务状况，以此作为修订不可缺少的因素之一。

（2）偶发性因素。如季节因素、促销手段及客户的回款情况等。

2. 一般的修订方法。

宝洁公司按季修订赊销额，上个季度的赊销额是下一季度赊销额的90%。也就是说，每过一个季度，给予客户的赊销额便会自动增长10%，这也是宝洁公司对严格遵守信用额管理制度客户的进一步优惠政策，并且合作的时间越长，信用越好，所取得的最大赊销额也越多。

四、控制超期应收账款

对于出现的超期应收账款，宝洁公司采取了以下几项措施：

（一）停止供货

当某一客户的一笔应收账款在超出40天后仍未付款时，必须马上通知应收账款控制员，停止该客户的信用额，并马上停止对其供货，直到款项付清，而其原有的信用额将取消并重新开始按新客户对待。

（二）实施收款计划

如果在停止供货后客户仍拒付货款，公司将指定销售代表在财务部的协助下，与该客户磋商以求达成收款协议，协议将要求客户在3个月内付清全部款项。如果一次无法负担，公司允许最多可分三期付清所欠货款。如果客户选择了分期付款，那么，第一期付款金额不可小于拖欠总额的35%。对于无力偿付的客户，公司鼓励用有创意的方法来解决问题，如采取先帮助客户渡过难关的方式等，以期在日后可以收回更多的应收账款。宝洁公司认为，这种做法比诉之于法律更为可取。

（三）采取法律行动

如果在实施了上述措施后仍无效果，将诉诸法律，以期在客户破产清算时得到债权的补偿。首先，公司请有关人员填写一份法律申请表，连同客户的执照及有关订货合同一起，报送给宝洁公司法律部和其他法律部门，由司法部门作出公正的裁决。对于公司损失的部分，财务部门将按坏账处理。

（资料来源：石家庄经济学院的河北省高等学校精品课程《财务管理》案例，王景涛编写）

讨论：

1. 宝洁公司成功的应收账款管理经验可以给我们哪些启示？
2. 企业的信用政策与应收账款管理存在哪些矛盾冲突？

3. 如果你是公司专业的货款催收人员，对某一长期赖账客户，你能制定出什么样的货款催收计划？

4. 应收账款收账是我国大多数企业面临的共同性难题，借鉴保洁公司的成功经验，你能否设计出一套行之有效的应收账款管理模式？

第十四章
短 期 融 资

学 习 要 求

通过本章学习，应该了解短期融资的特点和种类、理解并掌握应付账款成本的计算及决策分析、熟悉信用借款的条件、掌握短期借款的优缺点及借款利息的计算、熟悉短期融资券的含义及优缺点。

本章学习重点：商业信用决策、短期借款决策评价。

本章学习难点：应付账款成本的确定与决策分析、信用借款决策评价、利息计算方法。

本章学习指引：本章学习时，要结合我国企业的实际情况，分析我国企业短期融资的现状和融资方式有哪些，是否有更多创新的短期融资方式，这些融资方式是否存在高成本、高风险的隐患。

学 习 思 维 导 图

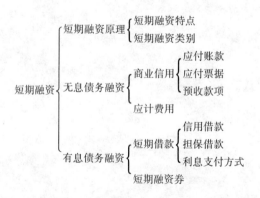

本章学习纲要

一、短期融资概述

（一）短期融资的特点

1. 融资速度快；
2. 灵活性强；
3. 融资成本低；
4. 财务风险高。

（二）短期融资的种类

1. 无息债务融资（Non-interest-bearing Debt Financing）。无息债务融资主要是指在商业交易过程中自发形成的短期债务资金，主要包括应付账款、应付票据、预收款项、应交税费、应付职工薪酬等。在财务上人们常常将这类融资行为称为"自发性融资"。

2. 有息债务融资（Interest-bearing Debt Financing）。有息债务融资是指为满足企业流动资产占用需要而从银行等其他金融机构借入的资金，主要包括短期银行借款、短期融资券等。

学习时要注意，短期融资相比长期融资，有何自身的优势和不足，实务中企业利用短期融资的比例是否多于长期融资，企业是否会结合营运资本政策规划短期融资比例。

二、无息债务融资

（一）商业信用

商业信用（Trade Credit）是指企业在商品交易中由于延期付款或预收货款而形成的借贷关系，是企业间相互提供信用的融资行为。

1. 应付账款（Accounts Payable）。主要包括：

（1）应付账款的成本：

$$放弃现金折扣的成本 = \frac{现金折扣率}{1 - 现金折扣率} \times \frac{360}{信用期 - 折扣期}$$

公式表明，放弃现金折扣的成本与现金折扣率的大小、折扣期的长短同方向变化，与信用期的长短反方向变化。

（2）利用现金折扣的决策。如果能以低于放弃现金折扣成本的利率取得短期资金，企业应该通过其他渠道筹集成本较低的资金支付货款，享受现金折扣。

如果在折扣期内将应付账款用于短期投资，且其投资收益率高于放弃现金折扣的成本，则应放弃折扣而去追求更高的收益。

如果企业资金缺乏而欲延期付款，则需要权衡降低了的放弃现金折扣的成本和延期付款带来的损失。延期付款的损失是指因企业信誉恶化而丧失供应商乃至其他债权人的信用，或日后招致苛刻的信用条件。

如果面对两家以上提供不同信用条件的卖方，应衡量放弃现金折扣成本的大小，选择信用成本最小或所获利益最大的一家。

2. 应付票据（Notes Payable）。应付票据可以带息，也可以不带息，利率一般比银行贷款利率低，且不用保持相应的补偿性余额和支付协议费，所以其资本成本一般低于银行借款的成本。

3. 预收款项（Advances Received）。如果买方对预付款项不提任何要求，累计付款额与商品售价相等，等于卖方得到无偿的商业信用，则不发生任何成本。但买方可能提出自己的要求，如折扣，此时卖方为获得商业信用就要付出代价。

利用现金折扣进行财务决策是本章的重点和难点，学习时要注意：无息债务融资的"无息"是有条件的且无息的期间较短，附有现金折扣条件的需要进行权衡是否享受现金折扣；只规定信用期的尽量要守信用，展期信用的成本较高。如果有条件，可以结合企业实际，了解并分析企业遇有现金折扣时是如何决策的，企业在什么情况下会使用展期信用。

（二）应计费用

1. 应计费用的内容。应计费用（Accrued Expense）是指形成在前支付在后的各种费用，它是一种最典型的自发性融资形式。最常见的应计费用包括应交税费、应付职工薪酬、应付股利等。

一般而言，应计费用的融资成本为零，但企业却不能自主利用这一融资方式。

2. 应计项目融资额的计算。主要包括：

（1）按最低占用期计算：

$$应计费用融资额 = 日占用额 \times 可运用天数$$

（2）按平均占用期计算：

$$应计费用融资额 = 日占用额 \times \frac{支付间隔期}{2}$$

三、有息债务融资

（一）短期借款

短期借款（Short-term Bank Loan）是指企业向银行或其他金融机构借入的期限在1年（含1年）以下的各种借款。

1. 信用借款（Credit Loan）。信用借款也称无担保借款，是指不用保证人提供保证或以财产作为抵押，借款人仅凭其信誉取得的借款。

按照国际通行做法，银行发放短期借款往往带有一些信用条件，主要包括：

（1）信贷限额（Credit Line）。信贷限额是银行对借款人规定的信用借款的最高限额，但是，银行并不承担必须提供全部信贷限额的义务。

（2）周转信贷协议（Revolving Credit Agreement）。周转信贷协议是银行具有法律义务的承诺提供不超过某一最高借款限额的贷款协议。企业享用周转信贷协议通常要就贷款限额的未使用部分给银行一笔承诺费。

（3）补偿性余额（Compensating Balances）。补偿性余额是银行要求借款企业在银行中保持按借款限额或实际借款额的一定百分比计算的最低存款余额。从银行的角度看，补偿性余额可以降低贷款风险，但对于借款企业来说，补偿性余额将提高借款的实际利率。

$$实际利率 = \frac{利息支出}{实际借款额} \times 100\% = \frac{名义利率}{1 - 补偿性余额比例} \times 100\%$$

2. 短期担保借款（Short-term Loan）。主要有：

（1）应收账款担保借款。应收账款担保借款是以应收账款作为担保品进行融资的一种融资方式，具体又有应收账款抵押和应收账款让售两种形式。

（2）存货担保借款。

3. 借款利息的支付方式。主要有：

（1）利随本清法。利随本清法又称收款法，是借款企业在借款到期时向银行支付利息的方法。采用这种方法，借款的实际利率和名义利率一致。

（2）贴现法。在这种方法下，银行在发放贷款时先从贷款本金中扣除利息，借款企业实际得到的金额是借款本金扣除利息后的余额，而还款时必须按借款的本金偿还。企业由此承担的实际利率大于名义利率。

$$实际利率 = \frac{利息}{借款本金 - 利息} \times 100\% = \frac{名义利率}{1 - 名义利率} \times 100\%$$

（3）加息法。在这种方法下，银行首先根据名义利率计算贷款的利息，再将利息加回到企业实际贷得的资金上，计算出贷款的本息和，要求企业在贷款期内分期等额偿还本息之和。

$$实际利率 = \frac{借款本金 \times 名义利率}{借款本金 \div 2} \times 100\% = 名义利率 \times 2$$

4. 贷款银行的选择。内容包括：

（1）承担风险的意愿；

（2）咨询与服务；

（3）对客户的忠诚度；

（4）贷款专业化的程度；

（5）银行的规模。

5. 短期借款融资的优缺点。包括：

（1）短期借款融资的优点：融资速度快；弹性大。

（2）短期借款融资的缺点：财务风险大；资本成本高；限制条件多。

学习时要注意：短期借款融资最大的优点就是融资速度快，但也要注意其缺点。在实务中，企业进行短期借款融资，银行是否还会增加一些苛刻的条件来抬高企业实际承担的融资成本。

（二）短期融资券

1. 短期融资券的含义。短期融资券（Short-term Financing Bonds）是指具有法人资格的非金融企业在银行间债券市场发行的，约定在 1 年内还本付息的债务融资工具。

2. 发行短期融资券融资的特点。

（1）短期融资券融资的优点：融资成本较低；融资数额比较大；提高企业的信誉。

（2）短期融资券融资的缺点：风险高；弹性小；发行条件严格。

学习时要注意：短期融资券是一种新型的融资方式，该种融资方式并非所有企业都可以使用，存在比较严格的限制发行的条件，学习时要理论联系实际，必要时可以调研发行短期融资券企业的融资数量和这些企业偿还短期融资券的具体情况。

练习与思考

客 观 题

一、单项选择题

1. 下列各项中，属于商业信用融资方式的是（　　）。

    A. 发行短期融资券　　　　　　　B. 应付账款融资

    C. 短期借款　　　　　　　　　　D. 融资租赁

2. 下列各项中，与丧失现金折扣的机会成本呈反向变化的是（　　）。

    A. 现金折扣率　　　　　　　　　B. 折扣期

    C. 信用标准　　　　　　　　　　D. 信用期

3. 某公司按照"2/20，n/60"的条件从另一公司购入价值 1 000 万元的货物，由于资金调度的限制，该公司放弃了获取 2% 现金折扣的机会，公司为此承担的信用成本率是（　　）。

    A. 2.00%　　　　　　　　　　　B. 12.00%

    C. 12.24%　　　　　　　　　　　D. 18.37%

4. 下列对于利用现金折扣决策的说法不正确的为（　　）。

    A. 如果能以低于放弃折扣的隐含利息成本的利率借入资金，便应在现金折扣期内用借入的资金支付货款，享受现金折扣

    B. 如果折扣期内将应付账款用于短期投资，所得的投资收益率高于放弃折扣的

隐含利息成本，则应放弃折扣而去追求更高的收益

  C. 如果企业因缺乏资金展延付款期，由于展期之后何时付款的数额都一致，所以可以尽量拖延付款

  D. 如果面对两家以上提供不同信用条件的卖方，应通过衡量放弃折扣成本的大小，选择信用成本最小（或所获利益最大）的一家

5. 某企业需借入资金 60 万元，由于贷款银行要求将贷款数额的 20% 作为补偿性余额，故企业需向银行申请的贷款数额为（ ）万元。

  A. 60   B. 72

  C. 75   D. 67.2

6. 某企业与银行商定的周转信贷额为 200 万元，承诺费率为 0.5%，借款企业年度内使用了 120 万元，那么，借款企业向银行支付承诺费（ ）元。

  A. 10 000   B. 6 000

  C. 4 000   D. 8 000

7. 某公司按年利率 10% 向银行借入 200 万元，银行要求保留 15% 的补偿性余额，则这项借款的实际利率为（ ）。

  A. 15%   B. 10%

  C. 11.76%   D. 8.50%

8. 某企业向银行借款 100 万元，企业要求按照借款总额的 10% 保留补偿性余额，并要求按照贴现法支付利息，借款的利率为 6%，则借款实际利率为（ ）。

  A. 7.14%   B. 6.67%

  C. 6.38%   D. 7.28%

9. 甲公司与乙银行签订了一份周转信贷协定，周转信贷限额为 1 000 万元，借款利率为 6%，承诺费率为 0.5%，甲公司需按照实际借款额维持 10% 的补偿性余额。甲公司年度内使用借款 600 万元，则该笔借款的实际税前资本成本是（ ）。

  A. 6%   B. 6.33%

  C. 6.67%   D. 7.04%

10. 某企业年初从银行贷款 100 万元，期限 1 年，年利率为 10%，按照贴现法付息，则年末应偿还的金额为（ ）万元。

  A. 70   B. 90

  C. 100   D. 110

11. 与短期借款筹资相比，短期融资券筹资的特点是（ ）。

  A. 融资风险比较小   B. 融资弹性比较大

  C. 融资条件比较严格   D. 融资条件比较宽松

12. 下列各项中，说法正确的是（ ）。

  A. 与短期借款相比，长期借款具有更高的财务风险

  B. 短期融资就是短期借款

  C. 利率较低是短期融资券融资的优点

  D. 商业信用融资包括应收账款和预收账款

13. 企业取得短期借款，不会导致实际利率高于名义利率的利息支付方式是（　　　）。

    A. 收款法   B. 贴现法

    C. 加息法   D. 分期等额偿还本利法

14. 商业信用融资方式筹集的资金只能是（　　　）。

    A. 银行信贷资金   B. 其他企业资金

    C. 居民个人资金   D. 企业自留资金

15. 放弃现金折扣的成本与（　　　）。

    A. 折扣百分比的大小呈反方向变化

    B. 信用期的长短呈同方向变化

    C. 折扣百分比的大小、信用期的长短均呈同方向变化

    D. 折扣期的长短呈同方向变化

二、多项选择题

1. 下列各项目中，属于"自发性融资"的有（　　　）。

    A. 预付账款   B. 应付票据

    C. 应交税费   D. 应付职工薪酬

2. 以下属于商业信用的有（　　　）。

    A. 应付账款   B. 应付工资

    C. 应付票据   D. 预收账款

3. 在确定因放弃现金折扣而发生的信用成本时，需要考虑的因素有（　　　）。

    A. 数量折扣率   B. 现金折扣率

    C. 折扣期   D. 信用期

4. 放弃现金折扣的成本受折扣百分比、折扣期和信用期的影响。下列各项中，使放弃现金折扣成本提高的情况有（　　　）。

    A. 信用期、折扣期不变，折扣率提高

    B. 折扣期、折扣率不变，信用期延长

    C. 折扣率不变，信用期和折扣期等量延长

    D. 折扣率、信用期不变，折扣期延长

5. 对于借款企业来说，补偿性余额给企业带来的影响有（　　　）。

    A. 降低借款风险   B. 减少了实际可用的资金

    C. 增加企业的利息负担   D. 提高借款的实际利率

6. 在短期借款的利息计算和偿还方法中，企业实际负担利率高于名义利率的有（　　　）。

    A. 利随本清法付息   B. 贴现法付息

    C. 银行要求补偿性余额   D. 到期一次偿还贷款

7. 银行借款融资的优点有（　　　）。

    A. 融资速度快   B. 融资成本低

    C. 限制条款少   D. 借款弹性好

8. 下列关于短期融资券融资的表述中，正确的有（　　　）。

  A. 发行对象为公众投资者

  B. 发行条件比短期银行借款苛刻

  C. 融资成本比公司债券低

  D. 一次性融资数额比短期银行借款大

9. 与长期融资相比，短期融资具有的主要特点有（　　　）。

  A. 融资速度快   B. 融资有弹性

  C. 融资成本低   D. 融资风险高

10. 如果采用商业信用融资，没有成本代价的情况有（　　　）。

  A. 存在现金折扣规定，买方在信用期内付款

  B. 没有现金折扣规定，买方在信用期内付款

  C. 买方在现金折扣期限内付款

  D. 采用预收账款形式

11. （　　　）不是筹措短期资金的方式。

  A. 短期借款   B. 商业信用

  C. 发行股票   D. 融资租赁

12. 企业在选择贷款银行时，应考虑（　　　）。

  A. 贷款银行承担风险的意愿   B. 咨询与服务

  C. 对客户的忠诚度   D. 贷款的专业化程度和银行规模

13. 短期借款和短期融资券共同的特点有（　　　）。

  A. 融资速度快   B. 限制条件多

  C. 财务风险大   D. 弹性大

三、判断题

1. 某企业计划购入原材料，供应商给出的付款条件为"1/20，n/50"。若银行短期借款利率为10%，则企业应向银行借款并在折扣期内支付货款。　　　　（　　）

2. 如果在有现金折扣的情况下不放弃现金折扣，则企业利用商业信用融资没有实际成本。　　　　（　　）

3. 某企业从银行取得借款100万元，期限1年，名义利率10%，按贴现法付息，则企业该笔借款的实际利率为11.11%。　　　　（　　）

4. 信贷额度是借款人与银行在协议中规定的允许借款人借款的最高限额。在这个限额内，不论企业的情况如何，银行都必须将款项借给企业，否则要承担法律责任。

  （　　）

5. 与长期负债融资相比，流动负债融资期限短、成本低，偿债风险相对较大。

  （　　）

6. 抵押借款由于有抵押品担保，所以其资本成本往往较非抵押借款低。　（　　）

7. 一般认为，补偿性余额使得名义借款额高于实际可使用借款额，从而实际借款利率大于名义借款利率。　　　　（　　）

8. 与长期负债融资相比，短期负债融资的期限短、成本低、财务风险也相对较小。　　　　（　　）

9. 加息法下实际利率大约是名义利率的 2 倍。　　　　　　　（　　）

10. 利随本清的利息支付方式下，实际利率等于名义利率。　　（　　）

11. 应收账款抵押相比应收账款让售，借款人不必承担应收账款的违约风险。

（　　）

12. 有息债务融资包括短期借款、短期融资券和应付票据。　　（　　）

13. 如果在折扣期内将应付账款用于短期投资，其投资收益率低于放弃现金折扣的成本，则应放弃现金折扣。　　　　　　　　　　　　　（　　）

14. 应收账款让售的实质是将收账权"卖"给银行，同时相关风险一并转移给银行，债权企业不再承担应收账款的违约风险。　　　　　　　（　　）

15. 发行短期融资券的条件之一是短期融资券的待偿还余额不得超过企业净资产的 40%。　　　　　　　　　　　　　　　　　　　　（　　）

思　考　题

一、短期融资与其他融资方式比较有哪些特点？

二、为什么会产生商业信用？商业信用有哪些形式？

三、说明为什么供应商提供的商业信用是一种"自发性融资"。

四、怎样计算放弃现金折扣的成本？企业应如何进行现金折扣的决策？

五、当失去折扣时，供应商提供的商业信用是一种成本很高的资金来源。解释为什么很多企业还依靠这种融资方式为它们的临时性营运资本融资。

六、信贷限额和周转信贷协议有何不同？

七、企业应该如何利用应收账款进行融资？应收账款抵押与应收账款让售有何不同？

八、简述短期借款融资的优缺点。

九、企业在选择贷款银行时，应该考虑哪些因素？

十、什么是短期融资券？发行短期融资券融资有哪些特点？

计算分析题

练　习　一

〔目的〕练习商业信用成本的计算。

〔资料〕时代公司最近购进一批材料，销售单位提供的信用条件是"3/10，n/60"。

〔要求〕计算时代公司不准备取得现金折扣，在第 60 天按时付款时的资本成本。

练　习　二

〔目的〕练习现金折扣成本的计算和现金折扣决策。

〔资料〕星海公司准备购买一批产品，初步确定了两家供应商。甲供应商的付款条件为"2/10，n/30"，乙供应商的付款条件为"1/20，n/30"，其他条件完全相同。

〔要求〕

1. 计算该公司对甲、乙两供应商放弃现金折扣的成本。

2. 如果该公司准备放弃现金折扣，那么应选择哪家供应商？

3. 如果该公司准备享受现金折扣，那么应选择哪家供应商？

4. 如果短期借款利率为35%，那么该公司应放弃现金折扣，还是享受现金折扣？

练 习 三

〔目的〕练习商业信用成本的确定。

〔资料〕海乐公司需要增加营运资本440万元。有以下三种融资方案可供选择（假定1年有360天）。

1. 放弃现金折扣信用条件为"3/10，n/30"，并在最后到期日付款。

2. 按15%的利率从银行借款，这一方案需要保持12%的补偿性余额。

3. 发行半年期470万元的商业票据，净值为440万元。假定新商业票据是每6个月发行一次。（注意商业票据无设定利率。它按折价出售，而折价部分就决定了发行者的利息成本。）

〔要求〕公司应该选择哪一个方案？

练 习 四

〔目的〕练习现金折扣成本的计算和现金折扣决策。

〔资料〕沃海公司欲采购一批材料，目前正面对着A、B两家提供不同信用条件的卖方，A公司的信用条件为"3/10，n/40"，B公司的信用条件为"2/20，n/40"。

〔要求〕

1. 已知该公司目前有一投资机会，投资报酬率为40%，该公司是否应享受A公司提供的现金折扣？

2. 如果该公司准备放弃现金折扣，那么应选择哪家供应商；如果该公司准备享有现金折扣，那么应选择哪家供应商？

练 习 五

〔目的〕练习信用条件和利率的确定。

〔资料〕利海公司向银行借入短期借款10 000元，支付银行贷款利息的方式同银行协商后的结果是：

1. 如采用收款法，利率为13%；

2. 如采用贴现法，利率为12%；

3. 如采用补偿性余额，利率为10%，银行要求的补偿性余额比例为20%。

〔要求〕

1. 请问公司应选择哪种支付方式？

2. 假设公司与银行商定的周转信贷额为16 000元，承诺费率为1%，由于公司年度内只借了 10 000 元，则公司应向银行支付多少承诺费？

3. 如果采用补偿性余额方法借入款项，公司实际需要使用的资金是 10 000 元，则公司应该向银行借款的金额是多少？

4. 公司采用 1、2、3 中最有利的方式借入款项后，是为了支付货款，此时卖方提供的信用条件为"1/10，n/30"，请问公司是否应该借入款项支付货款？

练 习 六

〔**目的**〕练习商业信用折扣决策。

〔**资料**〕天达公司拟采购一批零件，价值 5 400 元，供应商规定的付款条件如下：

立即付款，付 5 238 元；

第 20 天付款，付 5 292 元；

第 40 天付款，付 5 346 元；

第 60 天付款，付全额。

（每年按 360 天计算。）

〔**要求**〕回答以下互不相关的问题：

1. 假设银行短期贷款利率为 15%，计算放弃现金折扣的成本（比率），并确定对该公司最有利的付款日期和价格。

2. 假设目前有一短期投资报酬率为 40%，确定对该公司最有利的付款日期和价格。

练 习 七

〔**目的**〕练习商业信用决策。

〔**资料**〕宏翔公司计划购入 100 000 元 A 材料，销货方提供的信用条件是"1/10，n/30"。

〔**要求**〕针对以下互不相关的几种情况作出回答：

1. 公司现金不足，需从银行借入资金支付购货款，此时银行借款利率为 10%，请为该企业是否享受现金折扣提供决策依据。

2. 公司有支付能力，但现有一短期投资机会，预计投资报酬率为 20%，请为该公司是否享受现金折扣提供决策依据。

3. 公司由于发生了意外灾害，需支付一笔赔偿金而使现金紧缺，但公司预计信用期后 30 天能收到一笔款项，故公司拟展延付款期至 90 天，计算此时付款放弃折扣成本，并分析延期付款对公司的好处和不利之处。

练 习 八

〔**目的**〕练习商业信用决策。

〔**资料**〕远华公司经常性地向利达公司购买原材料，远华公司开出的付款条件为"2/10，n/30"。某天，远华公司的财务经理查阅公司关于此项业务的会计账目，惊讶地发现，会计人员对此项交易的处理方式是，一般在收到货物后 15 天支付款项。当经理询问记账的会计人员为什么不取得现金折扣时，负责该项交易的会计回答道，"这一交易的资本成本仅为2%，而银行贷款成本却为12%，因此根本没有必要接受现金折扣。"

〔**要求**〕针对这一案例对如下问题进行分析和回答：

1. 会计人员在财务概念上混淆了什么？

2. 该公司按照当前付款方式，放弃现金折扣的年实际成本有多大（假设1年有360天）？

3. 如果远华公司无法及时获得银行贷款，而被迫使用商业信用资金（即利用推迟付款商业信用融资方式），为降低资本成本，财务经理应向此会计人员提出何种指令？此时的实际成本为多少？

案　例

BATS AND BALLS（B&B）公司：短期融资政策

BATS AND BALLS（B&B）公司生产棒球设施，是一家具有季节性销售特点的小公司。每年在棒球赛季之前，B&B通过商业信用和短期银行贷款来提供购买存货的资金。在赛季结束时，B&B用销售净利润偿还其短期债务。公司正在寻找获取更多利润的途径。高层管理人员要求一名叫安·泰勒的职员重新考虑一下公司的流动资产融资政策。为了写一份报告，安正试图回答以下各问题：

1. B&B试图匹配资产和负债的到期日，说明B&B怎样才可以采用更激进或更保守的融资政策。

2. 利用短期信用作为资金来源的优缺点是什么？

3. B&B是不是可以大量地使用应计项目？

4. 假设B&B购货的信用条件为1/10，n/30。但是，如果放弃折扣，公司可以在第40天付款而免受惩罚。再假设公司每年的购买量折扣后净值为300万美元。公司可以得到多少免费的商业信用？可以得到多少付费的商业信用？而且付费的商业信用的百分比是多少？B&B应该取得折扣吗？

5. 对B&B来说，利用商业票据来融资可行吗？

6. 假设B&B决定从银行筹集额外的100 000美元1年期贷款，贷款利率为8%，假如：（1）单利；（2）扣息贷款利息；（3）扣息贷款利息，另外有10%的补偿性余额；（4）附加利息的12个月分期偿还贷款，那么有效年成本各为多少？对于前三个假设，如果贷款为99天，但是可续期的，而不是1年的话，结论会不会有什么不同？

7. 在第6部分中，各种情况下的实际贷款额是多少？

8. 在有抵押和无抵押基础上，借款的支持和反对的理由是什么？如果存货或应收账款都用来抵押，贷款应如何处理？

（资料来源：[美]尤金·F. 布里格姆等著：《财务管理基础》，中信出版社2004年版）

第六篇

财务报表分析与财务预测

第 十 五 章
财 务 报 表 分 析

学 习 要 求

通过本章学习，了解财务报表分析的含义和目的、掌握财务报表分析的方法、理解财务报表分析注意的问题、熟练掌握主要财务比率的计算与应用、掌握杜邦分析法的原理与应用。

本章学习重点：财务报表分析的方法与标准、财务比率的计算与应用、杜邦分析法。

本章学习难点：财务报表分析方法、财务比率的内涵及应用评价、杜邦分析法的应用。

本章学习指引：财务报表分析既是对过去经营成果的总结，又是对未来进行预测的基础，起到承前启后的作用。本章主要介绍的是财务比率的计算与分析，是一项实践性很强的工作，在学习本章时应结合会计知识，注意对各项财务比率所反映内容的理解以及正确解读，学习的重点在于对财务比率指标运用分析，揭示数据背后的"故事"。

学习思维导图

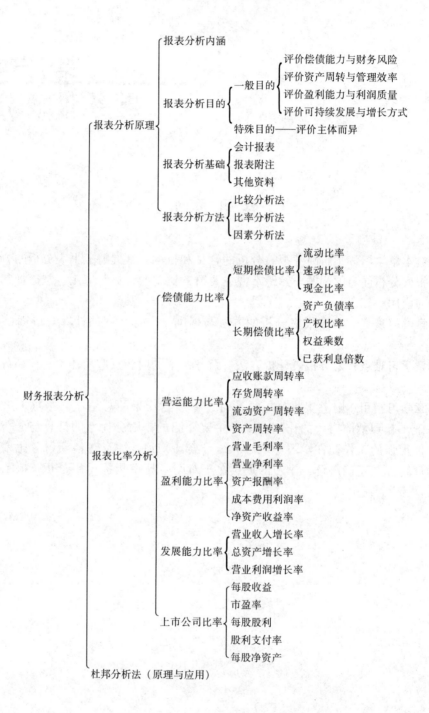

报表分析原理
- 报表分析内涵
- 报表分析目的
  - 一般目的
    - 评价偿债能力与财务风险
    - 评价资产周转与管理效率
    - 评价盈利能力与利润质量
    - 评价可持续发展与增长方式
  - 特殊目的——评价主体而异
- 报表分析基础
  - 会计报表
  - 报表附注
  - 其他资料
- 报表分析方法
  - 比较分析法
  - 比率分析法
  - 因素分析法

财务报表分析
- 报表比率分析
  - 偿债能力比率
    - 短期偿债比率
      - 流动比率
      - 速动比率
      - 现金比率
    - 长期偿债比率
      - 资产负债率
      - 产权比率
      - 权益乘数
      - 已获利息倍数
  - 营运能力比率
    - 应收账款周转率
    - 存货周转率
    - 流动资产周转率
    - 资产周转率
  - 盈利能力比率
    - 营业毛利率
    - 营业净利率
    - 资产报酬率
    - 成本费用利润率
    - 净资产收益率
  - 发展能力比率
    - 营业收入增长率
    - 总资产增长率
    - 营业利润增长率
  - 上市公司比率
    - 每股收益
    - 市盈率
    - 每股股利
    - 股利支付率
    - 每股净资产
- 杜邦分析法（原理与应用）

本章学习纲要

一、财务报表分析原理

（一）财务报表分析的含义

财务报表分析（Financial Statement Analysis）是指以企业财务会计报告等会计资料为基础和起点，运用一系列专门的方法，对企业的财务状况、经营成果和现金流量进行分析、研究与评价。财务报表分析不仅是对企业一定时期财务运行状况和经营成果的总结，还可以分析、评价企业的过去和现在，并预测企业未来的财务状况，为企业进行财务预测和财务决策提供科学依据。

根据哈佛商学院克雷沙·G. 帕利普，保罗·M. 希利的观点，运用财务报表进行分析具体包括四个步骤：一是经营战略分析；二是会计分析；三是财务分析；四是前景分析。限于本课程的性质和内容，本章主要介绍第三个步骤财务分析中的部分内容。

（二）财务报表分析的目的

企业财务报表的使用者包括投资者、债权人、经营者、政府、企业员工、会计师事务所等中介机构、其他利益相关者等。

虽然不同的信息使用者使用财务报表的具体目的不同，进行财务报表分析的侧重点有所不同，但归纳起来，财务报表分析的目的不外乎以下四个方面：

一是评价企业的偿债能力与财务风险。

二是评价企业的资产周转效率与管理水平。

三是评价企业的盈利能力和利润质量。

四是评价企业未来的可持续发展与增长方式。

学习时要注意：虽然不同的信息使用者使用财务报表的具体目的不同，为了防止分析的片面性，信息使用者需要在对企业财务报表进行全面分析的基础上，再有针对性地有所侧重。

（三）财务报表分析的基础

对企业进行财务报表分析一般以企业的财务会计报告为基础。财务会计报告是指企业对外提供的反映企业某一特定日期的财务状况和某一会计期间的经营成果、现金流量等会计信息的文件。财务会计报告包括会计报表及其附注和其他应当在财务会计报告中披露的相关信息和资料。会计报表至少应当包括资产负债表、利润表、现金流量表和所有者权益变动表等报表。

如果进行完整的财务报表分析，除财务报告外，还需要企业内部的一些报送信息，注册会计师出具的审计报告，以及政策信息、市场信息和行业信息等。

（四）财务报表分析的方法

1. 比较分析法（Comparative Analysis）。比较分析法是将同一个经济指标在不同时期或不同情况的执行结果进行对比，揭示差异和矛盾的一种方法。比较分析法是财务分析最基本的方法，其他所有方法都是建立在比较分析方法基础上的。

比较分析法按比较对象的不同，可以分为差异分析法、横向分析法和趋势分析法。

（1）差异分析法。差异分析法的比较对象是企业的预算或计划。

（2）横向分析法。横向分析法的比较对象是行业平均水平或主要竞争对手。

（3）趋势分析法。趋势分析法又称纵向分析法，其比较对象是本企业的历史指标。趋势分析法是指通过比较两期或连续数期财务报告中的相同指标，确定其增减变动的数额、方向和幅度，来说明企业财务状况或经营成果的变动趋势。具体运用时又分为比较重要财务指标、比较会计报表、比较会计报表项目的构成三种形式。

2. 比率分析法（Ratio Analysis）。比率分析法是将某些彼此之间存在一定关系的财务指标进行对照，计算有关比率，并据以确定经济活动变动程度的分析方法。比率分析法的形式包括相关比率分析、构成比率分析和效率比率分析。

3. 因素分析法（Factor Analysis）。因素分析法是指依据分析指标与其影响因素的关系，从数量上确定各因素对指标影响程度的一种财务分析方法。按具体分析方式不同又分为差额分析法、指标分解法、连环替代法和定基替代法。连环替代法是指将分析指标分解为各个可以计量的因素，并根据各个因素之间的依存关系，顺次用各因素的比较值（实际值）替代基准值（标准值或计划值），据以测定各因素对分析指标的影响。

财务报表分析要运用专门的方法，学习时要熟练掌握各种方法的原理与运用。实践中在进行财务报表分析时并不会只使用一种方法，而是同时使用多种分析方法。

（五）财务报表分析标准

财务报表分析标准主要包括：行业标准、历史标准和预算标准。分析时可根据分析目的而选择不同的标准。

（六）财务报表分析注意的问题

1. 财务报表资料来源的局限。

2. 财务报表分析方法的局限。

3. 财务报表分析指标的局限。

二、财务报表比率分析

（一）偿债能力比率

1. 短期偿债能力（Short liquidity）比率。反映企业短期偿债能力的财务比率主要有：营运资金、流动比率、速动比率、现金比率、现金流量比率和到期债务本息偿付比率等。

（1）营运资金（Working Capital）。营运资金是指流动资产超过流动负债的数额。其计算公式如下：

$$营运资金 = 流动资产 - 流动负债$$

（2）流动比率（Current Ratio）。流动比率是流动资产与流动负债的比值。其计算公式如下：

$$流动比率 = \frac{流动资产}{流动负债}$$

（3）速动比率（Quick Ratio）。速动比率，又称为酸性试验比率，是指速动资产与流动负债的比值。其计算公式如下：

$$速动比率 = \frac{速动资产}{流动负债}$$

（4）现金比率（Cash Ratio）。现金比率是指现金类资产与流动负债的比率。其计算公式如下：

$$现金比率 = \frac{现金类资产}{流动负债}$$

（5）现金流量比率（Cash Flow Ratio）。现金流量比率，或称现金流动负债比，是指企业经营活动所产生的现金流量净额与流动负债的比率。其计算公式如下：

$$现金流量比率 = \frac{经营活动产生的现金流量净额}{流动负债} \times 100\%$$

（6）到期债务本息偿付比率（Repayment Ratio of Principal and Interest of Matured Debt）。到期债务本息偿付比率是指企业经营活动产生的现金流量净额与本期到期债务本息的比率。其计算公式如下：

$$到期债务本息偿付比率 = \frac{经营活动产生的现金流量净额}{本期到期债务本息} \times 100\%$$

学习时要注意：流动比率和速动比率是评价企业短期偿债能力最常用的两个指标。为了反映企业真实的偿债状况，应同时结合应收账款周转率和存货周转率等周转指标进行分析。

2. 长期偿债能力（Long-term Solvency）比率。评价企业长期偿债能力的财务比率主要有资产负债率、产权比率、所有者权益比率、权益乘数、已获利息倍数和偿债保障比率等。

（1）资产负债率（Asset Liability Ratio）。资产负债率又称负债比率，是负债总额占资产总额的百分比。其计算公式如下：

$$资产负债率 = \frac{负债总额}{资产总额} \times 100\%$$

（2）产权比率（Equity Ratio）。产权比率，又称资本负债率，是负债总额与所有者权益总额的比率。其计算公式如下：

$$产权比率 = \frac{负债总额}{所有者权益总额} \times 100\%$$

需要说明的是：产权比率是资产负债率的另一种表现形式，资产负债率和产权比率分别从资产和自有资本的角度反映对负债的保障程度。

（3）所有者权益比率。所有者权益比率是指所有者权益总额与资产总额的比率，也称自有资本比率。其计算公式如下：

$$所有者权益比率 = \frac{所有者权益总额}{资产总额} \times 100\%$$

（4）权益乘数（Equity Multiplier）。权益乘数是所有者权益比率的倒数，即企业的资产总额是所有者权益的多少倍。其计算公式如下：

$$权益乘数 = \frac{资产总计}{所有者权益总计} = \frac{1}{1 - 资产负债率}$$

（5）已获利息倍数（Times Interest Earned）。已获利息倍数，又称利息保障倍数，是指企业的息税前利润与利息费用的比率。其计算公式如下：

$$已获利息倍数 = \frac{息税前利润}{利息费用}$$

（6）偿债保障比率（Debt Service Coverage Ratios）。偿债保障比率，又称为债务偿还期，是指负债总额与经营活动产生的现金流量净额的比率。其计算公式如下：

$$偿债保障比率 = \frac{负债总额}{经营活动产生的现金流量净额}$$

学习时要注意：长期偿债能力分析是建立在短期偿债能力基础上的，进行长期偿债能力分析评价时一定要结合短期偿债能力指标综合判断。

（二）周转效率比率

周转效率（Turnover Efficiency）的强弱一般用反映企业生产经营性资产周转速度的相关指标来衡量。资产周转速度是指一定时期资产的周转额与同期资产的平均占用额之间的比例关系。它有两种表示方式：一是资产周转率，又称资产周转次数，表示一定时期内资产被使用和利用的次数，意味着资产的利用程度（资产效率）。二是资产周转期，又称资产周转天数，表示资产周转一次所需要的时间长短，意味着资产回收的快慢。

1. 应收账款周转率（Accounts Receivable Turnover）。应收账款周转率是企业一定时期内的赊销收入净额与应收账款平均余额的比率。其计算公式如下：

$$应收账款周转率 = \frac{赊销收入净额}{应收账款平均余额}$$

应收账款周转天数，又称为平均应收账款回收期或平均收现期或平均收账期，表示企业从取得收回应收账款的权利到收回账款、转换为现金所需要的时间。其计算公式如下：

$$应收账款周转期 = \frac{计算期天数}{应收账款周转率} = \frac{应收账款平均余额 \times 计算期天数}{营业收入}$$

2. 存货周转率（Inventory Turnover）。存货周转率是指企业一定时期内的营业成本与存货平均占用额的比例关系。其计算公式如下：

$$存货周转率 = \frac{营业成本}{存货平均余额}$$

存货周转期，表示存货周转一次所需要的时间。其计算公式如下：

$$存货周转期 = \frac{计算期天数}{存货周转率} = \frac{存货平均余额 \times 计算期天数}{营业成本}$$

3. 营业周期（Operating Cycle）。营业周期是指从取得存货开始到销售存货并收回现金为止所需的时间。营业周期的长短取决于存货周转期和应收账款周转期。其计算公式如下：

$$营业周期 = 应收账款周转期 + 存货周转期$$

4. 流动资产周转率（Current Assets Turnover）。流动资产周转率是指企业一定时期的营业收入与流动资产平均占用额之间的比例关系。其计算公式如下：

$$流动资产周转率 = \frac{营业收入}{流动资产平均余额}$$

5. 固定资产周转率（Fixed Assets Turnover）。固定资产周转率是指企业一定时期的营业收入与固定资产平均余额之间的比例关系。其计算公式如下：

$$固定资产周转率 = \frac{营业收入}{固定资产平均余额}$$

6. 总资产周转率（Total Assets Turnover）。总资产周转率是指企业一定时期的营业收入与全部资产平均余额之间的比例关系。其计算公式如下：

$$总资产周转率 = \frac{营业收入}{总资产平均余额}$$

学习时要充分考虑企业资产周转效率的高低会影响其偿债能力，同时也会影响其盈利能力。虽然高周转率一般说明资产的利用效率高，但如果周转率过高，也可能意味着企业的资产不足。

（三）盈利能力比率

1. 资产盈利能力分析。

（1）总资产报酬率（Return on Total Assets，ROTA）。总资产报酬率是企业一定时期的息税前利润与总资产平均余额的比率。其计算公式如下：

$$总资产报酬率 = \frac{息税前利润}{总资产平均余额} \times 100\%$$

（2）资产净利率（Return on Assets）。资产净利率是企业净利润与总资产平均余额的比率。其计算公式如下：

$$资产净利率 = \frac{净利润}{总资产平均余额} \times 100\%$$

从分子和分母的匹配性考虑，总资产周转率指标要优于资产净利率，因为企业资产的来源有两个：债权人和股东的投入，息税前利润中既包括属于股东的利润，也包括属于债权人的利息，而净利润仅仅属于股东。

（3）成本费用利润率（Rate of Profits to Cost）。成本费用利润率是企业的利润总额与成本费用总额的比率。其计算公式如下：

$$成本费用利润率 = \frac{利润总额}{成本费用总额} \times 100\%$$

2. 资本经营盈利能力分析。反映资本经营盈利能力的指标主要是净资产收益率（Return on Equity）。净资产收益率，又称权益报酬率或自有资金收益率，是净利润与净资产平均余额的比率。其计算公式如下：

$$净资产收益率 = \frac{净利润}{净资产平均余额} \times 100\%$$

3. 商品经营获利能力分析。

（1）销售毛利率（Gross Profit Percentage）。销售毛利率是企业营业毛利额与营业收入的比值。其计算公式如下：

$$销售毛利率 = \frac{营业毛利额}{营业收入} \times 100\%$$

（2）销售利润率（Rate of Return on Sale）。销售利润率是企业营业利润与营业收入的比值。其计算公式如下：

$$销售利润率 = \frac{营业利润}{营业收入} \times 100\%$$

（3）销售净利率（Net Profit Margin on Sales）。销售净利率是企业一定时期的净利润与营业收入的比值。其计算公式如下：

$$销售净利率 = \frac{净利润}{营业收入} \times 100\%$$

学习时要注意：盈利能力分析要考虑其稳定性和可持续性，评价盈利能力强弱要选择一个客观的标准才能得出科学的结论。

（四）现金获取能力比率

1. 资产现金回收率（Cash Recovery Rate of Assets）。

资产现金回收率为经营活动现金净流量与平均总资产之间的比率。计算公式如下：

$$资产现金回收率 = 经营活动现金净流量 \div 平均总资产$$

现金流量表中包含三种不同的现金流量，只有经营活动现金净流量才是企业自身经营获取的稳定的、持续的现金流量。

2. 净资产现金回收率（Cash Recovery Rate of Net Assets）。

净资产现金回收率为经营活动现金净流量与平均所有者权益之间的比率。计算公式如下：

$$净资产现金回收率 = 经营活动现金净流量 \div 平均所有者权益$$

与资产现金回收率相同，此处在考察净资产获取现金能力时，能够反映企业获取现金能力的现金流量指标仍为经营活动现金净流量。

3. 销售获现率（Sales Cash Yield）。

销售获现率是从商品经营角度考察企业获取现金能力的指标。销售获现率为经营活动现金净流量与营业收入之间的比率。计算公式如下：

$$销售获现率 = 经营活动现金净流量 \div 营业收入$$

对现金获取能力分析时，要结合盈利能力高低，现金获取的可持续性，资产运营效率等因素。

（五）上市公司财务比率

1. 每股收益（Eaming Per Share）。每股收益是指普通股股东每持有一股普通股所能享有的企业净利润（或承担的企业净亏损），是企业净利润与发行在外普通股股数的比率。

基本每股收益是考虑当期实际发行在外的普通股股份，按照归属于普通股股东的当期净利润除以当期实际发行在外普通股的加权平均数计算确定。其计算公式如下：

$$基本每股收益 = \frac{归属于普通股股东的当期净利润}{当期发行在外普通股的加权平均数}$$
$$= \frac{净利润 - 优先股股利}{当期发行在外普通股的加权平均数}$$

稀释每股收益是以基本每股收益为基础，假设企业所有发行在外的稀释性潜在普通股均已转换为普通股，从而分别调整归属于普通股股东的当期净利润以及发行在外普通股的加权平均数计算而得的每股收益。我国企业发行的潜在普通股主要有可转换公司债券、认股权证、股票期权等。

学习时需要注意：对于每股收益的两种计算口径，一定要结合我国上市公司等有关规定理解掌握，并要区分不同计算口径对于信息使用者的经济意义和决策用途。

2. 每股净资产（Net Asset Value Per Share）。每股净资产反映的是每一股普通股在企业所享有的权益。普通股所享有的权益为所有者权益，由于所有者权益是一个时点指标，因此，为了反映每一股普通股在该特定时点享有的权益，只需要考虑该时点普通股股份数即可。每股净资产的计算公式如下：

$$每股净资产 = 年末所有者权益 \div 年末普通股股份数$$

3. 每股股利（Dividend Per Share）。每股股利反映的是每一股普通股在公司所分得的现金股利。其计算公式如下：

$$每股股利 = 股利总额 \div 年末普通股股份数$$

4. 股利支付率（Dividend Payment Rate）。股利支付率是指实际支付给股东的股利在属于股东的经营成果净利润中所占的份额，也可以根据每一股普通股所分得的股利在每股收益中所占的比例来计算。其计算公式如下：

$$股利支付率 = 股利总额 \div 净利润 = 每股股利 \div 每股收益$$

5. 留存收益率（Retention Ratio）。留存收益率反映属于股东的经营成果净利润留存在公司用于扩大再生产的份额。其计算公式如下：

$$留存收益率 = （净利润 - 股利总额）\div 净利润$$

6. 股票获利率（Stock Yield）。股票获利率是股票持有人每投资一元钱所赚取股利的能力，即每股股利与每股市价的比值。其计算公式如下：

$$股票获利率 = 每股股利 \div 每股市价$$

7. 市盈率（Price Eamings Rallo，P/E）。市盈率是公司普通股市价与每股收益的比率。计算公式如下：

$$市盈率 = 每股市价 \div 每股收益$$

8. 市净率（Price to book Ratio，P/B）。市净率是公司普通股每股市价与每股净资产的比率。计算公式如下：

$$市净率 = 每股市价 \div 每股净资产$$

（六）关联比率分析：杜邦分析

杜邦分析法（Dupont Analysis）的核心指标是净资产收益率（权益报酬率），其分析思路是评价净资产收益率是如何受资产周转率、销售利润（净利）率和杠杆作用影响的。根据主要指标的内在联系，净资产收益率可以进行如下分解：

净资产收益率 = 净利润 ÷ 平均所有者权益

= （净利润 ÷ 平均资产总额）×（资产总额 ÷ 平均所有者权益）

= 资产净利率 × 权益乘数

资产净利率 = （净利润 ÷ 营业收入）×（营业收入 ÷ 平均资产总额）

= 销售净利率 × 总资产周转率

即： 净资产收益率 = 销售净利率 × 总资产周转率 × 权益乘数

学习时要注意：上市公司相关财务指标的阅读与分析是财务报表分析的重点，学习时要结合案例灵活运用，而不能机械地记忆公式。

虽然教材中是把财务比率分为若干部分分别加以介绍的，但在实务中却不能孤立的只分析其中一类或几类指标，而是要注意指标之间的内在联系，遵循系统性和全面性的财务分析原则。

练习与思考

客 观 题

一、单项选择题

1. 在下列财务分析主体中，必须对企业营运能力、偿债能力、盈利能力及发展能力的全部信息予以详尽了解和掌握的是（   ）。

    A. 短期投资者   B. 企业债权人

    C. 企业经营者   D. 税务机关

2. 下列各项中，不属于速动资产的是（   ）。

    A. 应收账款   B. 预付账款

    C. 应收票据   D. 货币资金

3. 财务报表分析的最根本方法是（   ）。

A. 比较分析法　　　　　　　　　B. 比率分析法

C. 趋势分析法　　　　　　　　　D. 因素分析法

4. 如果流动负债小于流动资产，则期末以现金偿付一笔短期借款所导致的结果是（　　　）。

A. 营运资金减少　　　　　　　　B. 营运资金增加

C. 流动比率降低　　　　　　　　D. 流动比率提高

5. 下列业务中，能够降低企业短期偿债能力的是（　　　）。

A. 企业采用分期付款方式购置一台大型机械设备

B. 企业从某国有银行取得 3 年期 500 万元的贷款

C. 企业向战略投资者进行定向增发

D. 企业向股东发放股票股利

6. 下列事项中，有助于提高企业短期偿债能力的是（　　　）。

A. 利用短期借款增加对流动资产的投资

B. 为扩大营业面积，与租赁公司签订一项新的长期房屋租赁合同

C. 补充长期资本，使长期资本的增加量超过长期资产的增加量

D. 提高流动负债中的无息负债比率

7. 债权人在进行企业财务分析时，最为关心的是企业的（　　　）。

A. 获利能力　　　　　　　　　　B. 偿债能力

C. 发展能力　　　　　　　　　　D. 资产运营能力

8. 某企业收回当期应收账款若干，将会（　　　）。

A. 增加流动比率　　　　　　　　B. 降低流动比率

C. 不改变速动比率　　　　　　　D. 降低速动比率

9. 在下列各项指标中，能够从动态角度反映企业偿债能力的是（　　　）。

A. 现金流量比率　　　　　　　　B. 资产负债率

C. 流动比率　　　　　　　　　　D. 速动比率

10. 在下列关于资产负债率、权益乘数和产权比率之间关系的表达式中，正确的是（　　　）。

A. 资产负债率 + 权益乘数 = 产权比率

B. 资产负债率 – 权益乘数 = 产权比率

C. 资产负债率 × 权益乘数 = 产权比率

D. 资产负债率 ÷ 权益乘数 = 产权比率

11. 下列指标中，其数值大小与偿债能力大小同方向变动的是（　　　）。

A. 产权比率　　　　　　　　　　B. 资产负债率

C. 已获利息倍数　　　　　　　　D. 权益乘数

12. 某上市公司 2021 年年末的股本为 10 000 万股，2022 年 3 月 5 日，经公司 2022 年度股东大会决议，以截至 2021 年年末公司总股本为基础，向全体股东每 10 股送红股 1 股，工商注册登记变更完成后公司总股本变为 11 000 万股，2022 年 5 月 1 日新发行 6 000 万股，11 月 1 日回购 1 500 万股，以备将来奖励职工之用。假定 2022 年度归属于普通股

股东的净利润为 2 950 万元，则该公司 2022 年的基本每股收益为 (　　) 元。

  A. 0.1   B. 0.2

  C. 0.3   D. 0.4

13. 下列有关权益乘数表述不正确的是 (　　)。

  A. 权益乘数 = 所有者权益 ÷ 资产   B. 权益乘数 = 1 ÷ (1 − 资产负债率)

  C. 权益乘数 = 资产 ÷ 所有者权益   D. 权益乘数 = 1 + 产权比率

14. 下列财务比率可用于企业短期偿债能力分析的比率为 (　　)。

  A. 已获利息倍数   B. 总资产报酬率

  C. 速动比率   D. 市盈率

15. 某公司 2022 年度营业收入为 3 000 万元。年初应收账款余额为 150 万元，年末应收账款余额为 250 万元，每年按 360 天计算，则该公司应收账款周转天数为 (　　) 天。

  A. 15   B. 17

  C. 22   D. 24

16. 某企业 2022 年度的营业净利率为 20%，资产净利率为 30%，平均权益乘数为 2，则该企业 2014 年度总资产周转率为 (　　)。

  A. 1.5 次   B. 2 次

  C. 4 次   D. 0.06 次

17. 某企业 2022 年年初所有者权益总额为 5 000 万元，年末所有者权益总额为 8 000 万元，本年实现净利润为 1 300 万元，平均权益乘数为 2，则企业的资产净利率为 (　　)。

  A. 30%   B. 20%

  C. 10%   D. 5%

18. 下列属于反映企业盈利能力指标的是 (　　)。

  A. 营业利润增长率   B. 总资产报酬率

  C. 总资产周转率   D. 资本保值增值率

19. 下列各项财务指标中，能够综合反映企业成长性和投资风险的是 (　　)。

  A. 市盈率   B. 每股收益

  C. 营业净利率   D. 每股净资产

20. 下列各项中，不会稀释公司每股收益的是 (　　)。

  A. 发行认股权证   B. 发行短期融资券

  C. 发行可转换债券   D. 授予管理层股份期权

21. 下列各项展开式中不等于每股收益的是 (　　)。

  A. 资产净利率 × 平均每股净资产

  B. 净资产收益率 × 平均每股净资产

  C. 资产净利率 × 平均权益乘数 × 平均每股净资产

  D. 营业净利率 × 总资产周转率 × 平均权益乘数 × 平均每股净资产

22. 在下列各项中，计算结果等于股利支付率的是 (　　)。

    A. 每股收益除以每股股利   B. 每股股利除以每股收益

    C. 每股股利除以每股市价   D. 每股收益除以每股市价

23. 某企业某年的财务杠杆系数为 2.5，息税前利润的计划增长率为 10%，假定其他因素不变，则该年普通股每股收益的增长率为（　　　）。

    A. 4%   B. 5%

    C. 20%   D. 25%

24. 在上市公司杜邦财务分析体系中，最具有综合性的财务指标是（　　　）。

    A. 营业净利率   B. 净资产收益率

    C. 资产净利率   D. 总资产周转率

25. 某企业 2021 年和 2022 年的营业净利润分别为 7% 和 8%，资产周转率分别为 2.0 和 1.5，两年的资产负债率相同，与 2021 年相比，2022 年的净资产收益率变动趋势为（　　　）。

    A. 上升   B. 下降

    C. 不变   D. 无法确定

26. 甲公司 2022 年的营业净利率比 2021 年下降 5%，总资产周转率提高 10%，假定其他条件与 2021 年相同，那么甲公司 2022 年的净资产收益率比 2021 年提高（　　　）。

    A. 4.5%   B. 5.5%

    C. 10%   D. 10.5%

27. 下列项目中不直接影响净资产收益率的指标是（　　　）。

    A. 流动比率   B. 营业净利率

    C. 资产负债率   D. 资产净利率

28. 影响速动比率可信性的最主要因素是（　　　）。

    A. 存货的变现能力   B. 短期证券的变现能力

    C. 产品的变现能力   D. 应收账款的变现能力

29. 评价企业盈利能力的总资产报酬率指标中的"报酬"是指（　　　）。

    A. 息税前利润   B. 营业利润

    C. 利润总额   D. 净利润

30. 市净率指标的计算不涉及的参数是（　　　）。

    A. 年末普通股股数   B. 年末普通股权益

    C. 年末普通股股本   D. 每股市价

31. 某企业库存现金 2 万元，银行存款 68 万元，交易性金融资产 80 万元，应收账款 50 万元，存货 100 万元，流动负债 750 万元。据此，计算出该企业的速动比率为（　　　）。

    A. 0.2   B. 0.093

    C. 0.003   D. 0.27

32. 在计算速动比率时，要把存货从流动资产中剔除的原因，不包括（　　　）。

    A. 可能存在部分存货已经损坏但尚未处理的情况

    B. 部分存货已抵押给债权人

    C. 可能存在成本与合理市价相差悬殊的存货估价问题

    D. 存货可能采用不同的计价方法

33. 下列有关每股收益说法正确的是（　　）。
    A. 每股收益是衡量上市公司盈利能力的财务指标
    B. 每股收益高，反映股票所含有的风险大
    C. 每股收益高的公司市盈率也高
    D. 每股收益高意味着每股股利高

34. A 公司通过分析得知 2020 年、2021 年、2022 年营业收入的环比动态比率分别为 110%、115% 和 95%。则如果该公司以 2020 年作为基期，2022 年作为分析期，则其定基动态比率为（　　）。
    A. 126.5%　　　　　　　　B. 109.25%
    C. 104.5%　　　　　　　　D. 120.18%

35. 某企业上年营业收入为 36 000 万元，流动资产总额为 4 000 万元，固定资产总额为 8 000 万元。假定没有其他资产，则该企业上年的总资产周转率为（　　）次。
    A. 3.0　　　　　　　　B. 3.4
    C. 2.9　　　　　　　　D. 3.2

36. 已知某公司的每股收益为 1 元，每股净资产为 2 元。如果该公司的市盈率为 20 倍，则其市净率为（　　）倍。
    A. 20　　　　　　　　B. 10
    C. 15　　　　　　　　D. 30

37. 下列各项中，不会影响市盈率的是（　　）。
    A. 上市公司盈利能力的成长性　　　B. 投资者所获报酬率的稳定性
    C. 利率水平的变动　　　　　　　D. 每股净资产

38. 下列关于存货周转率指标的说法中，不正确的是（　　）。
    A. 存货周转率 = 营业成本 ÷ 存货平均余额
    B. 存货周转次数越高越好
    C. 一般情况下，营业收入增加不会引起存货周转率的明显变化
    D. 在分析存货周转率时，既要重点关注变化大的存货项目，也不能完全忽视变化不大的存货项目，其内部可能隐藏着重要问题

39. 某公司年末会计报表中部分数据为：年初存货为 260 万元，年末流动负债 300 万元，本年销售成本 720 万元，且流动资产 = 速动资产 + 存货，年末流动比率为 2.4，年末速动比率为 1.2，则本年度存货周转次数为（　　）。
    A. 1.65 次　　　　　　　　B. 2 次
    C. 2.32 次　　　　　　　　D. 1.45 次

40. 下列有关应收账款周转天数计算和分析的表述中，不正确的是（　　）。
    A. 提取的应收账款减值准备越多，应收账款周转天数越多
    B. 计算应收账款周转天数时应考虑由销售引起的应收票据
    C. 应收账款周转天数不是越少越好
    D. 在使用应收账款周转天数进行行业绩评价时，最好使用多个时点的平均数

二、多项选择题

1. 比率分析法是通过计算各种比率指标来确定财务活动变动程度的方法，比率指标的类型主要有（　　）。
　A. 构成比率　　　　　　　　B. 效率比率
　C. 相关比率　　　　　　　　D. 动态比率

2. 某公司当年的经营利润很多，却不能偿还到期债务。为查明其原因，应检查的财务比率包括（　　）。
　A. 资产负债率　　　　　　　B. 流动比率
　C. 存货周转率　　　　　　　D. 应收账款周转率

3. 财务报表分析的比较标准有（　　）。
　A. 历史标准　　　　　　　　B. 行业标准
　C. 预算标准　　　　　　　　D. 基本标准

4. 下列各项业务中将会导致流动比率变动的有（　　）。
　A. 用货币资金购买短期债券　B. 用货币资金购买固定资产
　C. 用存货进行对外长期投资　D. 从银行取得长期借款

5. 下列财务比率中属于反映企业短期偿债能力的比率有（　　）。
　A. 流动比率　　　　　　　　B. 速动比率
　C. 现金比率　　　　　　　　D. 资产负债率

6. 当企业流动资产大于流动负债时，下列表述正确的有（　　）。
　A. 流动比率大于1　　　　　B. 长期资本大于长期资产
　C. 速动比率大于1　　　　　D. 企业没有任何偿债压力

7. 下列有关流动比率的表述错误的有（　　）。
　A. 流动比率越高越好
　B. 流动比率高并不意味着企业一定具有很强的短期偿债能力
　C. 不同企业的流动比率有着统一的衡量标准
　D. 流动比率比速动比率更能准确反映企业的短期偿债能力

8. 公司增加速动资产，一般会产生的结果有（　　）。
　A. 增加公司的机会成本　　　B. 增加公司的财务风险
　C. 提高企业的偿债能力　　　D. 提高流动资产的收益率

9. 已知某公司2022年年末资产总额为500万元，负债总额为200万元，流动资产和流动负债分别为240万元和160万元。2022年净利润为100万元，所得税为30万元，利息费用为20万元，则（　　）。
　A. 2022年年末资产负债率为40%　B. 2022年年末流动比率为0.67
　C. 2022年年末权益乘数为1.67　　D. 2022年的已获利息倍数为7.5

10. 关于产权比率与资产负债率，下列说法正确的有（　　）。
　A. 两个比率对评价偿债能力的作用基本相同
　B. 资产负债率侧重于揭示财务结构的稳健程度
　C. 产权比率侧重于分析债务偿付安全性的物资保障程度

D. 产权比率侧重于揭示自有资金对偿债风险的承受能力

11. 下列各项中，不会导致企业资产负债率变化的经济业务有（　　）。

    A. 收回应收账款

    B. 用现金购买债券

    C. 接受所有者投资转入的固定资产

    D. 以固定资产对外投资（按账面价值作价）

12. 应收账款的周转速度快说明（　　）。

    A. 收账迅速　　　　　　　　　　B. 短期偿债能力强

    C. 应收账款占用资金多　　　　　D. 可以减少收账费用

13. 计算下列各项指标时，一般其分母需要采用平均数的有（　　）。

    A. 资产负债率　　　　　　　　　B. 应收账款周转次数

    C. 总资产报酬率　　　　　　　　D. 应收账款周转天数

14. 下列各项中，属于企业计算稀释每股收益时应当考虑的潜在普通股有（　　）。

    A. 认股权证　　　　　　　　　　B. 股票期权

    C. 公司债券　　　　　　　　　　D. 可转换公司债券

15. 下列公式中正确的有（　　）。

    A. 股利支付率＋留存盈利比率＝1　　B. 股利支付率×股利保障倍数＝1

    C. 变动成本率＋边际贡献率＝1　　　D. 资产负债率×产权比率＝1

16. 下列各项中，与净资产收益率密切相关的有（　　）。

    A. 营业净利率　　　　　　　　　B. 总资产周转率

    C. 总资产增长率　　　　　　　　D. 权益乘数

17. 市盈率是评价上市公司盈利能力的指标，下列表述正确的有（　　）。

    A. 市盈率越高，意味着期望的未来收益较之于当前报告收益就越高

    B. 市盈率高意味着投资者对公司的发展前景看好，愿意出较高的价格购买该公司股票

    C. 成长性较好的高科技公司股票的市盈率通常要高一些

    D. 市盈率过高，意味着这种股票具有较高的投资风险

18. 下列分析方法中，属于综合分析方法的有（　　）。

    A. 趋势分析法　　　　　　　　　B. 杜邦分析法

    C. 沃尔评分法　　　　　　　　　D. 因素分析法

19. 下列各项中，可以缩短经营周期的有（　　）。

    A. 存货周转率（次数）上升

    B. 应收账款余额减少

    C. 提供给顾客的现金折扣增加，对他们更具吸引力

    D. 供应商提供的现金折扣降低了，所以提前付款

20. 某公司净利润增长率为5%，2022年实现净利润100万元，发行在外普通股加权平均数为100万股，年末每股市价10元，2021年每股发放股利0.2元（公司实行固定股利政策）。假定公司没有优先股，下列说法正确的有（　　）。

A. 2022 年每股收益为 1 元　　　B. 2022 年每股股利为 0.21 元
C. 2022 年每股股利为 0.2 元　　　D. 2022 年年末公司市盈率为 10 倍

三、判断题

1. 最早的财务报表分析主要是为银行服务的信用分析。（　　）

2. 财务信息的使用者主要包括投资者、债权人、经营者和政府等，不同主体对财务信息的具体要求不同。（　　）

3. 定基动态比率是以分析期的数据与上期数据相除计算出来的动态比率。（　　）

4. 在财务分析中，通过对比两期或连续数期财务报告中的相同指标说明企业财务状况或经营成果变动趋势的方法是趋势分析法。（　　）

5. 在进行财务报表分析的差异分析时通常使用本企业历史数据作为比较标准。（　　）

6. 在一般情况下，流动比率越小，说明企业的短期偿债能力越强。（　　）

7. 尽管流动比率可以反映企业的短期偿债能力，但流动比率高的企业仍有可能出现无力支付到期债务的情况。（　　）

8. 速动比率用于分析企业的短期偿债能力，一般地，速动比率越大越好。（　　）

9. 已获利息倍数不仅反映企业获利能力的大小，而且反映获利能力对偿还到期债务的保证程度。（　　）

10. 资产净利率是一个综合性最强的财务分析指标，是杜邦分析体系的起点。（　　）

11. 权益乘数的高低取决于企业的资本结构：资产负债率越低，权益乘数越高，财务风险越大。（　　）

12. 两家商业企业本期营业收入、存货平均余额相同，但毛利率不同，则毛利率高的企业存货周转率（以营业成本为基础计算）也高。（　　）

13. 市盈率是评价上市公司盈利能力的指标，它反映投资者愿意对公司每股净收益支付的价格。（　　）

14. 上市公司盈利能力的成长性和稳定性是影响其市盈率的重要因素。（　　）

15. 财务分析中的效率比率是某项财务活动中所费与所得之间的比率，反映投入与产出的关系。（　　）

16. 市净率是每股市价与每股净利的比率，是投资者用以衡量、分析个股是否具有投资价值的工具之一。（　　）

17. 若资产增加幅度低于营业收入增长幅度，则会引起资产周转率增大，表明企业的营运能力有所提高。（　　）

18. 因素分析法是依据分析指标与其影响因素的关系，从数量上确定各因素对分析指标影响方向和影响程度的一种方法，也称为比较分析法。（　　）

19. 在采用因素分析法时，既可以按照各因素的依存关系排列成一定的顺序并依次替代，也可以任意颠倒顺序，其结果是相同的。（　　）

20. 经营者是各相关主体中对企业分析最全面的，需要了解掌握企业经营理财的各方面，包括运营能力、偿债能力、获利能力及发展能力的全部信息。（　　）

思 考 题

一、财务报表分析的具体目的是什么？

二、财务报表分析的局限性有哪些？

三、财务报表分析中常用的财务指标有哪些？

四、上市公司常用哪些财务指标进行报表分析？

五、为什么财务比率的趋势分析很重要？

六、某制造企业的流动比率为 4∶1，却不能支付账单，为什么？

七、可能会出现某公司的资产报酬率（投资回报率）为 25%，却仍不能清偿债务的情况吗？请解释原因。

八、解释为什么长期债权人应该对清偿能力比率感兴趣。

九、如果你是下面的几种人，你最可能查阅哪个财务比率？为什么？

1. 考虑为某公司季节性存货占用提供融资的银行家；

2. 富有的权益投资人；

3. 考虑购买公司债券的养老基金管理者；

4. 消费品公司的总裁。

十、为了判断某公司是否存在过多负债，你会使用什么财务比率？达到什么目的？

十一、为什么会存在某公司经营利润丰富，但仍不能偿还到期的应付债务的可能性呢？需要使用什么财务比率才能检查出这种情况？

十二、公司存货周转率的提高会使其盈利能力也提高吗？为什么此比率的计算应使用营业成本（而不是如财务统计汇编者所做那样采用营业收入）？

十三、坚持财务比率，如流动比率应超过某一确定的绝对标准（如 2∶1）是否恰当呢？为什么？

十四、总资产周转率为 10，而营业净利率为 2% 的 A 公司和总资产周转率为 2，而营业净利率为 10% 的公司，哪一个盈利能力更强？请举出以上两类公司的例子。

十五、绘制杜邦分析原理图，描述杜邦分析法的应用程序。

计算分析题

练 习 一

〔**目的**〕练习财务比率的计算。

〔**资料**〕宏达公司 2022 年度有关财务资料如表 15 − 1 所示。假定该公司流动资产仅包括速动资产和存货。

表 15 – 1　　　　　　　　　　　宏达公司 2022 年度有关财务资料

项目	期初数	期末数	本期数或平均数
存货	3 600 万元	4 800 万元	
流动负债	3 000 万元	4 500 万元	
速动比率	0.75		
流动比率		1.6	
总资产周转次数			1.2
总资产			18 000 万元

〔要求〕

1. 计算该公司流动资产的期初数与期末数；

2. 计算该公司本期营业收入；

3. 计算该公司本期流动资产平均余额和流动资产周转次数。

练　习　二

〔目的〕练习财务指标的计算原理。

〔资料〕兴源公司 2022 年 12 月 31 日的资产负债表如表 15 – 2 所示，表中打问号的项目的数字可以利用表中其他数据以及补充资料计算得出。

表 15 – 2　　　　　　　　　　　兴源公司资产负债表

2022 年 12 月 31 日　　　　　　　　　　　　　　　　　金额单位：万元

资产	金额	负债和所有者权益	金额
货币资金	2 500	应付账款	?
应收账款	?	应交税费	2 500
存货	?	长期借款	?
固定资产	29 400	实收资本	25 000
无形资产	2 000	未分配利润	?
资产总计	45 200	负债和所有者权益总计	45 200

补充资料：（1）年末流动比率为 1.5；（2）年末产权比率为 0.6；（3）以营业收入和年末存货计算的存货周转率为 16 次；（4）以营业成本和年末存货计算的存货周转率为 11.5 次；（5）本年毛利为 31 500 万元。

〔要求〕

1. 计算存货的金额；

2. 计算应付账款的金额；

3. 计算未分配利润的余额。

练 习 三

〔**目的**〕练习财务指标的计算。

〔**资料**〕星海公司有关资料如下：

1. 2022 年资产负债表如表 15－3 所示。

表 15－3 **星海公司资产负债表**

2022 年 12 月 31 日 金额单位：万元

资产	金额	负债和所有者权益	金额
货币资金	30	应付账款	80
应收账款	60	应付职工薪酬	10
存货	80	长期负债	100
其他流动资产	30	实收资本	250
固定资产	300	未分配利润	60
资产总计	500	负债和所有者权益总计	500

2. 该公司 2022 年度营业收入为 1 500 万元，营业利润为 300 万元，净利润为 75 万元。

〔**要求**〕

1. 计算营业净利率；

2. 计算总资产周转率（总资产用年末数计算）；

3. 计算权益乘数；

4. 计算净资产收益率；

5. 计算营业利润率。

练 习 四

〔**目的**〕练习财务指标间关系的运用。

〔**资料**〕红星公司 2022 年年度有关财务资料如下：（1）年初存货为 15 000 万元，年初应收账款为 12 700 万元，年末流动资产合计为 27 000 万元。（2）年末流动比率为 3.0，速动比率为 1.3，存货周转率为 4 次。

〔**要求**〕

1. 计算公司的本年营业成本；

2. 如果本年营业收入为 96 000 万元，其应收账款周转天数为多少天（假定应收账款是唯一的速动资产）？

3. 计算公司的本年营业毛利率；

4. 计算公司的本年流动资产周转次数。

练 习 五

〔**目的**〕练习财务指标间关系的运用。

〔**资料**〕新远公司对 2022 年度的财务预测部分结果如下：（1）本年营业收入为 200 万元；（2）本年年末流动比率为 2.2，速动比率为 1.2；（3）本年营业净利率为 5%，净资产收益率为 25%，产权比率为 80%；（4）本年年末流动负债与股东权益之比为 1∶2，应收账款与营业收入之比为 1∶10。

〔**要求**〕根据以上信息，编制完成资产负债表，如表 15 - 4 所示。

表 15 - 4　　　　　　　　　　　**新远公司资产负债表**

2022 年 12 月 31 日　　　　　　　　　　　　　　金额单位：元

资产	金额	负债和所有者权益	金额
货币资金		流动负债	
应收账款		长期负债	
存货		所有者权益	
固定资产			
资产总计		负债和所有者权益总计	

练 习 六

〔**目的**〕练习财务指标的计算与因素分析法的应用。

〔**资料**〕

1. 星海公司 2022 年资产负债表如表 15 - 5 所示。

表 15 - 5　　　　　　　　　　　**星海公司资产负债表**

2022 年 12 月 31 日　　　　　　　　　　　　　　金额单位：万元

资产	年初	年末	负债和所有者权益	年初	年末
货币资金	50	45	流动负债	105	150
应收账款	60	90	长期负债	245	200
存货	115	180	负债合计	350	350
流动资产合计	225	315	所有者权益	350	350
固定资产	475	385			
资产总计	700	700	负债和所有者权益总计	700	700

2. 该公司 2021 年度营业净利率为 16%，总资产周转率为 0.5 次，权益乘数为 2.5，净资产收益率为 20%，2022 年营业收入为 350 万元，净利润为 63 万元。

〔**要求**〕根据上述资料：

1. 计算 2022 年年末的流动比率、速动比率、资产负债率和权益乘数；

2. 计算 2022 年的总资产周转率、营业净利率和净资产收益率；

3. 计算 2022 年和 2021 年净资产收益率的差异，并分析营业净利率、总资产周转率和权益乘数的变动对净资产收益率的影响。

练 习 七

〔**目的**〕练习财务比率的计算分析。

〔**资料**〕东方公司 2022 年度资产负债表如表 15 - 6 所示。

表 15 - 6

东方公司资产负债表

2022 年 12 月 31 日

金额单位：万元

资产	金额	负债和所有者权益	金额
货币资金（年初 764）	310	应付账款	516
应收账款（年初 1 156）	1 344	应付票据	336
存货（年初 700）	966	其他流动负债	468
固定资产（年初 1 170）	1 170	长期负债	1 026
		实收资本	1 444
资产总计（年初 3 790）	3 790	负债和所有者权益总计	3 790

2022 年利润表的有关资料如下：营业收入 643 万元，营业成本 557 万元，营业毛利 86 万元，管理费用 58 万元，利息费用 9.8 万元，利润总额 18.2 万元，所得税 7.2 万元，净利润 11 万元。

〔**要求**〕

1. 计算填列表 15 - 7 中的有关财务比率数据。

表 15 - 7

东方公司本年年末有关财务比率数据

财务比率	本公司	行业平均
流动比率		1.98
资产负债率		62%
已获利息倍数		3.8 倍
存货周转率		6 次
应收账款周转天数		35 天
固定资产周转率		13 次
总资产周转率		3 次
营业净利率		1.3%
资产净利率		3.4%
净资产收益率		8.3%

2. 与行业平均财务比率比较，说明该公司经营管理可能存在的问题。

练 习 八

〔目的〕练习财务指标的综合分析方法。

〔资料〕远大公司 2022 年的营业收入为 62 500 万元，比上年提高 28%。公司 2021 年和 2022 年有关的财务比率如表 15 - 8 所示。

表 15 - 8　　　　　　　　　　远大公司有关财务比率

财务比率	2021 年同业平均	2021 年本公司	2022 年本公司
应收账款周转率（天）	35	36	36
存货周转率（次）	2.50	2.59	2.11
固定资产周转率（次）	1.40	2.02	1.82
总资产周转率（次）	1.14	1.11	1.07
营业毛利率	38%	40%	40%
营业利润率	10%	9.6%	10.63%
营业净利率	6.27%	7.20%	6.81%
资产负债率	58%	50%	61.3%

〔要求〕

1. 运用杜邦财务报表分析原理，比较 2021 年公司与同业平均的净资产收益率，采用定性分析法分析其差异的原因；

2. 运用杜邦财务报表分析原理，比较本公司 2022 年与 2021 年的净资产收益率，采用定性分析法分析其变化的原因。

练 习 九

〔目的〕练习有关财务指标计算方法。

〔资料〕罗克公司 2022 年度资产负债表与利润表如表 15 - 9 和表 15 - 10 所示。

表 15 - 9　　　　　　　　　　罗克公司资产负债表

2022 年 12 月 31 日　　　　　　　　　　金额单位：元

资产	金额	负债和所有者权益	金额
流动资产		流动负债	?
货币资金	?	长期负债	?
应收账款	?	负债总额	?
存货	?	股东权益	
流动资产总额	?	股本（面值 5 元）	300 000

续表

资产	金额	负债和所有者权益	金额
固定资产	500 000	留存收益	100 000
		股东权益总额	400 000
资产总计	?	负债和所有者权益总计	?

表 15-10　　　　　　　　　　　罗克公司利润表

2022 年　　　　　　　　　　　　　　金额单位：元

项目	金额
营业收入	?
减：营业成本	?
销售费用	?
管理费用	80 000
财务费用（全部为利息费用）	28 000
营业利润	?
加：营业外收入	2 000
减：营业外支出	30 000
利润总额	?
减：所得税费用	?
净利润	80 000

其他资料：

（1）资产负债率为 60%；

（2）只有长期负债支付利息费用，年利率为 8%；

（3）营业毛利为营业收入的 25%，营业利润为营业收入的 10%，所得税税率为 20%；

（4）流动比率为 2∶1，速动比率为 1∶1；

（5）应收账款期初余额为 80 000 元，应收账款周转率为 10 次。

〔要求〕根据上述计算填写资产负债表和利润表中所缺金额，说明其计算方法。

练　习　十

〔目的〕练习财务比率的计算。

〔资料〕宏远股份公司本年度净利润为 80 000 元，股东权益总额为 300 000 元，其中普通股本为 250 000 元，每股面值为 10 元，无优先股。年末每股市价为 32 元，本年度分配股利为 57 500 元。

〔**要求**〕计算下列财务指标：

1. 每股收益
2. 每股股利
3. 市盈率
4. 股利支付率
5. 留存收益比率
6. 每股净资产
7. 股票获利率

练习十一

〔**目的**〕练习财务比率的计算。

〔**资料**〕志远股份有限公司 2022 年资产总额为 2 800 万元，负债总额为 1 400 万元，流动负债为 400 万元，股东权益中股本总额为 800 万元，全部为普通股，每股面值 1 元，当年实现净利润 550 万元，留存收益比率为 60%，股利均以现金股利支付。

公司当年从事经营活动的现金流量业务如表 15－11 所示。

表 15－11　　　　　　　志远公司 2022 年经营活动现金流量　　　　　金额单位：万元

经营活动项目	现金流入	现金流出
销售产品	4 000	
收到增值税返还	800	
其他现金流入	700	
现金流入合计	5 500	
购买商品		1 200
支付员工工资		200
支付增值税		600
支付所得税		400
其他税费		300
其他现金流出		300
现金流出合计		3 000

本期到期债务本息为 800 万元，本期现金利息支出为 200 万元。

〔**要求**〕根据上述资料计算下列财务指标：

1. 现金流量比率
2. 到期债务本息偿付比率
3. 偿债保障比率
4. 每股现金流量
5. 股利保障倍数

练习十二

〔**目的**〕练习财务比率的计算。

〔**资料**〕长江公司原来的流动比率为 1，增加用"＋"表示，减少用"－"表示，没有影响用"0"表示。长江公司预计将发生下列会计事项：

1. 发行普通股取得现金
2. 缴纳上年的所得税
3. 以低于账面价值的价格出售固定资产
4. 支付过去的采购款
5. 支付当期的管理费用

〔**要求**〕判断上述会计事项的发生对流动资产总额、营运资金、流动比率和净利润产生的影响。

练习十三

〔**目的**〕练习财务比率的计算和财务综合分析方法的应用。

〔**资料**〕2022年年初的负债总额为1 500万元，股东权益是负债总额的2倍，当年股东权益增长率为30%，2022年年末的资产负债率为40%，负债的年均利率为5%。2022年实现净利润900万元，所得税税率为25%。2022年末的股份总数为600万股（普通股股数年内无变动），普通股市价为15元/股。

〔**要求**〕

1. 计算2022年年初的股东权益总额、资产总额、资产负债率；
2. 计算2022年年末的股东权益总额、负债总额、资产总额、产权比率；
3. 计算2022年的资产净利率、权益乘数（使用平均数计算）、平均每股净资产、基本每股收益、市盈率；
4. 已知2021年资产净利率为12.24%，权益乘数（使用平均数计算）为1.60，平均每股净资产为5.45，计算2021年的每股收益并运用因素分析法依次分析资产净利率、权益乘数和平均每股净资产对每股收益的影响数额。

练习十四

〔**目的**〕练习财务比率的计算和财务综合分析方法的应用。

〔**资料**〕利达公司2022年年初的负债总额为400万元，股东权益是负债总额的3倍，当年股东权益增长率为50%，年末的资产负债率为60%，普通股股数为300万股（年内股数未发生变化），普通股市价为5元/股。2022年全年的利息为210万元（均为现金利息支出），固定成本总额为170万元，实现净利润308.2万元，发放现金股利30万元，所得税率为25%。2022年的经营现金净流量为616.4万元，成本费用总额为500万元。

〔**要求**〕

1. 计算年初的股东权益总额和资产负债率；
2. 计算年末的股东权益总额、负债总额和产权比率；
3. 计算2022年息税前利润、总资产报酬率、净资产收益率；
4. 计算2022年的经营杠杆系数、财务杠杆系数和联合杠杆系数；
5. 计算2022年末的成本费用净利率、已获利息倍数、偿债保障比率；

6. 计算 2022 年的基本每股收益、每股股利和年末的每股净资产、市盈率。

练习十五

〔**目的**〕练习财务综合分析方法应用。

〔**资料**〕得远公司 2020~2022 年财务资料如表 15-12 和表 15-13 所示。

表 15-12   **得远公司比较资产负债表**

2020~2022 年   金额单位：元

项目	2020 年	2021 年	2022 年
货币资金	30 000	20 000	5 000
应收账款	200 000	260 000	290 000
存货	400 000	480 000	600 000
固定资产	800 000	800 000	800 000
资产总计	1 430 000	1 560 000	1 695 000
应付账款	230 000	300 000	380 000
其他应付款	200 000	210 000	225 000
银行借款	100 000	100 000	140 000
长期负债	300 000	300 000	300 000
普通股	100 000	100 000	100 000
留存收益	500 000	550 000	550 000
负债和股东权益总计	1 430 000	1 560 000	1 695 000

表 15-13   **得远公司比较利润表**

2020~2022 年   金额单位：元

项目	2020 年	2021 年	2022 年
营业收入	4 000 000	4 300 000	3 800 000
营业成本	3 200 000	3 600 000	3 300 000
净利润	300 000	200 000	100 000

〔**要求**〕

1. 根据有关资料，分别计算 2020~2022 年的下列指标：

流动比率、速动比率、资产负债率、产权比率、应收账款周转天数、存货周转率、总资产周转率、营业毛利率、营业净利率、资产净利率。

2. 分析该公司 3 年来的财务状况与业绩，并指出存在的问题。

练习十六

〔**目的**〕练习财务比率的计算和财务综合分析方法的应用。

〔**资料**〕达利公司 2022 年的有关资料如表 15 – 14 所示。

表 15 – 14　　　　　　　　　　达利公司 2022 年有关资料

项目	年初数	年末数	本年数或平均数
存货	5 000 万元	8 000 万元	—
流动负债	7 000 万元	10 000 万元	—
总资产	20 000 万元	25 000 万元	—
流动比率	—	2.00	—
速动比率	1.20	—	—
权益乘数	—	—	1.5
流动资产周转次数	—	4	—
净利润	—	3 000 万元	—

〔**要求**〕

1. 计算 2022 年该公司流动资产的年初余额、年末余额和平均余额（假定流动资产由速动资产和存货组成）；

2. 计算 2022 年的营业收入和总资产周转率；

3. 计算营业净利率和净资产收益率；

4. 假定该公司 2023 年投资计划需要资金 3 000 万元，维持权益乘数为 1.5 的资金结构，不考虑计提盈余公积的因素。计算按照剩余股利政策 2022 年向投资者分配股利的数额。

练习十七

〔**目的**〕练习财务综合分析方法的应用。

〔**资料**〕富士通公司 2022 年度各月份的有关财务比率指标如表 15 – 15 所示。

表 15 – 15　　　　　　富士通公司 2022 年度各月份的有关财务比率指标

项目	月份											
	1	2	3	4	5	6	7	8	9	10	11	12
流动比率	2.2	2.3	2.4	2.2	2.0	1.9	1.8	1.9	2.0	2.1	2.2	2.2
速动比率	0.7	0.8	0.9	1.0	1.1	1.15	1.2	1.15	1.1	1.0	0.9	0.8
资产负债率（%）	52	55	60	55	53	50	42	45	46	48	50	52

续表

项目	月份											
	1	2	3	4	5	6	7	8	9	10	11	12
总资产报酬率（%）	4	6	8	13	15	16	18	16	10	6	4	2
营业净利率（%）	7	8	8	9	10	11	12	11	10	8	8	7

〔**要求**〕根据上述资料回答下列问题：

1. 该公司生产经营有何特点？
2. 流动比率和速动比率的变化趋势为何会产生差异？怎样才能消除这种差异？
3. 资产负债率的变动说明了什么问题？3 月资产负债率最高说明了什么问题？
4. 总资产报酬率和营业净利率的变动程度为何不一致？
5. 该公司在筹资和营运资金管理方面应注意什么问题？

案　例

海天公司 2022 年 12 月 31 日资产负债表、2022 年度利润表和现金流量表资料如表 15 – 16、表 15 – 17 和表 15 – 18 所示。

表 15 – 16 　　　　　　　　　资产负债表

2022 年 12 月 31 日　　　　　　　　　　　　金额单位：元

资产	2022 年	2021 年	负债和股东权益	2022 年	2021 年
现金	5 000	280 000	应付账款	490 000	440 000
应收账款	920 000	700 000	应付所得税	150 000	40 000
存货	1 300 000	850 000	其他流动负债	60 000	50 000
预付账款	40 000	60 000	应付债券	1 650 000	200 000
固定资产	2 000 000	400 000	股本	1 060 000	960 000
累计折旧	– 200 000	– 100 000	留存收益	700 000	500 000
资产总计	4 110 000	2 190 000	负债和股东权益总计	4 110 000	2 190 000

表 15 – 17 　　　　　　　　　利润表

2022 年度　　　　　　　　　　　　　　　　金额单位：元

营业收入	5 000 000
减：营业成本	3 100 000
销售费用和管理费用（包括折旧 60 000）	800 000
财务费用（全部是利息费用，并以现金支付）	110 000

续表

利润总额	990 000
减：所得税	300 000
净利润	690 000

表 15－18　　　　　　　　　　　现金流量表

2022 年度　　　　　　　　　　　　　　金额单位：元

净利润	690 000
加：折旧费用	100 000
财务费用（利息费用）	110 000
应付账款增加	50 000
应交所得税增加	10 000
应计负债增加	10 000
预付账款减少	20 000
减：应收账款增加	220 000
存货增加	450 000
经营活动产生的现金流量净额	320 000
投资活动产生的现金流量	
购置固定资产	－ 1 600 000
投资活动产生的现金流量净额	－ 1 600 000
筹资活动的现金流量	
吸收权益性投资所得到的现金	100 000
发行债券所收到的现金	1 550 000
偿付利息所支付的现金	－ 110 000
分配股利所支付的现金	－ 490 000
筹资活动产生的现金流量净额	1 050 000
本期现金净增加额	－ 230 000

该公司经理不能理解为什么公司在偿付当期债务方面存在困难，他注意到企业经营是不错的，营业收入不止翻了一番，而且 2017 年获得的利润为 690 000 元。

讨论：

1. 如何对总经理作出一个合理的解释？

2. 根据以上财务报表资料计算财务比率，并对该公司的财务状况发表你的意见。

（案例引自：张玉明著：《财务金融学》，复旦大学出版社）

第十六章
财务预测

学习要求

通过本章学习,了解财务预测的意义和作用;熟悉财务预测的基本步骤;理解和掌握营业收入百分比法及其应用;理解和掌握内含增长率的本质与计算;理解和掌握可持续增长率的计算与分析。

本章学习重点:营业收入百分比分析法、内含增长率和可持续增长率。

本章学习难点:营业收入百分比法的原理、内含增长率和可持续增长率的计算与应用。

本章学习指引:财务预测是财务预算编制的基础,也是一项实践性很强的工作。在学习时要掌握财务预测的基本原理和方法,并且能够运用这些方法进行财务预测分析。

学习思维导图

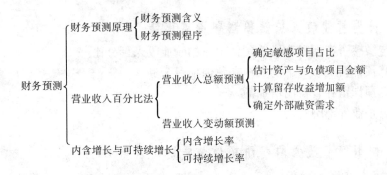

本章学习纲要

一、财务预测原理

（一）财务预测的含义和功能

财务预测（Financial Forecast）是指对企业未来融资需求所进行的估计与判断。财务预测是一种超前的思维，这种超前的思维有助于各种决策的制定。

（二）财务预测的基本步骤

1. 销售预测。财务预测的起点是销售预测。
2. 预计资产和负债。
3. 预计收入、费用和留存收益。
4. 预计所需融资额。

二、财务预测：营业收入百分比法

（一）营业收入百分比法的基本原理

营业收入百分比法（Percentage of Sales Method）是根据营业收入增长与资产增长之间的关系，预测未来资金需求量的一种方法。运用营业收入百分比法具体有两种方法：一是根据营业收入总额预计资产、负债和所有者权益的总额，然后确定融资需求量；二是根据营业收入的变动额预计资产、负债和所有者权益的增加额，然后确定融资需求量。

（二）根据营业收入总额预测融资需求量

1. 确定敏感资产项目和敏感负债项目的营业收入百分比。
2. 计算预计营业收入下的资产和负债项目金额。
3. 计算预计留存收益的增加额。
4. 计算企业外部融资需求。

（三）根据营业收入的变动额预测融资需求量

外部融资需求量＝预计资产变动额－预计负债变动额－预计所有者权益变动额
＝敏感资产营业收入百分比×预计新增营业收入
－敏感负债营业收入百分比×预计新增营业收入

$$-预计营业净利率 \times 预计营业收入 \times (1-预计股利支付率)$$

学习时要注意，财务预测的基本原理和方法虽然简单，但是在企业实践中如何应用是关键。进行财务预测时要定量和定性相结合，充分考虑影响财务预测的各种因素。

三、内含增长率与可持续增长率

（一）内含增长率

仅靠内部融资而实现的营业收入增长率称为内含增长率（Internal Growth Rate）。

$$预计内含增长率 = \frac{预计营业净利率 \times (1-预计股利支付率)}{敏感资产营业收入百分比 - 敏感负债营业收入百分比 - 预计营业净利率 \times (1-预计股利支付率)}$$

（二）可持续增长率

1. 可持续增长率的含义。可持续增长率（Sustainable Growth Rate）是指企业不增发新股，并保持目前经营效率和财务政策不变时，营业收入所能实现的最大增长率，即在不需要耗尽财务资源的情况下，企业营业收入所能增长的最大比率。

2. 可持续增长率的计算。主要有两种方法：

（1）根据期初所有者权益计算可持续增长率。

$$可持续增长率 = 营业净利率 \times 总资产周转率 \times 权益乘数 \times 留存收益比率$$

（2）根据期末所有者权益计算可持续增长率。

$$可持续增长率 = \frac{营业净利率 \times 总资产周转率 \times 权益乘数 \times 留存收益比率}{1-营业净利率 \times 总资产周转率 \times 权益乘数 \times 留存收益比率}$$

3. 可持续增长率在财务中的应用。

（1）实际增长率大于可持续增长率。若企业目前能够较为容易地从资本市场上获取资源，企业应将注意力集中于：提高营业净利率、加强资产管理，提高资产周转率、提高权益乘数、制定合理的股利支付率。若企业融资能力有限，可以采取以下策略：降低营运资本需求和有益的剥离。

（2）实际增长率小于可持续增长率。企业所应采取的措施有：积极开拓新市场，寻找新的增长点和提高股利支付率，以降低可持续增长率。

学习时需要注意，内含增长率与可持续增长率是完全两种不同的增长方式。企业追求的不是短期的快速增长，而应是长期的可持续增长。就像用跑百米的速度去跑长跑的后果一样，企业的短期高速增长可能会把企业拖垮，而无法实现持续经营。所以，企业不应一味地追求营业收入和资产的高增长，过高的增长只会带来高额的资金需求和负债的急剧增加。而当企业融资受到约束时，大量的资金需求无法满足，必然会导致营业收入增长率的下滑。

练习与思考

客 观 题

一、单项选择题

1. 采用营业收入百分比法预测资金需要量时，一般不属于敏感项目的是（　　）。

    A. 银行存款　　　　　　　　　B. 应收账款

    C. 应付账款　　　　　　　　　D. 长期股权投资

2. 某公司 2022 年预计营业收入为 50 000 万元，预计营业净利率为 10%，股利支付率为 60%。据此可以测算出该公司 2022 年内部融资金额为（　　）。

    A. 2 000 万元　　　　　　　　B. 3 000 万元

    C. 5 000 万元　　　　　　　　D. 8 000 万元

3. 某企业外部融资额为新增营业收入的 5%，若上年营业收入为 1 000 万元，预计今年营业收入增加 200 万元，则相应外部应追加的资金为（　　）万元。

    A. 50　　　　　　　　　　　　B. 10

    C. 40　　　　　　　　　　　　D. 30

4. 某企业去年营业收入为 1 000 万元，若预计今年产品价格会提高 5%，销量将增加 10%，所确定的新增外部融资占新增营业收入的百分比为 25%，则应追加的外部融资为（　　）万元。

    A. 38.75　　　　　　　　　　B. 37.5

    C. 25　　　　　　　　　　　　D. 25.75

5. 某企业 2022 年年末敏感资产总额为 4 000 万元，敏感负债总额为 2 000 万元。该企业 2023 年度的营业收入比 2022 年度增加 10%（即增加 100 万元），预计 2023 年度留存收益的增加额为 50 万元，则该企业 2023 年度外部融资需求量为（　　）万元。

    A. 0　　　　　　　　　　　　B. 2 000

    C. 1 950　　　　　　　　　　D. 150

6. 某公司上年营业收入为 3 000 万元，本年预计营业收入为 4 000 万元。假设敏感资产营业收入百分比为 66.67%，敏感负债营业收入百分比为 6.17%，预计营业净利率为 4.5%，股利支付率为 30%。则该公司外部融资额为（　　）。

    A. 459 万元　　　　　　　　　B. 469 万元

    C. 479 万元　　　　　　　　　D. 489 万元

7. 在可持续增长率的假设条件下，营业收入增长率的决定因素是（　　）。

    A. 资产增长率　　　　　　　　B. 所有者权益增长率

    C. 负债增长率　　　　　　　　D. 长期资金增长率

8. 以下属于可持续增长率假设条件的是（　　）。

A. 假设不增发新股　　　　　　B. 假设不增加借款

C. 假设财务杠杆与财务风险降低　　D. 假设营业净利率提高

9. 假设市场是充分的，企业在经营效率和财务政策不变时，同时筹集权益资本和增加借款，以下指标不会增长的是（　　　　）。

A. 营业收入　　　　　　　　　B. 净利润

C. 总资产　　　　　　　　　　D. 净资产收益率

10. 其他条件不变的情况下，下列说法中正确的是（　　　　）。

A. 股利支付率越高，外部融资需求越大

B. 营业净利率越大，外部融资需求越大

C. 资产周转率越高，外部融资需求越大

D. 留存收益比率越高，外部融资需求越大

11. 在营利性企业其他条件不变的情况下，下列说法中正确的是（　　　　）。

A. 股利支付率提高，可持续增长率提高

B. 总资产周转率提高，可持续增长率降低

C. 产权比率提高，可持续增长率提高

D. 营业净利率提高，可持续增长率降低

12. 某公司采用营业收入百分比法对资金需求量进行预测。预计 2023 年的营业收入为 8 000 万元，预计营业成本、销售费用、管理费用、财务费用占营业收入的百分比分别为 75%、0.8%、12%、1.5%。假定该公司适用的所得税税率为 25%，股利支付率为 30%。则该公司 2023 年留存收益的增加额为（　　　　）万元。

A. 490.28　　　　　　　　　　B. 450

C. 449.4　　　　　　　　　　D. 192.6

13. 某公司 2022 年的可持续增长率为 10%，股利支付率为 50%，若预计 2023 年不发股票，且保持目前经营效率和财务政策，则 2023 年股利的增长率为（　　　　）。

A. 10%　　　　　　　　　　　B. 5%

C. 15%　　　　　　　　　　　D. 12.5%

14. 某公司 2023 年不打算从外部融资，而主要靠调整股利分配政策，扩大留存收益来满足销售增长的资金需求。历史资料表明，该公司敏感资产、敏感负债与营业收入总额之间存在着稳定的百分比关系。现已知敏感资产营业收入百分比为 50%，敏感负债营业收入百分比为 10%。预计 2023 年营业净利率为 8%，不进行股利分配。据此，可以预计公司 2023 年营业收入增长率为（　　　　）。

A. 10%　　　　　　　　　　　B. 15.5%

C. 20%　　　　　　　　　　　D. 25%

15. 某公司 2022 年的可持续增长率为 5%，新增留存收益为 600 万元。若 2023 年不增发新股，并且保持现有的财务政策和经营效率不变，预计 2023 年的净利润为 1 050 万元，则 2023 年的留存收益比率为（　　　　）。

A. 40%　　　　　　　　　　　B. 57.14%

C. 60%　　　　　　　　　　　D. 63%

二、多项选择题

1. 在营业收入百分比预测法中，下列一般属于敏感项目的有（　　）。

A. 现金　　　　　　　　　　B. 应收账款

C. 短期借款　　　　　　　　D. 应付账款

2. 甲企业 2022 年的可持续增长率为 25%，预计 2023 年不增发新股，营业净利率下降，其他财务比率不变，则 2023 年（　　）。

A. 实际增长率高于 25%　　　B. 可持续增长率低于 25%

C. 实际增长率低于 25%　　　D. 可持续增长率高于 25%

3. 假设企业本年的经营效率、资本结构和股利支付率与上年相同，目标营业收入增长率为 20%（大于可持续增长率），则下列说法中正确的有（　　）。

A. 本年净资产收益率为 20%

B. 本年净利润增长率为 20%

C. 本年新增投资的报酬率为 20%

D. 本年总资产增长率为 20%

4. 在不增发新股的情况下，企业去年的所有者权益增长率为 8%，本年的经营效率和财务政策与去年相同，以下说法中，正确的有（　　）。

A. 企业本年的营业收入增长率为 8%

B. 企业本年的可持续增长率为 8%

C. 企业本年的净资产收益率为 8%

D. 企业本年的净利润增长率为 8%

5. 企业销售增长时需要补充资金。假设每元营业收入所需资金不变，以下关于外部融资需求的说法中，正确的有（　　）。

A. 股利支付率越高，外部融资需求越大

B. 营业净利率越高，外部融资需求越小

C. 如果外部融资占营业收入增长的比率为负数，说明企业有剩余资金，可用于增加股利或短期投资

D. 当企业的实际增长率低于本年的内含增长率时，企业不需要从外部融资

6. 影响内含增长率的因素有（　　）。

A. 敏感资产营业收入百分比　　B. 敏感负债营业收入百分比

C. 营业净利率　　　　　　　　D. 股利支付率

7. 企业若想提高其增长率，需要解决超过可持续增长所带来的财务问题，具体可以采取的措施包括（　　）。

A. 提高营业净利率　　　　　　B. 提高总资产周转率

C. 提高股利支付率　　　　　　D. 利用增发新股

三、判断题

1. 敏感项目是指随营业收入的变化而变化的项目。（　　）

2. 可持续增长率是指企业不增发新股，并保持目前经营效率和财务政策不变时，营业收入所能实现的增长率。（　　）

3. 企业不打算发行新股，只要保持目前的资产净利率、权益乘数和留存收益率不变，则该年的实际增长率等于按上年的基础数计算的本年预计的可持续增长率。

（　　）

4. 如果实际增长率高于可持续增长率，企业就应重新考虑或改进原有经营政策和财务政策。

（　　）

5. 企业的营业净利率和总资产周转率体现其经营效率，而权益乘数和留存收益比率体现其财务政策。

（　　）

思 考 题

一、什么是财务预测？财务预测具有哪些功能？

二、什么是营业收入百分比法？如何分别根据营业收入总额和营业收入增加额预测外部融资需求量？

三、什么是内含增长率？如何计算内含增长率？

四、什么是可持续增长率？为什么要计算可持续增长率？

五、企业的增长方式有几种？结合企业实际谈谈对可持续增长率的认识。

六、可持续增长率与内含增长率的关系如何？

七、目前，我国大力倡导绿色增长与发展，请你结合这一主题分析学习可持续增长率的现实意义。

计算分析题

练 习 一

〔目的〕练习外部融资额的测算和预计资产负债表的编制。

〔资料〕东兴公司 2022 年末资产负债表如表 16－1 所示。

表 16－1　　　　　　　　　　　　　　资产负债表

2022 年 12 月 31 日　　　　　　　　　　　　　　金额单位：万元

项目	金额	项目	金额
货币资金	200	应付账款	2 200
应收账款	1 800	预收账款	940
存货	3 200	长期借款	420
固定资产	4 665	实收资本	2 305
		留存收益	4 000
资产总计	9 865	负债和所有者权益总计	9 865

公司 2022 年营业净利率为 2.5%，留存收益比率为 50%，并假定二者在 2023 年保持不变。2022 年营业收入为 12 824.5 万元，预计 2023 年可实现营业收入 15 003 万元。

〔要求〕假定流动资产和流动负债均为敏感项目，根据上述资料预测该公司 2023 年的外部融资额，并编制 2023 年的预计资产负债表（计算结果四舍五入，保留整数）。

练 习 二

〔目的〕练习营业收入百分比预测法。

〔资料〕见练习一资料

〔要求〕根据营业收入增加额，运用营业收入百分比法预测追加的外部融资额（计算结果四舍五入，保留整数）。

练 习 三

〔目的〕练习运用营业收入百分比法的应用。

〔资料〕东方公司 2022 年实际资产负债表、利润表及有关敏感项目与营业收入的百分比如表 16 - 2、表 16 - 3 所示。

表 16 - 2 资产负债表

2022 年 12 月 31 日　　　　　　　　　金额单位：万元

项目	金额	占营业收入百分比（%）
货币资金	75	0.5
应收账款	2 400	16.0
存货	2 610	17.4
其他流动资产	10	—
固定资产	285	—
资产总计	5 380	33.9
应付票据	500	—
应付账款	2 640	17.6
预收账款	105	0.7
长期借款	55	—
负债合计	3 300	18.3
实收资本	1 000	—
资本公积	250	—
留存收益	830	—
所有者权益合计	2 080	—
负债和所有者权益总计	5 380	18.3

表 16 - 3   利润表

2022 年度   金额单位：万元

项目	金额	占营业收入百分比（%）
一、营业收入	15 000	100
减：营业成本	11 400	76.0
营业税金及附加	50	—
销售费用	60	0.4
管理费用	3 060	20.4
财务费用	40	—
二、营业利润	390	—
加：营业外收入	210	—
减：营业外支出	100	—
三、利润总额	500	—
减：所得税费用	100	—
四、净利润	400	—

公司 2023 年预计实现营业收入为 18 000 万元，利润留存比率为 50%，适用的所得税税率为 20%。

〔要求〕

1. 根据营业收入总额编制 2023 年预计利润表，并预测 2023 年留存收益的增加额和年末余额（结果四舍五入，保留两位小数）。

2. 根据营业收入总额编制 2023 年预计资产负债表，并预测 2023 年追加的外部融资额（结果四舍五入，保留两位小数）。

练 习 四

〔目的〕练习营业收入百分比法的运用。

〔资料〕见练习三资料

〔要求〕运用营业收入百分比法，根据营业收入增加额预测追加的外部融资额（结果四舍五入，保留两位小数）。

练 习 五

〔目的〕练习营业收入百分比法的应用。

〔资料〕宏远公司 2022 年营业收入为 3 000 万元，营业净利率为 8%，净利润的 70% 分配给投资者。2022 年 12 月 31 日资产负债表如表 16 - 4 所示。

表 16 – 4

资产负债表

2022 年 12 月 31 日

金额单位：万元

项目	金额	项目	金额
货币资金	80	应付账款	100
应收账款	320	应付票据	200
存货	500	长期借款	800
固定资产	650	实收资本	500
无形资产	150	留存收益	100
资产总计	1 700	负债和所有者权益总计	1 700

该公司 2023 年营业净利率和留存收益比率保持 2022 年的水平，计划营业收入比上年增加 40%。为实现这一目标，公司需新增设备一台，价值 148 万元。据历年财务数据分析，公司流动资产和流动负债随营业收入同比例增减。

〔要求〕完成下列各题正确选项并说明理由：

1. 该公司的敏感资产营业收入百分比为（　　　）。

    A. 50%　　　　　　　　　　　　B. 40%

    C. 30%　　　　　　　　　　　　D. 20%

2. 该公司的敏感负债营业收入百分比为（　　　）。

    A. 40%　　　　　　　　　　　　B. 30%

    C. 20%　　　　　　　　　　　　D. 10%

3. 该公司 2023 年增加的留存收益为（　　　）。

    A. 200.8　　　　　　　　　　　B. 100.8

    C. 235.2　　　　　　　　　　　D. 246

4. 该公司 2023 年需要增加的外部融资额为（　　　）。

    A. 259.2　　　　　　　　　　　B. 360

    C. 139.2　　　　　　　　　　　D. 287.2

练　习　六

〔目的〕练习内含增长率、可持续增长率的测算。

〔资料〕东华公司 2022 年有关财务数据如表 16 – 5 所示。

表 16 – 5

东华公司 2022 年有关财务数据

项目	金额（万元）	百分比
流动资产	14 000	25%
非流动期资产	26 000	15%
资产总计	40 000	

续表

项目	金额（万元）	百分比
短期借款	6 000	无稳定关系
应付账款	4 000	10%
长期负债	10 000	无稳定关系
实收资本	12 000	无稳定关系
留存收益	8 000	无稳定关系
负债和所有者权益总计	40 000	
营业收入	40 000	100%
净利润	2 000	5%
现金股利	600	

〔要求〕计算问答以下互不关联的问题：

1. 假设公司保持目前的股利支付率、营业净利率和总资产周转率不变，2023 年计划营业收入为 50 000 万元，则需要补充多少外部资金？

2. 假设 2023 年不能增加借款，也不能发行新股，其他财务比率保持不变，预计其可实现的营业收入增长率（内含增长率）是多少？

3. 若股利支付率为 70%，营业净利率提高到 6%，其他财务比率保持不变，2023 年计划营业收入为 45 000 万元，则需要补充多少外部资金？

练 习 七

〔目的〕练习可持续增长率的测算和应用。

〔资料〕先锋公司是一家上市公司，该公司产品的市场前景很好，销售额可以大幅增加。2021 年、2022 年的主要财务数据如表 16-6 所示。

表 16-6　　　　　　先锋公司 2021 年、2022 年主要财务数据　　　　　金额单位：万元

项目	2021 年实际	2022 年实际
营业收入	900	1 000
净利润	170	200
本年派发股利	90	100
本年收益留存	80	100
总资产	700	1 000
负债	300	400
股本	300	500
年末未分配利润	100	100
所有者权益	400	600

〔要求〕

1. 计算该公司 2021 年和 2022 年的总资产周转率、营业净利率、权益乘数、留存收益比率、可持续增长率和净资产收益率（计算时资产负债表数据用年末数，计算结果填入给定的表内，不必列示财务比率的计算过程）。

项目	2021 年	2022 年
总资产周转率		
营业净利率		
权益乘数		
留存收益比率		
可持续增长率		
净资产收益率		

2. 分析 2022 年与 2021 年相比净资产收益率的变化及原因。

3. 若 2023 年公司营业收入增长率为 50%，公司保持 2022 年的经营效率和股利支付率不变，并且不打算从外部增发股票，要求进行 2023 年可持续增长与超常增长的资金来源分析。

4. 若 2023 年公司营业收入增长率为 50%，公司保持 2022 年的经营效率和股利支付率不变，并且 2023 年不打算从外部增发股票，计算 2023 年的资产负债率、净资产收益率和可持续增长率。

练 习 八

〔目的〕练习可持续增长率的测算和应用。

〔资料〕东方公司是一家上市公司，该公司 2021 年和 2022 年的主要财务数据以及 2023 年的财务计划数据如表 16 - 7 所示。

表 16 - 7　　　　　东方公司 2021 ~ 2022 年主要财务数据　　　　　金额单位：万元

项目	2021 年实际	2022 年实际	2023 年计划
营业收入	1 000.00	1 411.80	1 455.28
净利润	200.00	211.77	116.42
股利	100.00	105.89	58.21
本年收益留存	100.00	105.89	58.21
总资产	1 000.00	1 764.75	2 910.57
负债	400.00	1 058.87	1 746.47
股本	500.00	500.00	900.00
年末未分配利润	100.00	205.89	264.10
所有者权益	600.00	705.89	1 164.10

假设公司产品的市场前景很好，营业收入可以大幅增加，贷款银行要求公司的资产负债率不得超过60%。董事会决议规定，以净资产收益率的高低作为管理层业绩评价的尺度。

〔要求〕

1. 计算该公司上述3年的总资产周转率、营业净利率、权益乘数、留存收益比率、可持续增长率和净资产收益率，以及2022年和2023年的营业收入增长率（计算时资产负债表数据用年末数，计算结果填入表16-8内）。

表16-8

项目	2021年实际	2022年实际	2023年计划
总资产周转率			
营业净利率			
权益乘数			
留存收益比率			
可持续增长率			
净资产收益率			
营业收入增长率			

2. 指出2022年可持续增长率与上年相比有什么变化，其原因是什么？

3. 指出2022年公司是如何筹集增长所需资金的，财务政策与上年相比有什么变化？

4. 假设2023年预计的经营效率是符合实际的，指出2023年的财务计划有无不当之处？

5. 指出公司今后提高净资产收益率的途径有哪些？

练 习 九

〔目的〕练习营业收入百分比法和财务分析。

〔资料〕远华公司2022年12月31日的资产负债表如表16-9所示。

表16-9　　　　　　　　　　　　资产负债表

2022年12月31日　　　　　　　　　　　　金额单位：万元

资产	期末数	负债和所有者权益	期末数
货币资金	300	应付账款	300
应收账款净额	900	应付票据	600
存货	1 800	长期借款	2 700
固定资产净额	2 100	实收资本	1 200

续表

资产	期末数	负债和所有者权益	期末数
无形资产	300	留存收益	600
资产总计	5 400	负债和所有者权益总计	5 400

远华公司 2022 年的营业收入净额为 6 000 万元，营业净利率为 10%，净利润的 50% 分配给投资者。预计 2023 年营业收入净额比上年增长 25%，为此需要增加固定资产 200 万元，增加无形资产 100 万元。公司的流动资产项目和流动负债项目均为敏感项目。

假定该公司 2023 年的营业净利率和利润分配政策与上年保持一致，该年度长期借款不发生变化。

〔要求〕

1. 计算 2023 年的外部融资需求量；
2. 计算 2023 年末的流动资产、流动负债、资产总额、负债总额和所有者权益总额；
3. 计算 2023 年的速动比率和产权比率；
4. 计算 2023 年的流动资产周转次数和总资产周转次数；
5. 计算 2023 年的净资产收益率；
6. 计算 2023 年的资本积累率和总资产增长率。

案　　例

新世界化学公司（NWC）

新世界化学公司位于加利福尼亚州，是一家为果园提供特殊化学制品的生产商，休·威尔逊（Sue Wilson）是公司的新任财务经理，她现在必须对 2001 年公司的财务状况进行预测。该公司 2000 年的销售收入是 20 亿美元。根据市场部的预测，2001 年公司销售收入将增长 25%。休·威尔逊估计公司 2000 年处于满负荷运转状态，不过她不能肯定就是如此。公司 2000 年的财务报表以及关键比率数据如表 16－10、表 16－11、表 16－12 所示。

表 16－10 　　　　　　　　　　　资产负债表

2000 年 12 月 31 日　　　　　　　　　　　　金额单位：万美元

资产	金额	负债和所有者权益	金额
现金和证券	2 000	应付账款和其他应付款	10 000

续表

资产	金额	负债和所有者权益	金额
应收账款	24 000	应付票据	10 000
存货	24 000	流动负债小计	20 000
流动资产小计	50 000	长期债务	10 000
固定资产净额	50 000	普通股	50 000
		留存收益	20 000
资产总计	100 000	负债和所有者权益总计	100 000

表 16–11　　　　　　　　　　利润表

2000 年　　　　　　　　　　　　　　　金额单位：万美元

项目	金额
营业收入	200 000
减：可变成本	120 000
固定成本	70 000
息税前收益	10 000
利息	1 600
税前收益	8 400
所得税（40%）	3 300.60
净收益	5 000.40
股利（30%）	1 500.12
留存收益	3 500.28

表 16–12　　　　　　　　　　关键财务比率

财务比率	NWC	行业
营业毛利率（%）	10	20
营业利润率（%）	2.52	4
净资产收益率（%）	7.2	15.6
应收账款周转天数（天）	43.2	32
存货周转率（次）	8.33	11
固定资产周转率（次）	4	5
总资产周转率（次）	2	2.5
资产负债率（%）	30	36

续表

财务比率	NWC	行业
已获利息倍数（倍）	6.25	9.4
流动比率（倍）	2.5	3

假设你是一个刚刚被休·威尔逊聘用的助手，你的第一项任务就是帮助她进行这个预测。她告诉你先从回答以下的一系列问题开始：

1. 假设：（1）该公司在2000年所有的资产都是满负荷运转的；（2）所有资产都将随着营业收入的增长而成比例地增长；（3）应付账款和其他应付款同样会随着营业收入的增加而成比例地增加；（4）营业利润率和股利支付率将保持2000年的水平不变。

在这些条件下，下一年度公司将产生多少融资需求？

2. 现在运用预计财务报表法来预测公司2001年的融资需求。不考虑第1部分中的假设，现在假设：（1）各种资产、各种应付款、利息以及固定成本和变动成本都随着营业收入的增长而成比例增长；（2）该公司满负荷运转；（3）股利支付率稳定在30%的水平上；（4）外部融资需求50%由应付票据来满足、50%由长期债务来满足（公司将不增发新股）。

3. 为什么以上两种计算方法得出的融资需求数值不同？哪一种方法得出的预测更加准确？

4. 计算公司的各项预测比率，并与公司2000年的比率以及行业水平进行对比，其中与行业的平均水平比起来该公司怎么样？该公司有望在接下来的一年中取得进展吗？

5. 计算2001年该公司的自由现金流量。

6. 比较该公司的应收账款周转天数以及存货周转率与行业水平的差别，这些是不是说明了就存货和应收账款而言，该公司比行业水平高？如果公司可以使这些比率与行业水平一致的话，这将给融资需求以及其财务比率带来什么影响？

（资料来源：[美]尤金·F.布里格姆等著：《财务管理基础》，中信出版社2004年版）

参考答案

（注意：为了保证学生练习时能够独立思考，真正起到学以致用的效果，我们对计算分析题仅提供最终计算结果或主要分析思路）

第一篇　财务管理导论

第一章　财务管理概览

客观题

一、单项选择题

1. A　　2. C　　3. C　　4. D　　5. C　　6. B　　7. C　　8. C　　9. D　　10. C　　11. C　　12. A　　13. D

二、多项选择题

1. ABCD　　2. ABCD　　3. CD　　4. ABCD　　5. AC　　6. ABCD　　7. ABCD　　8. ABD　　9. ABCD

三、判断题

1. 错　　2. 错　　3. 对　　4. 对　　5. 错　　6. 错　　7. 错　　8. 对　　9. 对　　10. 错　　11. 对　　12. 错　　13. 错

思 考 题
（答案略）

案 例
（答案略）

第二章 财务目标与代理关系

客 观 题

一、单项选择题

1. D 2. A 3. C 4. B 5. D 6. D 7. C 8. A 9. A
10. C

二、多项选择题

1. ABD 2. ABCD 3. CD 4. AD 5. ABCD 6. ABCD
7. ABC 8. AD 9. BC

三、判断题

1. 对 2. 对 3. 对 4. 错 5. 对 6. 对 7. 错 8. 对

思 考 题
（答案略）

案 例
（答案略）

第二篇 风险与估值

第三章 货币时间价值

客 观 题

一、单项选择题

1. A 2. A 3. B 4. D 5. A 6. B 7. C 8. C 9. C
10. A 11. C 12. C 13. B 14. B 15. A

二、多项选择题

1. ABC 2. AB 3. BCD 4. AD 5. BCD 6. ABC
7. ABC 8. ABC 9. BCD

三、判断题

1. 错　2. 对　3. 对　4. 对　5. 对　6. 错　7. 对　8. 错　9. 错
10. 对　11. 对　12. 对　13. 对

思 考 题

（答案略）

计算分析题

练 习 一

1. 800 元；172. 8 元；133. 1 元
2. 134. 49 元
3. 259. 37 元；265. 33 元；268. 51 元
4. 232 140 元

练 习 二

1. 折现率为 100% 时：12. 5 元
   折现率为 20% 时：57. 87 元
   折现率为 10% 时：75. 13 元
2. 折现率为 10% 时：248. 69 元
   折现率为 20% 时：210. 65 元
3. 折现率为 5% 时：708. 54 元
   折现率为 10% 时：631. 84 元
4. 年利率为 6% 时：58 880. 8 元
   年利率为 5% 时：61 773. 6 元
5. 125 万元

练 习 三

1. 每月复利一次时：12. 68%
   每季度复利一次时：10. 38%
2. $i = 7. 17\%$
   i（名义）= 14. 34%
3. $i = 7. 72\%$
4. $i = 14. 87\%$
5. 年利率为 8% 时，10 年期的复利终值为 2. 1589，现值系数是 0. 4632。
   年利率为 5% 时，20 年期的年金终值是 33. 066，现值系数是 12. 4622。

6. ①2 885.92 元

②第一期：利息 600 元   本金 2 285.92 元

第二期：利息 462.84 元   本金 2 423.08 元

第三期：利息 317.46 元   本金 2 568.46 元

第四期：利息 163.38 元   本金 2 722.54 元

7. 每年年末存款：3 451.37 元

每年年初存款：3 195.91 元

练 习 四

1. 18.78 万元

2. （1）折现率为 0 时：10 000 元；20 000 元

折现率为 10% 时：9 091 元；12 418 元

折现率为 20% 时：8 333 元；8 038 元

（2）无差别折现率 18.91%

3. 6 714.44 元

4. 16.1 万元

练 习 五

1. （1）1 259.7 元

（2）1 265.3 元

（3）1 270.2 元

2. （1）9 091 元

（2）4 132 元

（3）18 181.46 元

3. 6 401.88 元

4. 16 194.63 元

5. $i = 9.06\%$

6. （1）4 347.3 元

（2）17 825 元

7. （1）1 201 178.88 元

（2）1 131 897.47 元

练 习 六

1. 年利率 5%：103 790 元

年利率 10%：76 061 元

2. 年利率 5%：4 817.42 元

年利率 10%：6 573.67 元

练 习 七

李先生储蓄存款的终值：151 410.147 元

李太太储蓄存款的终值：158 116 元

练 习 八

1. 每月的按揭支付：917.21 元

2. 90.51%

3. 118 837.32 元

4. 现在借入：163 539.6 元

练 习 九

1. 61 203.06 元

2. 11 019.75 元

3. 6 840.78 元

案 例

（答案略）

第四章 风险与报酬

客 观 题

一、单项选择题

1. B　2. C　3. C　4. D　5. A　6. B　7. D　8. D　9. B
10. D　11. C　12. B　13. B　14. D　15. D　16. D　17. C　18. B
19. C　20. B　21. B　22. A　23. B　24. C　25. C　26. D

二、多项选择题

1. BCD　2. ABCD　3. ACD　4. ABC　5. ABCD　6. AD
7. BC　8. ABC　9. ABC　10. ABD　11. AB　12. ABD
13. CD　14. AB　15. BC　16. ABC　17. AD　18. AD

三、判断题

1. 错　2. 错　3. 错　4. 对　5. 错　6. 错　7. 错　8. 对　9. 对
10. 错

思 考 题
（答案略）

计算分析题

练 习 一

1. 预期报酬 = 100 万元
2. 略
3. 风险厌恶者
4. （1） 预期报酬率 15%
   （2） 略

练 习 二

1. 应当选择低标准差的股票
2. 略

练 习 三

1. A 项目：10%，0，0
   B 项目：14%，8.72%，0.62
   C 项目：12%，8.58%，0.72
   D 项目：15%，6.32%，0.42
2. 是
3. C 项目

练 习 四

1. 综合 $\beta = 1.75$　SML 近似方程：$K = 7\% + \beta(12\% - 7\%)$
2. 期望报酬率 $K = 15.75\%$
3. 不采纳；当 $K = 19.5\%$ 时

练 习 五

A 项目：
期望报酬率 = 13.5%　方差 = 0.05%
标准差 = 2.18%　标准离差率 = 0.16
B 项目：
期望报酬率 = 13.25%　方差 = 0.10%
标准差 = 3.19%　标准离差率 = 0.24

C 项目：

期望报酬率 = 12%　　方差 = 0.02%

标准差 = 1.41%　　标准离差率 = 0.12

练 习 六

1. 组合报酬率 = 12.92%

2. 组合方差 = 0.0169%　　标准差 = 1.3%

3. COV(AB) = 0.06625%　　　　r(AB) = 0.95

　 COV(BC) = -0.045%　　　　 r(BC) = -1

4. B 项目 = 1.325　　　　　　 C 项目 = -0.6

练 习 七

1. R = 9%　　　　　　　　标准差 = 0

2. R = 13%　　　　　　　 标准差 = 14%

3. R = 17%　　　　　　　 标准差 = 28%

练 习 八

1. 成熟股期望报酬率 = 5.4%　　　　成长股期望报酬率 = 9.4%

2. 成熟股标准差 = 3.75%　　　　　 成长股标准差 = 6.07%

3. 协方差 = 0.2024%　　　　　　　相关系数 = 0.89

4. 投资组合报酬率 = 7.5%

5. 投资组合标准差 = 4.78%

练 习 九

R = 10% + 1.45 × (16% - 10%) = 18.7%

练 习 十

1. 期望报酬率 R = 18%

　 标准差 = 27.9%

2. 期望报酬率 R = 17%

　 标准差 = 23.2%

练习十一

1. 期望报酬率 R = 15.6%

2. 市场平均报酬率分别是 15% 和 13%

　 A 股票报酬率分别是 16.6% 和 14.6%

3. R = 10% + 1.6 × (14% - 10%) = 16.4%

　 R = 10% + 0.75 × (14% - 10%) = 13%

练习十二

综合贝塔系数 = 1.2

期望报酬率 = 6% + 1.2 × (10% − 6%) = 10.8%

练习十三

1. 必要报酬率 = 17.6%
2. A 股票报酬率 = 18.6%

   A 股票报酬率 = 16.6%

   投资组合报酬率分别是 17%、15%
3. A 股票投资报酬率 = 19%

   A 股票投资报酬率 = 14.8%

案　例

（答案略）

第五章　证券估价与应用

客　观　题

一、单项选择题

1. C　　2. D　　3. B　　4. B　　5. A　　6. D　　7. A　　8. D　　9. D
10. A　　11. C　　12. A

二、多项选择题

1. ABCD　　2. BCD　　3. BCD　　4. ABCD　　5. BD　　6. ABD
7. ACD　　8. AC　　9. ABC　　10. CD　　11. BC

三、判断题

1. 错　2. 错　3. 对　4. 错　5. 对　6. 错　7. 错　8. 错

思　考　题

（答案略）

计算分析题

练 习 一

1. 债券到期收益率等于票面利率（即年利率为12%）
2. P = 91.05 元

   g = 4.95%

练 习 二

投资报酬率 = 15.31%

练 习 三

P = 104 元

练 习 四

投资报酬率 = 23.71%

练 习 五

证券组合报酬率 = 12% + 1.49 × (15% − 12%) = 16.47%

练 习 六

1. 到期收益率 = 10%
2. 到期收益率 = 16.42%
3. 债券价值 = 791.85 元
4. 债券价值 = 1 000 元

练 习 七

1. 1. 95   2. 535   3. 296   4. 284   5. 569
2. 股票价值 = 97.25 元
3. 股票价值 = 38.35 元   预期报酬率 = 10.5%
4. 股票价值 = 53.70 元

练 习 八

1. 股票价值 = 66.52 元
2. 股票价值 = 42.39 元

练 习 九

1. 利达公司债券价值 = 1 067.7 元
2. 债券价值 = 950.87 元
3. 到期收益率 = 21.31%
4. 实际到期收益率 = $\left(1 + \dfrac{8.9\%}{2}\right)^2 - 1 = 9.10\%$

练 习 十

1. 发行价 = 103 887 元
2. 到期收益率 = 8.5%
3. 跌价后到期收益率 = 22.22%

练习十一

1. 组合的风险报酬率 = 6%
2. 风险报酬额 = 1.8 万元
3. A 股票必要报酬率 = 18.4%
   B 股票必要报酬率 = 14%
   C 股票必要报酬率 = 12%
4. 投资组合必要报酬率 = 16%
5. A 股票内在价值 = 15.67 元
   B 股票内在价值 = 7.14 元
   C 股票内在价值 = 4.17 元
6. 略

练习十二

1. 不一定正确。（原因分析略）
2. 不知道哪种股票的价格会更高。（原因分析略）
3. 不正确。（原因分析略）
4. 不正确。（原因分析略）
5. 正确。（原因分析略）

练习十三

1. 略
2. 股票价值 = 39.43 元
3. 2015 年股利报酬率 = 5.10%，2020 年股利报酬率 = 7%
4. 略
5. 略

案　例

（答案略）

第六章　资本成本

客　观　题

一、单项选择题

1. D　　2. C　　3. B　　4. A　　5. B　　6. C　　7. C　　8. D　　9. C

10. C　　11. C　　12. C　　13. B　　14. D　　15. A

二、多项选择题

1. ABCD　　2. ABCD　　3. AB　　4. ABC　　5. AB　　6. ABD

7. ABC　　8. AD　　9. BCD

三、判断题

1. 错　　2. 对　　3. 错　　4. 错　　5. 对　　6. 对　　7. 对　　8. 对　　9. 错

10. 错

思　考　题

（答案略）

计算分析题

练　习　一

1. 债券资本成本 =7.18%

2. 银行借款资本成本 =9.02%

3. 优先股资本成本 =11.34%

4. 普通股资本成本 =14.77%

5. 留存收益资本成本 =15.36%

练　习　二

1. 债券资本成本 =7.65%

2. 优先股资本成本 =12.37%

3. 普通股资本成本 =16.63%

4. 加权平均资本成本 =12.36%

练 习 三

1. 森达公司的发行成本率 = 5%
2. 森达公司新发行普通股的资本成本 = 13.68%

练 习 四

1. 下一年度的预期留存收益 = 1 500 万元
2. 第一个融资分界点 = 3 000 万元
3. 会产生两个负债融资分界点，所代表的融资总额分别是：2 000 万元，4 000 万元

练 习 五

资本结构变更前的加权平均资本成本 = 10.45%
资本结构变更后的加权平均资本成本 = 11.23%

练 习 六

债券的税后资本成本 = 9.75%
优先股资本成本 = 10.2%
普通股资本成本 = 14%
加权平均资本成本 = 12.13%

练 习 七

1. 公司债券的税后实际资本成本 = 8.17%
2. 优先股资本成本 = 8.71%
3. 普通股平均资本成本 = 14%
4. 加权平均资本成本 = 11.72%

练 习 八

1. 借款的税后资本成本 = 6.70%
2. 债券成本 = 7.35%
3. 股权资本成本 = 14.06%
4. 加权平均资本成本 = 11.42%

案例

（答案略）

第三篇　战略投资决策

第七章　资本投资决策：现金流量估算

客观题

一、单项选择题

1. B　　2. C　　3. D　　4. C　　5. D　　6. A　　7. A　　8. B　　9. B

10. B　　11. A　　12. A　　13. C

二、多项选择题

1. ABC　　2. ABC　　3. ACD　　4. ABCD　　5. ABD　　6. AD

7. AD　　8. ABD　　9. BCD

三、判断题

1. 错　　2. 对　　3. 错　　4. 错

思考题
（答案略）

计算分析题

练习一

1. A 方案

①项目计算期 = 12 年

②固定资产原值 = 500 万元

③年折旧 = 46 万元

④无形资产投资 = 50 万元

⑤年摊销额 = 5 万元

⑥年总成本 = 180 万元

⑦营业利润 = 200 万元

⑧净利润 = 150 万元

2. 现金流量：

①建设期

0 年 = −550 万元　1 年 = 0 万元　2 年 = −100 万元

②经营期：1 ~ 10 年 = 201 万元/年

③期末回收额 = 140 万元

④终结点 = 341 万元

练 习 二

1. 第一年净利润 = 43 375 元

第二年净利润 = 46 375 元

第三年净利润 = 43 000 元

2. 第一年 NCF = 10 875 元

第二年 NCF = 13 875 元

第三年 NCF = 19 000 元

练 习 三

1. 项目初始现金流量 = 4 400 万元

2. 第 1 年经营现金净流量 = 450 万元

第 2 年经营现金净流量 = 975 万元

第 3 ~ 7 年经营现金净流量 = 1 125 万元/年

第 8 ~ 10 年经营现金净流量 = 1 050 万元/年

第 4 年回收额 = 500 万元

3. 终结点现金流量 = 500 万元

案例

（答案略）

第八章　资本投资决策：方法与应用

客 观 题

一、单项选择题

1. D　　2. D　　3. C　　4. C　　5. D　　6. A　　7. A　　8. A

二、多项选择题

1. ABCD　　2. AB　　3. ABC　　4. CD　　5. BD　　6. BD

7. CD　　8. BCD　　9. BD　　10. BCD　　11. BCD　　12. BCD

三、判断题

1. 错　2. 错　3. 对　4. 对　5. 对　6. 对　7. 错　8. 对　9. 对
10. 错

思 考 题
（答案略）

计算分析题

练 习 一

1.

表 8 － 1　　　　　固定资产投资项目的有关资料　　　　　单位：万元

项目	年数						合计
	0	1	2	3	4	5	
净现金流量	－500	200	100	100	200	100	200
复利现值系数	1	0.893	0.798	0.712	0.636	0.567	
累计净现金流量	－500	－300	－200	－100	100	200	200
折现净现金流量	－500	178.6	79.8	71.2	127.2	56.7	13.5

2. 投资回收期 ＝ 3.5 年
3. （1）原始投资 ＝ 500 万元
　　（2）项目计算期 ＝ 5 年
　　（3）净现值 ＝ 13.5 万元
4. 由于净现值大于零，所以，项目可行。

练 习 二

1. 原始投资额 ＝ 1 000 万元
2. 终结点净现金流量 ＝ 300 万元
3. （1）不包括建设期的回收期 ＝ 5 年
　　（2）包括建设期的回收期 ＝ 7 年
4. 净现值 ＝ 92.95 万元
5. 内含报酬率 ＝ 11.95%

练 习 三

1. 回收期：　　　　X 项目 ＝ 2.17 年　　　　Y 项目 ＝ 2.86 年

净现值：　　　　　　X 项目 = 966.01　　　　Y 项目 = 630.72

内含报酬率：　　　　X 项目 = 18%　　　　　Y 项目 = 15%

修正内含报酬率：　　X 项目 = 14.61%　　　Y 项目 = 13.73%

2. 均接受。

3. 选择 X 项目。

4. 要确定资本成本变化的影响，寻找交叉点（6.2%）。

5. 主要是两种方法的再投资报酬率假设不同。

练 习 四

1. 现金流出量

　　设备投资 = 200 000 元

　　装修支出 = 40 000 元　　　2 年半后：40 000 元

　　营运资本 = 10 000 元

2. 现金流量：

项目	第1年	第2~4年	第5年
现金净流量	6.925 万元	8.725 万元/年	9.1 万元

3. 净现值 = 35 196.43 元

练 习 五

1. 净现值 = 136 578 元　　　内含报酬率 = 19.22%

2. 略

3. 略

练 习 六

1. 略

2. 5.6% ; 434.2%

3. 略

练 习 七

1. 略

2. 略

3. 略

4. 9.54% ; 22.87%

练 习 八

使用旧设备：

净现值 = − 373.58 万元

使用新设备：

净现值 = − 302.35 万元

结论：应该采用新设备。

练 习 九

1. 继续使用旧设备的平均年成本 = 12 512.89 元
2. 更换新设备的平均年成本 = 12 216.60 元

 结论：应更换新设备。

练 习 十

继续使用旧设备：

流出现值合计： − 57 706.96 元

使用新设备：

流量现值合计：16 572.16 元

案 例

（答案略）

第九章 资本投资决策：风险分析

客 观 题

一、单项选择题

1. A 　 2. B 　 3. B 　 4. A 　 5. A 　 6. D 　 7. C 　 8. B 　 9. B 　
10. B 　 11. C 　 12. A 　 13. B 　 14. A 　 15. A 　 16. D 　 17. D

二、多项选择题

1. ABD 　　 2. ABCD 　 3. ABCD 　 4. BCD 　 5. ABCD 　 6. ACD
7. ABD 　　 8. BCD 　　 9. AB 　　 10. AB 　　 11. ABCD

三、判断题

1. 对　　2. 对　　3. 错　　4. 错　　5. 错　　6. 对　　7. 错　　8. 错　　9. 错
10. 错　　11. 对　　12. 对

思　考　题
（答案略）

计算分析题

练　习　一

1. 净现值的期望值＝46 000 元
   期望标准差＝18 112 元
2. 净现值的期望值＝58 000 元
   期望标准差＝22 659 元
   （提示：比较项目的变化系数进行分析评价）

练　习　二

1. 项目 A 预期现金流量＝6 750 元　　变化系数＝0.0703
   项目 B 预期现金流量＝7 650 元　　变化系数＝0.76
2. 项目 A 净现值＝10 036.25 元　　项目 B 净现值＝11 624.01 元
3. 分析略

练　习　三

1. 采用风险调整现金流量法计算净现值
   净现值＝1 463.35 元
2. 采用风险调整折现率法计算净现值
   净现值＝1 541.5 元

练　习　四

标准差＝443.07 元

综合变化系数＝0.1（风险程度）

风险报酬率＝15%

净现值＝204 元 ＞0

结论：方案可行

练 习 五

1. 计算肯定现金流量

    0 年 = −210 万元

    1 年 = 72 万元

    2 年 = 85.5 万元

    3 年 = 93.1 万元

    4 年 = 83.3 万元

2. 净现值 = 52.883 万元

练 习 六

第五年净现值 = 2 212 元

第四年净现值 = 2 081 元

第八年净现值 = 13 329 元

练 习 七

1. 项目初始投资的现金流出量 = 720 000 元

    每年的现金净流量 = 187 500 元

    净现值 = 280 299 元

2. 当销售量减少 1 000 件时,

    每年的现金净流量 = 183 000 元

    净现值 = 256 292 元

    敏感性分析:

    销售量变动百分比: −0.83%

    净现值变动百分比: −8.56%

练 习 八

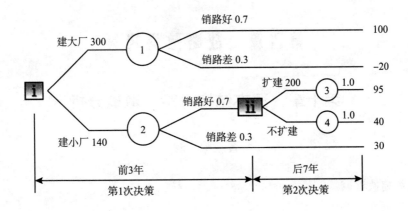

各点的期望报酬：

点 1：340 万元

点 3：465 万元

点 4：280 万元

决策点 ii：点 3 的期望值较大，采用 3 年后扩建的方案

点 2：359.5 万元

决策点 i：点 2 的期望值较大，采用先建小厂 3 年后扩建

练 习 九

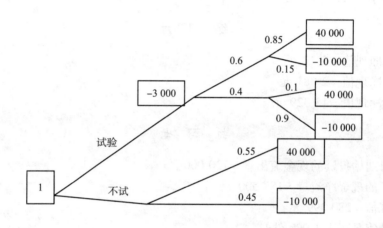

由决策树可以得出期望收益值为：

E［不试］= 17 500 元

E［试］= 16 500 元

结论：不做试验。（原因分析略）

案 例

（答案略）

第四篇 战略融资决策

第十章 资本结构决策：数量分析

客 观 题

一、单项选择题

1. B　　2. A　　3. B　　4. C　　5. D　　6. B　　7. C　　8. D　　9. B

10. C   11. C   12. C   13. B   14. B   15. A

二、多项选择题

1. ABCD   2. ABCD   3. AB   4. ABCD   5. ABC   6. BCD

7. ABD   8. ABCD   9. AC   10. ABD

三、判断题

1. 对   2. 对   3. 错   4. 错   5. 对   6. 对   7. 错   8. 对   9. 对

10. 对

思 考 题

（答案略）

计算分析题

练 习 一

1. A   B   C
   154 067.4 元   480 000 元   28 970 元
2. A   B   C
   8 232 件   1 789 件   8 310 件
3. A   B   C
   1.78   2.77   4.09
4. C 公司的 EBIT 跌幅最大。（原因分析略）

练 习 二

1. DOL = 1.94

2. DFL = 1.13

3. DCL = 2.2

4. 盈亏临界点 S = 14 545 454.54 元

5. 税前利润和净利润将增长 55%

练 习 三

1. 8 000 单位

2. 35 000 元，70 000 元，105 000 元

3. 5 倍

练 习 四

1. 41 元；
2. 53 元；
3. 36 元

练 习 五

1. 1.5 倍
2. 1.82 倍
3. 略

练 习 六

1. 利润总额 = 480 万元
2. 利息总额 = 480 万元
3. 息税前利润 = 960 万元
4. 利息倍数 = 2
5. 经营杠杆系数 = 3.5
6. 债券融资资本成本 = 15.36%（提示：采用内插法）

练 习 七

目前情况：
净资产收益率 = 25%
DOL = 2.59
DFL = 1.16
DCL = 3

1. 权益增资方案
   净资产收益率 = 24.64%
   DOL = 1.95
   DFL = 1.07
   DCL = 2.09
2. 借入资金方案
   净资产收益率 = 47.5%
   DOL = 1.95
   DFL = 1.29
   DCL = 2.52

结论：应当改变经营计划。（原因分析略）

练 习 八

1. 计算 EBIT 无差异点

    EBIT = 342 万元

2. 若公司预期 EBIT 为 400 万元，应选择负债筹资方案。（原因分析略）

练 习 九

1. 每股收益无差别点

    X = 666.67 万元

2. 应该采用债务筹资方案。（原因分析略）

练 习 十

1. EBIT = 180 万元   EPS = 4.5 元
2. EBIT = 330 万元   EPS = 8.25 元
3. 应选择普通股融资。（原因分析略）
4. 应选择长期债务融资。（原因分析略）

练习十一

1. 计算普通股每股收益

筹资方案	发行债券	发行优先股	发行普通股
息税前利润	2 000	2 000	2 000
现有债务利息	300	300	300
新增债务利息	440	0	0
税前利润	1 260	1 700	1 700
所得税	315	425	425
净利润	945	1 275	1 275
优先股股利	0	480	0
普通股收益	945	795	1 275
流通股数	800	800	1 000
每股收益	1.18	0.99	1.275

2. 每股收益无差点

    债券与普通股无差别点：EBIT = 2 500 万元

    优先股与普通股无差别点：EBIT = 4 300 万元

3. 财务杠杆

融资前：DFL = 1.23

发行债券后：DFL = 1.59

发行优先股后：DFL = 1.89

发行普通股后：DFL = 1.18

4. 应该选择普通股融资方案。（原因分析略）

5. 当新产品新增利润 1 000 万元时，应该选择债券融资方案。（原因分析略）

当新产品新增利润 4 000 万元时，应该选择债券融资方案。（原因分析略）

练习十二

1. 每股收益：1.20 元；1.88 元；1.50 元

经营杠杆：3；2.25；2.25

财务杠杆：1.5；1.92；1.2

联合杠杆：4.5；4.32；2.7

2. 计算每股收益无差别点

Q = 40 833.33 件（或 40 833 件）

3. 第一方案：Q = 35 000 件

第二方案：Q = 34 583.33 件（或 34 583 件）

第三方案：Q = 28 333.33 件（或 28 333 件）

4. 决策分析略

练习十三

1. 企业总价值 = 541.3043 + 200 = 741.30（万元）

所以，基于企业价值最大化考虑，应该将债务增加到 200 万元

2. 企业的总价值 = 340 + 300 = 640（万元）

所以，基于企业价值最大化考虑，应将债务水平保持在 200 万元。

3. 债务水平 100 万元时加权平均资本成本 = 10.31%

债务水平 100 万元时加权平均资本成本 = 10.12%

债务水平 100 万元时加权平均资本成本 = 11.72%

练习十四

（答案略）

案 例

（答案略）

第十一章　资本结构决策：外部融资

客　观　题

一、单项选择题

1. D　　2. D　　3. A　　4. B　　5. C　　6. C　　7. A　　8. B　　9. D
10. D　　11. A　　12. C　　13. A　　14. C　　15. B　　16. C　　17. D　　18. A

二、多项选择题

1. ABD　　2. ABD　　3. AC　　4. AD　　5. BCD　　6. ACD
7. ABCD　　8. ABD　　9. ACD　　10. AC　　11. ABCD　　12. AD
13. ABC　　14. BCD　　15. BC　　16. AC　　17. BCD　　18. ABC
19. ABCD　　20. AD

三、判断题

1. 错　　2. 对　　3. 错　　4. 错　　5. 错　　6. 对　　7. 错　　8. 错　　9. 对
10. 对　　11. 错　　12. 对　　13. 对　　14. 对　　15. 对　　16. 对　　17. 对　　18. 对
19. 错　　20. 对　　21. 错　　22. 错　　23. 错　　24. 错　　25. 对　　26. 对

思　考　题
（答案略）

计算分析题

练　习　一

1. 租赁方案：租赁成本现值 = 27 628 元
2. 举债方案：（提示：需要编制还本付息表）
   现金流出现值 = 35 995.58 元
   结论：应选择租赁。（原因分析略）

练　习　二

1. 每年偿还额 = 29 128 元

2. 还本付息表

年限	年还本付息	年利息	本金	剩余本金
0				100 000
1	29 128	14 000	15 128	84 872
2	29 128	11 882.08	17 245.92	67 626.08
3	29 128	9 467.65	19 660.35	47 965.73
4	29 128	6 715.2	22 412.8	25 552.93
5	29 128	3 575.07	25 552.93	0

3. 每年分期付款额

前四年每年还本付息 = 89 612 ÷ 2.9137 = 30 755 元

练 习 三

贷款的每次偿还额 = 28.20 万元

税后现金流出现值 = 67.57 万元

结论：由于税后现金流出现值不符合企业的要求，因此，不会采纳这个方案。

练 习 四

1. 甲方案债券发行价格 = 1 151.61 元/张

股票的发行价格 = 10 元/股

2. 不考虑时间价值

甲方案：

每张债券公司可得现金 = 1 100 元

发行债券的张数 = 9 000 张

总成本 = 1 372.5 万元

乙方案：

总成本 = 1 500 万元（提示：股利在税后支付，不能抵减所得税）

因此，甲方案的成本较低。

3. 考虑时间价值

甲方案：

税后利息流出的总现值 = 94.5 × (P/A, 10%, 5) = 94.5 × 3.7908 = 358.23 万元

5 年末还本流出现值 = 558.81 万元

税后利息与本金流出总现值 = 893.16 万元

乙方案：

现金流出现值 = 1 137.24 万元

因此，甲方案的成本较低。

练 习 五

1. 约束条款（1）：发行债券　　　　X = 266.67 万元
   约束条款（2）：发行债券　　　　X = 933.33 万元
   约束条款（3）：发行债券　　　　X = 1 200 万元

2. 保护条款（1）是有约束力的，它将企业拟发行的新债的数量限制在 266.67 万元以内。

练 习 六

1. 优先股转换价值 = 1 680 000 元

2. 转换溢价 = 8 元

3. 转换前无影响
   转换后每股收益 = 2.59 元

4. 转换前每股收益 = 5 元
   转换后每股收益 = 4.31 元

练 习 七

1. 转换价格 = 25 元

2. 400 000 股

3. 转换前每股收益 = 2.3 元
   转换后每股收益 = 1.96 元

练 习 八

1. 发行 450 000 股
   每股收益 = 1.90 元
   每股留存收益 = 0.76 元

2. 每股收益 = 2.08 元
   每股留存收益 = 0.83 元

练 习 九

方法一：
转换价格 = 40.32 元
前十年每股赎回价格 = 42.74 元
公司强制转换前，普通股股价涨为 = 49.15 元
上涨率 = 36.5%
若市盈率不变，公司约在 4 年后进行赎回。

方法二：

转换比率 = 24.8

t = 4.04 年

练 习 十

1. 债券价值 = 696.82 元
2. 转换比率 = 100

债券价值 = 1 687.51 元
3. 转换比率 = 83.33

债券价值 = 1 486.26 元
4. 净现值 = 536.26 元

案　例
（答案略）

第十二章　股利分配政策：内部融资

客　观　题

一、单项选择题

1. D　　2. C　　3. C　　4. D　　5. B　　6. B　　7. C　　8. B　　9. C

10. C　　11. B　　12. D　　13. C　　14. D　　15. B　　16. C　　17. C　　18. D

19. A

二、多项选择题

1. CD　　2. ABCD　　3. BCD　　4. ACD　　5. ABCD　　6. ABCD

7. ABCD　　8. AD　　9. ACD　　10. ABC　　11. BD　　12. BD

13. ABD

三、判断题

1. 对　2. 对　3. 错　4. 对　5. 错　6. 错　7. 错　8. 错　9. 对

10. 错　11. 对　12. 对

思　考　题
（答案略）

计算分析题

练 习 一

2019 年年初应发行新股 = 122 万元

练 习 二

股利支付率 = 56.25%

练 习 三

2019 年自有资金需要量 = 4 000 万元

2019 年外部自有资金筹集数额 = 500 万元

练 习 四

货币资金	2 920	负债	100 000
其他资产	195 000	普通股（现有 5 200 万股流通在外，每股面值为 1 元）	5 200
		资本公积	20 000
		留存收益	72 720
资产总计	197 920	负债与股东权益总计	197 920

练 习 五

1. 股利发放额 = 500 000 元

2. 股利发放额 = 0

3. 股利发放额 = 0　同时要增发普通股 = 1 000 000 元

练 习 六

1. 拥有 200 股

2. 每股价格 = 20 元

3. 发放股利前总价值 = 4 000 元

   发放股利后总价值 = 4 000 元

练 习 七

1. 公司可发放的股利 = 330 万元

2. 如果采用固定股利政策，则 2019 年发放的股利额与 2018 年相同，即 270 万元。

3. 2019 年发放的股利 = 283.5 万元

4. 2019 年发放的股利 = 270.3 万元

练 习 八

发放每股股利 0.5 元：

普通股（面值 10 元，发行 90 000 股，其中 10 000 股为库存股）	800 000
留存收益（其中 120 000 元用于库存股）	960 000
库存股	（120 000）
股东权益总额	1 640 000

发放 20% 的股票股利：

普通股（面值 10 元，发行 106 000 股，其中 10 000 股为库存股）	960 000
留存收益（其中 120 000 元用于库存股）	800 000
库存股	（120 000）
股东权益总额	1 640 000

每股股票分割为 3 股：

普通股（面值 3.33 元，发行 298 000 股，其中 10 000 股为库存股）	960 000
留存收益（其中 120 000 元用于库存股）	800 000
库存股	（120 000）
股东权益总额	1 640 000

净利润转为留存收益：

普通股（面值 3.33 元，发行 298 000 股，其中 10 000 股为库存股）	960 000
留存收益（其中 120 000 元用于库存股）	900 000
库存股	（120 000）
股东权益总额	1 740 000

练 习 九

1. 回购 19 048 股
2. 每股收益 = 2.1 元

3. 每股市价 = 21 元

4. 决策分析略

练 习 十

1. 发放股票股利后的普通股数 = 220 万股

   发放股票股利后的普通股股本 = 440 万元

   现金股利 = 44 万元

   利润分配后的留存收益 = 756 万元

2. 股票分割后的普通股数 = 400 万股

   股票分割后的普通股股本 = 400 万元

   股票分割后的资本公积 = 160 万元

   股票分割后的留存收益 = 840 万元

练习十一

1. 2015 年投资方案所需的权益资本 = 420 万元

   2015 年投资方案所需从外部借入的长期债务资本 = 280 万元

2. 2014 年度可分配的现金股利 = 480 万元

3. 2014 年度应分配的现金股利 = 上年分配的现金股利 = 550 万元

   可用于 2015 年投资的留存收益 = 350 万元

   2015 年投资需要额外筹资的资本 = 350 万元

4. 公司的股利支付率 = 55%

   2014 年度应分配的现金股利 = 495 万元

5. 2014 年度可分配的现金股利 = 200 万元

练习十二

1. 权益资本 = 1 000 万元

   普通股股数 = 100 万股

2. 年税后利润 = 600 万元

   每股收益 = 6 元

3. 本年度应提取的盈余公积金 = 34.2 万元

   发放的股利额 = 100 万元

练习十三

1. 600 万元

2. 每股股利 = 2 元；股利支付率 = 25%

3. 500 万元

4. 不可以。原因分析略

5. 50%

6. 100 万元

7. 833. 33 万元

8. 发行新股。

案　　例
（答案略）

第五篇　短期财务决策

第十三章　流动资产管理

客　观　题

一、单项选择题

1. C   2. A   3. B   4. A   5. C   6. B   7. C   8. A   9. D
10. D   11. C   12. D   13. B   14. A   15. B   16. D   17. B   18. B
19. C   20. D   21. D   22. C   23. B   24. C   25. B   26. D   27. D
28. C   29. B   30. B

二、多项选择题

1. ABD   2. ACD   3. AB   4. ABC   5. ABCD   6. ABCD
7. ABC   8. ABCD   9. AD   10. BD   11. ABC   12. AC
13. BD   14. ABCD   15. ABD   16. ABD   17. AC   18. ACD
19. ABCD   20. ABCD   21. ABD   22. ABCD   23. ACD   24. AB
25. ABC   26. BC   27. ABCD

三、判断题

1. 对   2. 错   3. 错   4. 对   5. 错   6. 错   7. 错   8. 错   9. 错
10. 对   11. 对   12. 错   13. 对   14. 错   15. 错   16. 错   17. 对   18. 对
19. 错   20. 错   21. 错   22. 对   23. 错   24. 对   25. 对   26. 错   27. 错
28. 错   29. 对   30. 错

思　考　题
（答案略）

计算分析题

练 习 一

1. 最佳现金持有量 = 89 442.72 元

   交易次数 = 22.36 次

   交易间隔期 = 16.10 天

2. 最佳现金持有量 = 141 421.36 元

3. 最佳现金持有量 = 81 649.66 元

练 习 二

1. 最佳现金持有量 = 50 000 元

2. 现金管理相关总成本 = 5 000 元

   转换成本 = 2 500 元

   持有成本 = 2 500 元

3. 全年有价证券交易次数 = 5 次

   交易间隔期 = 72 天

练 习 三

$Q_1 = 12\ 500$

$TC(Q) = 17\ 500$ 元

$Q_2 = 25\ 000$

$TC(Q) = 16\ 400$ 元

$Q_3 = 37\ 500$

$TC(Q) = 15\ 750$ 元

$Q_4 = 50\ 000$

$TC(Q) = 16\ 000$ 元

所以，持有 37 500 元时最合理。

练 习 四

1. 减少的资本成本 = 7.2 万元

   不采用银行业务集中法。（原因分析略）

2. 减少的资本成本 = 9 万元

   采用银行业务集中法。（原因分析略）

练 习 五

1. 净收益 = 1.77 万元

2. 净收益＝5.63万元

公司应采取第二种政策。（原因分析略）

练 习 六

全额单位：万元

项目	A方案	B方案	C方案
年赊销额	2 400	2 640	2 800
应收账款周转率（次）	12	6	4
应收账款平均余额	200	440	700
维持赊销所需资金	130	286	455
机会成本	26	57.2	91
坏账损失	48	79.2	140
收账费用	24	40	56

A方案净收益＝742万元

B方案净收益＝747.6万元

C方案净收益＝693万元

应该选B方案

练 习 七

机会成本＝22.88万元

坏账成本＝52.8万元

收账费用＝30万元

折扣成本＝35.64万元

改变后净收益＝782.68万元

改变前净收益＝747.6万元

所以应该改变赊销条件。

练 习 八

原方案：

收益＝160万元

机会成本＝8万元

坏账成本＝8万元

收账费用＝8万元

净收益＝136万元

新方案：

收益＝168万元

机会成本 = 6.53 万元

折扣成本 = 8.4 万元

收账费用 = 8.4 万元

坏账成本 = 10.08 万元

净收益 = 134.59 万元

结论：不应改变信用政策。（原因分析略）

练 习 九

1. （1）变动成本总额 = 2 400 万元

   （2）变动成本率 = 60%

2. （1）应收账款平均收账天数 = 52 天

   （2）应收账款平均余额 = 780 万元

   （3）维持应收账款所需资金 = 468 万元

   （4）机会成本 = 37.44 万元

   （5）坏账成本 = 108 万元

   （6）乙方案持有成本 = 195.44 万元

3. （1）甲方案的现金折扣：0

   （2）乙方案的现金折扣 = 43.2 万元

   （3）甲乙两方案信用成本前收益差 = 116.8 万元

   （4）甲乙两方案信用成本后收益差 = 61.36 万元

4. 结论：应采用乙方案。（理由略）

练 习 十

经济订购量 = 5 000 件

订购次数 = 20 次

安全存量 = 222.22 件

订购点 = 2 444.44 件

最低相关总成本 = 3 000 元

练习十一

生产批量 = 400 个

生产批次 = 4 次

相关总成本 = 400 元

练习十二

1. 经济订购量 = 5 000 单位

   订购次数 = 144 次

2. 再订购点 = 28 000 单位

3. $Q_1 = 4\ 000$ 单位；$TC(Q) = 10\ 300$ 元

$Q_2 = 5\ 000$ 单位；$TC(Q) = 10\ 040$ 元

$Q_3 = 6\ 000$ 单位；$TC(Q) = 10\ 200$ 元

练习十三

1. 经济订购量 $= 300$ 千克
2. 相关总成本 $TC(Q) = 4\ 800$ 元
3. 平均资金占用额 $= 30\ 000$ 元
4. 最佳进货批次 $= 120$ 次
5. 经济订购量 $= 402$ 千克

练习十四

1. 保险储备 $= 0$

缺货量 $= 150$ 个

缺货成本 $= 3\ 600$ 元

保险储备量的储存成本：0

相关总成本 $= 3\ 600$ 元

2. 保险储备 $= 500$ 个

缺货量 $= 25$ 个

相关总成本 $= 850$ 元

3. 保险储备 $= 1\ 000$ 个

缺货量 $= 0$

相关总成本 $= 500$ 元

4. 结论：选择 $1\ 000$ 件为安全存量。

练习十五

1. 不考虑折扣时：

经济采购量 $= 653$ 件

相关总成本 $= 203\ 919.18$ 元

2. 享受 3% 折扣时：

相关总成本 $= 200\ 640$ 元

3. 享受 4% 折扣时：

相关总成本 $= 201\ 426.67$ 万元

结论：最有利的订购量为 $2\ 000$ 件。

练习十六

项目	金额（元）
月初现金余额	15 000
月初应收账款 50 000（当月 70% 收回）	35 000
销货 80 000（当月收回 50%）	40 000
减：材料采购 20 000（当月支付 70%）	14 000
月初应付账款 15 000（当月全部还清）	15 000
工资付现	12 000
制造费用等付现	25 000
其他经营性支出	1 200
购买设备	25 000
现金多余或不足	− 2 200
借款	8 000
月末现金余额	5 800

案 例

（答案略）

第十四章 短 期 融 资

客 观 题

一、单项选择题

1. B 2. D 3. D 4. C 5. C 6. C 7. C 8. A 9. D
10. C 11. C 12. C 13. A 14. B 15. D

二、多项选择题

1. BCD 2. ACD 3. BCD 4. AD 5. BD 6. BC
7. ABD 8. BCD 9. ABCD 10. BCD 11. CD 12. ABCD
13. BC

三、判断题

1. 对 2. 对 3. 对 4. 错 5. 对 6. 错 7. 对 8. 错 9. 对
10. 对 11. 错 12. 错 13. 错 14. 对 15. 对

思 考 题

（答案略）

计算分析题

练 习 一

放弃现金折扣的成本 = 22.27%

练 习 二

1. 放弃甲供应商的现金折扣成本 = 36.73%

   放弃乙供应商的现金折扣成本 = 36.36%

2. 如果该公司准备放弃现金折扣，应选择乙供应商。

3. 如果该公司准备享受现金折扣，应选择甲供应商。

4. 如果短期借款利率为15%，该公司应享受现金折扣。

练 习 三

方案1：

放弃现金折扣成本 = 55.67%

方案2：

借款实际利率 = 17.05%

方案3：

发行商业票据的成本 = 13.64%

结论：应该选择方案3。

练 习 四

放弃现金折扣成本：

A公司 = 37.11%

B公司 = 36.72%

（决策分析略）

练 习 五

1. 收款法的实际利率 = 13%

   贴现法的实际利率 = 13.64%

   补偿性余额的实际利率 = 12.5%

2. 支付的承诺费 = 60元

3. 需要向银行借款额 = 12 500元

4. 放弃现金折扣成本 = 18.18%

练 习 六

1.

条件 1 的放弃现金折扣成本 = 18.56%

条件 2 的放弃现金折扣成本 = 18.37%

条件 3 的放弃现金折扣成本 = 18.18%

结论：选择立即支付

2. 第 40 天付款，付 5 346 元

练 习 七

1. 放弃现金折扣成本 = 18.18%

　　结论：享受现金折扣。（原因分析略）

2. 放弃现金折扣。（原因分析略）

3. 放弃现金折扣成本 = 4.55% 。（原因分析略）

练 习 八

1. 混淆了现金折扣率和放弃现金折扣的机会成本。

2. 放弃现金折扣成本 = 146.94%

3. 放弃现金折扣成本 = 36.73%

　　（原因分析略）

案 例

（答案略）

第六篇　财务报表分析与财务预测

第十五章　财务报表分析

客 观 题

一、单项选择题

1. C　　2. B　　3. A　　4. D　　5. A　　6. C　　7. B　　8. C　　9. A

10. C　11. C　12. B　13. A　14. C　15. D　16. A　17. C　18. B

19. A　20. B　21. A　22. B　23. D　24. B　25. B　26. A　27. A

28. D　29. A　30. C　31. D　32. D　33. A　34. B　35. A　36. B

37. D　38. B　39. C　40. A

二、多项选择题

1. ABC　2. BCD　3. ABC　4. BCD　5. ABC　6. AB
7. ACD　8. AC　9. ACD　10. AD　11. ABD　12. ABD
13. BC　14. ABD　15. ABC　16. ABD　17. ABCD　18. BC
19. ABC　20. ACD

三、判断题

1. 对　2. 对　3. 错　4. 对　5. 错　6. 错　7. 对　8. 错　9. 对
10. 错　11. 错　12. 错　13. 对　14. 对　15. 对　16. 错　17. 对　18. 错
19. 错　20. 对

思 考 题
（答案略）

计算分析题

练 习 一

1. 该公司流动资产的期初数 = 5 850 万元
   该公司流动资产的期末数 = 7 200 万元
2. 该公司本期营业收入 = 21 600 万元
3. 该公司本期流动资产平均余额 = 6 525 万元
   该公司本期流动资产周转次数 = 3.31 次

练 习 二

1. 存货 = 7 000 万元
2. 应付账款 = 6 700 万元
3. 未分配利润 = 3 250 万元

练 习 三

1. 营业净利率 = 5%
2. 总资产周转率 = 3 次
3. 权益乘数 = 1.61
4. 净资产收益率 = 24.19%
5. 营业利润率 = 20%

练 习 四

1. 营业成本 = 60 600 万元
2. 应收账款周转天数 = 45. 75 天
3. 本年营业毛利率 = 36. 88%
4. 流动资产周转次数 = 3. 51 次

练 习 五

新远公司资产负债表

2022 年 12 月 31 日   单位：元

资产	金额	负债和所有者权益	金额
货币资金	40 000	流动负债	200 000
应收账款	200 000	长期负债	120 000
存货	200 000	所有者权益	400 000
固定资产	280 000		
资产总计	720 000	负债和所有者权益总计	720 000

练 习 六

1. 流动比率 = 2. 1
   速动比率 = 0. 9
   资产负债率 = 50%
   权益乘数 = 2
2. 总资产周转率 = 0. 5
   营业净利率 = 18%
   净资产收益率 = 18%
3. 营业净利率变动对净资产收益率变动的影响 = 2. 5%
   总资产周转率变动对净资产收益率变动的影响 = 0
   权益乘数变动对净资产收益率变动的影响 = −4. 5%

练 习 七

1. 公司有关财务比率数据

财务比率	本公司	行业平均
流动比率	1. 98	1. 98
资产负债率	61. 90%	62%

续表

财务比率	本公司	行业平均
已获利息倍数	2.86 倍	3.8 倍
存货周转率	6.69 次	6 次
应收账款周转天数	69.98 天	35 天
固定资产周转率	5.59 次	13 次
总资产周转率	1.70 次	3 次
营业净利率	1.71%	1.3%
资产净利率	2.90%	3.4%
净资产收益率	7.62%	8.3%

2. 该公司可能存在的问题有：

一是应收账款管理不善；二是固定资产投资偏大；三是营业收入较低。（详细分析略）

练 习 八

1. 2021 年与同业平均比较：

本公司净资产收益率 $= 7.2\% \times 1.11 \times [1 \div (1 - 50\%)] = 15.98\%$

行业平均净资产收益率 $= 6.27\% \times 1.14 \times [1 \div (1 - 58\%)] = 17.01\%$

（具体原因分析略）

2. 2022 年与 2021 年比较：

2021 年净资产收益率 $= 7.2\% \times 1.11 \times [1 \div (1 - 50\%)] = 15.98\%$

2022 年净资产收益率 $= 6.81\% \times 1.07 \times [1 \div (1 - 61.3\%)] = 18.80\%$

（具体原因分析略）

练 习 九

罗克公司资产负债表

2022 年 12 月 31 日

单位：元

资产	金额	负债和所有者权益	金额
流动资产		流动负债	250 000
货币资金	74 000	长期负债	350 000
应收账款	176 000	负债总额	600 000
存货	250 000	股东权益	
流动资产总额	500 000	股本（面值 5 元）	300 000
固定资产	500 000	留存收益	100 000
		股东权益总额	400 000
资产总计	1 000 000	负债和所有者权益总计	1 000 000

罗克公司利润表

2022 年 单位：元

项目	金额
营业收入	1 280 000
减：营业成本	960 000
销售费用	84 000
管理费用	80 000
财务费用（全部为利息费用）	28 000
营业利润	128 000
加：营业外收入	2 000
减：营业外支出	30 000
利润总额	100 000
减：所得税费用	20 000
净利润	80 000

练 习 十

1. 每股收益 = 3.2 元
2. 每股股利 = 2.3 元
3. 市盈率 = 10
4. 股利支付率 = 71.88%
5. 留存收益比率 = 28.13%
6. 每股净资产 = 12 元
7. 股票获利率 = 7.19%

练习十一

1. 现金流量比率 = 6.25
2. 到期债务本息偿付比率 = 3.13
3. 偿债保障比率 = 0.56
4. 每股现金流量 = 3.13
5. 股利保障倍数 = 2.5

练习十二

上述会计事项的发生对下列有关财务指标产生的影响：

事项	流动资产总额	营运资金	流动比率	净利润
1. 发行普通股取得现金	+	+	+	0
2. 缴纳去年的所得税	−	0	0	0
3. 以低于账面价值的价格出售固定资产	+	+	+	−
4. 支付过去的采购款	−	0	0	0
5. 支付当期的管理费用	−	−	−	−

练习十三

1. 股东权益总额 = 3 000 万元
   资产总额 = 4 500 万元
   资产负债率 = 33.33%
2. 股东权益总额 = 3 900 万元
   负债总额 = 2 600 万元
   资产总额 = 6 500 万元
   产权比率 = 66.67%
3. 资产净利率 = 16.36%
   使用平均数计算的权益乘数 = 1.59
   平均每股净资产 = 5.75 元/股
   基本每股收益 = 1.50 元/股
   市盈率 = 10
4. 每股收益 = 1.07 元/股
   每股收益变动额 = 0.43
   资产净利率变动的影响额 = 0.36
   权益乘数变动的影响额 = 0.01
   平均每股净资产变动的影响额 = 0.08

练习十四

1. 年初的股东权益总额 = 1 200 万元
   年初的资产负债率 = 25%
2. 年末的股东权益总额 = 1 800 万元
   负债总额 = 2 700 万元
   产权比率 = 150%
3. 息税前利润 = 620.93 万元
   总资产报酬率 = 20.36%
   净资产收益率 = 20.55%
4. 经营杠杆系数 = 1.27

财务杠杆系数 = 1.51

联合杠杆系数 = 1.92

5. 成本费用利润率 = 82.19%

已获利息倍数 = 2.96

偿债保障比率 = 4.38

6. 每股收益 = 1.03 元

每股股利 = 0.1 元

每股净资产 = 6 元

市盈率 = 4.85

练习十五

1. 计算的财务比率

财务比率	2020 年	2021 年	2022 年
流动比率	1.19	1.25	1.20
速动比率	0.43	0.46	0.40
资产负债率	58.04%	58.33%	61.65%
产权比率	138.33%	140%	160.77%
应收账款周转天数	18	21.77	27.47
存货周转率（次）	8	7.5	5.5
总资产周转率（次）	2.80	2.76	2.24
营业毛利率	20%	16.28%	13.16%
营业净利率	7.5%	4.65%	2.63%
资产净利率	20.98%	12.82%	5.9%

2. 分析要点略（提示：主要从应收账款、存货周转效率角度进行分析）

练习十六

1. 年初流动资产总额 = 13 400 万元

年末流动资产总额 = 20 000 万元

流动资产平均余额 = 16 700 万元

2. 营业收入 = 66 800 万元

总资产周转率 = 2.97 次

3. 营业净利率 = 4.49%

净资产收益率 = 20%

4. 向投资者分配股利的数额 = 1 000 万元

练习十七

1. 表现为较强的季节性。

2. 主要是由于存货变动造成的。

方法：使各月存货变化保持一致。

3. 说明一方面与生产经营的季节性相适应；另一方面也说明存货的变动所需求的资金最后是通过增加负债来解决的。

4. 原因：是由总资产周转速度造成的。

5. 具体分析略

案　例

（答案略）

第十六章　财务预测

客　观　题

一、单项选择题

1. D　　2. A　　3. B　　4. A　　5. D　　6. C　　7. B　　8. A　　9. D　10. A　　11. C　　12. C　　13. A　　14. D　　15. C

二、多项选择题

1. ABD　　2. BC　　3. BD　　4. ABD　　5. ABCD　　6. ABCD　7. ABD

三、判断题

1. 错　　2. 错　　3. 对　　4. 对　　5. 对

思　考　题

（答案略）

计算分析题

练　习　一

1. 销售百分比

预计资产负债表

2023 年 12 月 31 日   单位：万元

项目	2022 年实际数	占营业收入百分比（%）	2023 年预计数	项目	2022 年实际数	占营业收入百分比（%）	2023 年预计数
货币资金	200	1.56	234	应付账款	2 200	17.15	2 573
应收账款	1 800	14.04	2 106	预收账款	940	7.33	1 100
存货	3 200	24.95	3 743	长期负债	420	—	420
固定资产	4 665	—	4 665	实收资本	2 305	—	2 305
				留存收益	4 000	—	4 188
				预计外部筹资额			162
资产总计	9 865	40.55	10 748	负债和所有者权益总计	9 865	24.48	10 748

2. 预计留存收益的增加额 = 188 万元

  留存收益的期末余额 = 4 188 万元

3. 2023 年预计外部融资额 = 162 万元

练 习 二

预计追加的外部融资额 ≈ 163 万元

练 习 三

1.

预计利润表

2023 年度   单位：万元

项目	2022 年实际数	占营业收入百分比（%）	2023 年预计数
一、营业收入	15 000	100.0	18 000
减：营业成本	11 400	76.0	13 680
营业税金及附加	50	—	50
销售费用	60	0.4	72
管理费用	3 060	20.4	3 672
财务费用	40	—	40
二、营业利润	390		486
加：营业外收入	210	—	210
减：营业外支出	100	—	100
三、利润总额	500		596
减：所得税费用	100	—	119.20
四、净利润	400	—	476.80

2023 年留存收益增加额 = 238.40 万元

2023 年末留存收益 = 1 068.40 万元

2.

预计资产负债表

2023 年 12 月 31 日　　　　　　　　　　　　　　　　　　　　　　单位：万元

项目	2022 年实际数	占营业收入百分比（%）	2023 年预计数
货币资金	75	0.5	90.00
应收账款	2 400	16.0	2 880.00
存货	2 610	17.4	3 132.00
其他流动资产	10	—	10.00
固定资产	285	—	285.00
资产总计	5 380	33.9	6 397.00
应付票据	500	—	500.00
应付账款	2 640	17.6	3 168.00
预收账款	105	0.7	126.00
长期负债	55	—	55.00
负债合计	3 300	18.3	3 849.00
实收资本	1 000	—	1 000.00
资本公积	250	—	250.00
留存收益	830	—	1 068.40
所有者权益合计	2 080	—	2 318.40
追加外部融资额			229.60
负债和所有者权益总计	5 380		6 397.00

2023 年追加的外部融资额 = 229.60 万元

练 习 四

预计追加的外部融资额 = 229.60 万元

练 习 五

1. C　　　敏感资产营业收入百分比 = 30%

2. D　　　敏感负债营业收入百分比 = 10%

3. B　　　2023 年增加的留存收益 = 100.8 万元

4. D　　　2023 年需要对外筹集资金量 = 287.2 万元

练 习 六

1. 外部融资额 = 1 250 万元
2. 内含增长率 = 13.21%
3. 外部融资额 = 690 万元

练 习 七

1. 财务比率

项目	2021 年	2022 年
总资产周转率	1.29	1
营业净利率	18.89%	20%
权益乘数	1.75	1.67
留存收益比率	47.06%	50%
可持续增长率	25%	20%
净资产收益率	42.5%	33.33%

2. 2022 年与 2021 年相比净资产收益率下降。（原因分析略）

3.

项目	实际增长（增长50%）	可持续增长（增长20%）	超常增长
营业收入	1 000 × (1 + 50%) = 1 500	1 000 × (1 + 20%) = 1 200	1 500 - 1 200 = 300
总资产	1 000 × (1 + 50%) = 1 500	1 000 × (1 + 20%) = 1 200	1 500 - 1 200 = 300
所有者权益	600 + 1 500 × 20% × 50% = 750	600 × (1 + 20%) = 720	750 - 720 = 30
负债	1 500 - 750 = 750	1 200 - 720 = 480	750 - 480 = 270

超常增长额外所需要的资金来源为 300 万元，主要靠额外增加负债 270 万元解决，其余 30 万元来自超常增长本身引起的留存收益的增加。

4. 2023 年资产负债率 = 50%

2023 年净资产收益率 = 40%

2023 年可持续增长率 = 25%

练 习 八

1.

项目	2021 年实际	2022 年实际	2023 年计划
总资产周转率	1	0.8	0.5
营业净利率	20%	15%	8%
权益乘数	1.67	2.5	2.5
留存收益比率	50%	50%	50%
可持续增长率	20%	17.65%	5.26%
净资产收益率	33.33%	30.00%	10.00%
营业收入增长率	—	41.18%	3.08%

2. 可持续增长率在 2022 年度下降了 2.35 个百分点。（原因分析略）

3. 通过增加负债 658.87 万元筹集所需资金。财务政策方面权益乘数扩大（或提高了财务杠杆）。

4. 2023 年度的财务计划并无不当之处。（原因分析略）

5. 提高净资产收益率的途径：提高售价、降低成本费用，以提高营业净利率；加强资产管理、降低资产占用、加速资金周转，以提高资产周转率（或"提高营业净利率和资产周转率"）。

练 习 九

1. 敏感资产营业收入百分比 =50%
   敏感负债营业收入百分比 =15%
   2023 年的外部融资需求量 =450 万元

2. 2023 年末的流动资产 =3 750 万元
   2023 年末的流动资产负债 =1 125 万元
   2023 年末的资产总额 =6 450 万元
   2023 年末的负债总额 =3 825 万元
   2023 年末的所有者权益总额 =2 625 万元

3. 2023 年的速动比率 =1.33
   2023 年的产权比率 =145.71%

4. 2023 年初的流动资产 =3 000 万元
   2023 年的流动资产周转次数 =2.22 次
   2023 年的总资产周转次数 =1.27 次

5. 2023 年的净资产收益率 = 33.90%
6. 2023 年的资本积累率 = 45.83%

2023 年的总资产增长率 = 19.44%

案　例

（答案略）